LES GRANDS PROCÈS POLITIQUES

LOUIS XVI

A LA MÊME LIBRAIRIE :

Strasbourg, d'après les documents authentiques, par Albert Fermi, 1 volume, 1 fr. 50

Boulogne, d'après les documents authenthiques, par le même, 1 volume, 1 fr. 50

Conspiration Malet, d'après les documents authentiques, par Paschal Grousset, 1 volume, 1 fr. 50

Le duc d'Enghien, d'après les documents authentiques, par L. Constant, 1 volume, 1 fr. 50

SOUS PRESSE :

Babeuf et le Procès des Égaux.
Le maréchal Ney.
Le 15 Mai 1848.

10592. — Imprimerie générale de Ch. Lahure, rue de Fleurus, 9, à Paris.

LES GRANDS PROCÈS POLITIQUES

LOUIS XVI

D'APRÈS LES DOCUMENTS AUTHENTIQUES

Avec un avant-propos

PAR L. CONSTANT

PRIX : 1 FR. 50

PARIS
ARMAND LE CHEVALIER, ÉDITEUR
61, RUE DE RICHELIEU, 61

1869

AVANT-PROPOS

Ce fut le 10 août 1792, dans une séance qui, ouverte à sept heures du matin, ne fut levée qu'à neuf heures du soir, que l'Assemblée nationale adopta le décret par lequel elle prononçait la révocation de l'autorité déléguée à Louis XVI.

Le Corps législatif se transformait en pouvoir exécutif en étendant sa main puissante sur tous les droits que la Constitution avait jusqu'alors déférés au roi.

Les décrets qui eurent force de loi et dont les préambules royaux furent abolis ne portèrent plus, à partir de ce jour, au nom de la nation, que la signature du ministre de la justice.

La Convention nationale venait de naître!

Cette grande Assemblée, inspirée par les dangers dont la patrie était menacée, s'empara résolûment de tous les pouvoirs publics.

Elle eut à lutter contre les ennemis intérieurs et extérieurs de la nationalité française, et elle déploya dans cette tâche suprême toutes les grandes vertus du patriotisme le plus ardent.

Son acte le plus discuté est la condamnation et la mort de Louis XVI.

Depuis soixante-seize années (1793-1869), la mort de Louis XVI a servi de texte à un nombre incalculable de déclamations, d'appréciations et de dithyrambes volontairement erronés.

On a retracé sous toutes les formes les malheurs de la victime, les « excès » de la terreur et les crimes des « buveurs de sang. » Ce sont là des lieux communs dont ont fait un trop fréquent usage les historiens, *ad usum Delphini.*

Avec une infatigable complaisance les écrivains royalistes ont opéré le dénombrement des victimes de la Révolution. Les passions politiques, les intérêts des partis se sont complu dans l'énumération lugubre des morts qu'ils regrettaient.

Hélas! l'impartialité sévère n'est point encore de notre temps. Que n'a-t-on, pour l'honneur de la bonne foi et de la vérité, dressé avec le même soin la liste des victimes de la monarchie! Que n'a-t-on fait le compte de ceux qui moururent dans les guerres d'ambition et de vanité, dans les compétitions sanglantes des porte-glaive et des porte-couronne, dans les massacres auxquels la religion, le code de paix et d'amour, a servi de prétexte!

Peu à peu cette grande enquête se fera, et nous n'avons d'autre prétention que d'apporter à cette œuvre de restitution historique notre part de documents.

Cependant l'acte incriminé de la Convention nationale a pris ses sources dans des faits patents et douloureux.

Durant une longue suite de siècles, les rois transmettaient le peuple à leurs héritiers mâles, comme on transmet un troupeau.

Qu'avaient fait pour ce peuple les classes privilégiées? Tout lui manquait, bien-être moral et bien-être matériel. Misérables, ignorantes, les populations se succédaient, laissant derrière elles un long héritage de haine et de vengeance.

Ces haines, surexcitées et entretenues par le régime féodal, s'accumulèrent lentement; puis un beau jour l'explosion eut lieu. Le 5 août 1789, ceux qui s'étaient endormis esclaves ou sujets se réveillèrent citoyens.

La liberté fait des miracles; de ce peuple ignorant et misérable surgirent des généraux, des savants, des hommes d'État, de puissants orateurs!

Les classes privilégiées n'avaient plus de raison d'être; le peuple, c'était son droit incontestable, avait reconquis sa souveraineté.

Il y eut alors entre le peuple victorieux et le système monarchique une transaction dont les effets ne pouvaient, dans l'état des esprits, aboutir à rien de bon. On offrit au roi sa liste civile, ses courtisans, ses palais, à la condition acceptée par lui de laisser la nation libre de disposer de ce qui était à elle, et de se gouverner comme elle l'entendrait.

Vint la fuite de Varennes : c'était l'abdication absolue du roi et la rupture du traité solennellement juré par lui.

La Convention proclama la république; les circonstances étaient critiques; l'ennemi de l'extérieur était à Verdun; celui de l'intérieur était partout; la sécurité publique était en danger.

L'Europe coalisée avait déjà violé nos frontières!

La Convention, poussée par les réunions populaires, par le sentiment, très-général et très-profond, des périls publics, décréta la mise en jugement de Louis XVI. C'était moins l'homme qu'elle voulait frapper que le système qu'il représentait.

La Convention ouvrit le Code pénal de la monarchie (il n'en existait pas d'autre), elle y lut la peine portée contre les ennemis de l'État, et ce fut par une loi de la monarchie que la royauté fut condamnée.

Telles sont, au point de vue historique, les causes de ce grand procès. Louis XVI a payé de sa vie les fautes et les excès de ses prédécesseurs; dans un Mémoire signé de sa main, n'avait-il pas, d'ailleurs, déclaré que la Constitution lui avait été imposée et qu'il la détruirait?

Les conventionnels ont solennellement accepté devant l'histoire et la postérité la responsabilité de leurs actes.

Les générations actuelles ne sont point encore assez avancées dans la vie politique pour avoir le droit d'approuver ou de blâmer leur jugement. Il faut qu'il règne dans le cœur et l'esprit des juges une sérénité, une impartialité que notre époque troublée par les grands problèmes de la transformation sociale ne peut nous donner; mais il est juste et utile de présenter aux réflexions et aux méditations de tous les pièces de ce procès célèbre. Ce que nous avons fait.

L. C.

LES GRANDS
PROCÈS POLITIQUES.

LOUIS XVI.

CONVENTION NATIONALE.

Séance du lundi 10 décembre 1792, au soir.

Présidence de Barrère.

ROBERT-LINDET, *au nom de la commission des vingt-et-un :* « Votre comité a pensé qu'il était utile de faire précéder la lecture de l'acte d'accusation par un historique rapide de la conduite du ci-devant roi depuis le commencement de la révolution. Je l'ai rédigé dans un style simple et à la portée de tous les citoyens, et tel qu'il est possible de faire un travail de ce genre dans l'espace d'un jour et demi.

« Louis a été dénoncé au peuple comme un tyran qui constamment s'est appliqué à empêcher ou à retarder les progrès de la liberté, et même à l'anéantir par des attentats persévéramment soutenus et renouvelés, et qui n'ayant pu parvenir par ses efforts et ses crimes à empêcher une nation libre de se donner une constitution et des lois, a conçu, dirigé, exécuté un plan de conspiration qui devait anéantir l'État. Les attentats de Louis pendant les sessions de l'Assemblée constituante et de la première Législative sont liés, et tiennent à un plan unique d'oppression et de destruction. L'acceptation de la constitution couvrirait encore du voile de l'indulgence publique les crimes et les forfaits qui la précédèrent, si Louis ne l'avait déchiré en faisant enfoncer, en 1792, dans le sein de la patrie, les poignards qu'il avait fait forger en 1791 dans tous les ateliers de l'Europe.

« La France était arrivée à ce terme où les lumières généralement répandues et la connaissance des droits de l'homme annonçaient une prochaine régénération. Un despote isolé, chancelant sur son trône, ne pouvait plus se soutenir qu'en s'environnant de la force, de la confiance et des lumières du peuple ; le trésor public sans ressources, sans crédit, sans moyens pour prévenir une banqueroute générale, dont le terme n'était éloigné que de quelques jours. L'autorité était sans respect pour la liberté des citoyens, et sans force pour maintenir l'ordre public. Ce fut sous de pareils auspices que les représentants du peuple se réunirent en assemblée constituante. Les premiers travaux de cette assemblée annoncèrent les destinées de la France. Louis se proposa aussitôt de l'asservir et de la subjuguer. Il entreprit, le 20 juin 1789, de suspendre le cours de ses séances et de ses délibérations. Ce jour fut heureux pour la France. Les représentants du peuple se réunirent et prêtèrent le serment solennel de ne jamais se séparer, et de se rassembler partout où les circonstances l'exigeraient, jusqu'à ce que la constitution fût établie et affermie sur des fondements solides.

« Louis parut le 23 juin au milieu d'eux, avec l'éclat et l'appareil du despotisme, pour dicter ses volontés, avec l'autorité qu'à l'exemple de ses prédécesseurs il était accoutumé à déployer dans ces séances appelées *lits de justice*, qu'il tenait au milieu de quelques magistrats, pour dicter ses ordres absolus, séances qui étaient suivies de deuil et de consternation, et qui ajoutaient toujours aux calamités publiques. Le courage et la fermeté de l'Assemblée nationale l'élevèrent au-dessus de l'appareil menaçant du despotisme. Elle persista dans ses arrêtés, déclara la personne des représentants du peuple inviolable, et promit une constitution à la France.

« Le 25, Louis fait environner de gardes et de soldats toutes les avenues de la salle ; le peuple en est écarté. Ce n'est plus qu'à travers des baïonnettes, et au milieu d'une haie de soldats que les représentants du peuple parvenaient au lieu de leurs séances. En vain l'Assemblée nationale adressa-t-elle à Louis un message, pour le prier de faire retirer les gardes et lever les consignes; il était occupé de plus vastes desseins. Il préparait une entreprise plus funeste à la France ; il faisait arriver chaque jour des troupes nationales et étrangères, suivies de trains d'artillerie. Il se formait plusieurs camps.

« Il ne fut plus permis de douter qu'il voulait asservir l'Assemblée et la nation, ou signaler son règne par une guerre sanglante déclarée au peuple français. L'Assemblée nationale décréta, le 8 juillet, que le roi serait prié de donner les ordres nécessaires pour la cessation des mesures également inutiles, dangereuses et alarmantes, et pour le prompt renvoi des troupes et des trains d'artillerie. Le 9, elle décréta cette adresse célèbre au roi, dans laquelle elle retraça avec énergie et dignité les alarmes, les agitations du peuple; le trouble croissant dans Paris, sa constance et sa fermeté ne lui permettaient de voir, au milieu des périls qui l'environnaient, que les maux dont le peuple était menacé. — « Personne n'ignore, répondit Louis, les désordres et les scènes scandaleuses qui se sont passés, et qui se renouvellent à Paris et à Versailles. » — Il ajouta : « Si pourtant la présence nécessaire des troupes causait de l'ombrage, je me porterais, sur la demande des États généraux, à les transférer à Noyon ou à Soissons, et alors je me rendrais moi-même à Compiègne, pour maintenir la communication qui doit exister entre l'Assemblée et moi. »

« Louis avait résolu de réprimer les élans de la liberté par la terreur des armes, d'isoler l'Assemblée, de lui rendre toutes les communications difficiles et pénibles, et de diriger ses délibérations par l'appareil de la force et du despotisme. Le conseil du roi, qui avait ordonné de sang-froid tous ces préparatifs, chancela au moment de l'exécution, et en prévint la suite. Louis renvoya trois ministres opposés à ces mesures violentes. L'Assemblée arrêta, le 13, de représenter au roi les dangers qui menaçaient la patrie; elle insista sur le renvoi des troupes dont la présence animait le peuple. La députation rapporta cette réponse : « Je vous ai fait connaître mes intentions sur les mesures que les désordres de Paris m'ont forcé de prendre; c'est à moi seul à juger de leur nécessité, et je ne puis y faire aucun changement. » Cette réponse peut être considérée comme une déclaration de guerre.

« Le bruit était déjà répandu qu'un prince de la famille de Capet devait être principal ministre. L'Assemblée décréta qu'elle ne cesserait d'insister sur l'éloignement des troupes, et déclara que les ministres et les conseils du roi, quels que fussent leurs rang, état et fonctions, seraient personnellement responsables des malheurs présents et de ceux qui pourraient en être la suite. Le roi refusa de recevoir à dix heures du soir le président de l'Assemblée nationale. Le 14, un escadron de hussards se présenta dans le faubourg Saint-Antoine; il y répandit une alarme générale, et excita la fureur du peuple; on craignait le feu de la Bastille; on envoya une députation au gouverneur, pour le conjurer de ne pas faire tirer le canon; elle ne put rien obtenir. On en envoya une autre plus nombreuse, avec un drapeau blanc et un tambour, signal de paix. On la laissa pénétrer dans l'enceinte de cette forteresse; aussitôt une décharge d'artillerie fit tomber plusieurs citoyens à côté de Corny, procureur de la commune.

« Le peuple propose de faire le siége de la Bastille. Un courrier avait apporté au gouverneur, au nom du roi, l'ordre de tenir jusqu'à la dernière extrémité, et de faire usage de toutes ses forces. Dans ces circonstances, Louis répond à la députation de l'Assemblée, qui lui rappelait la nécessité d'éloigner les troupes :

« J'avais donné ordre au prévôt des marchands et aux « officiers municipaux de se rendre ici, pour concerter avec « eux les dispositions nécessaires. Instruit de la formation « d'une garde bourgeoise, j'ai donné ordre aux officiers gé« néraux de se mettre à la tête de cette garde; j'ai ordonné « aux troupes qui sont au Champ de Mars de se re« tirer. »

« On ne crut pas que ce fût pour faire cesser les hostilités et ramener la paix, que le roi avait mandé à Versailles les administrateurs de la commune de Paris, qui ne pouvaient quitter leur poste sans danger, et qu'il voulait mettre un officier général de son choix à la tête de la garde bourgeoise, qui était alors le peuple armé pour résister à l'oppression.

« Une nouvelle députation se rendit chez Louis. Il répondit : « Vous déchirez mon cœur par le récit des malheurs de Paris; il ne m'est pas possible de croire que ce soit la présence des troupes qui en est la cause. Je n'ai rien à ajouter à mes précédentes réponses. » Louis ignorait encore qu'il était vaincu. Il apprit enfin la prise de la Bastille. Dissimulant alors sa défaite, mais convaincu de la nécessité de poser momentanément les armes, ou de succomber, il demanda des conseils ; il parla de paix.

« Il se rend, le 15 juillet, au milieu des représentants du peuple, les invite à trouver les moyens de ramener l'ordre et le calme, et de faire part de ses dispositions à la ville de Paris. « Je sais, dit-il, qu'on a élevé contre moi d'injustes préventions ; je sais qu'on a osé publier que vos personnes ne sont pas en sûreté. Est-il donc nécessaire de vous rassurer sur des récits aussi coupables, démentis d'avance par mon caractère connu ?... Eh bien ! c'est moi qui me fie à vous. »

« Il se rendit le 17 à Paris : il annonça les mêmes dispositions ; et cependant il médite et prépare de nouveaux attentats. Dès le 16 août, Broglie signait l'ordre de désarmer les communes de Toul et de Thionville. Le 23, il expédia un nouvel ordre, et en pressa l'exécution.

« Louis avait obtenu, par le décret du 12 septembre, le droit de sanctionner les lois. Il s'empressa d'user de ce pouvoir, et il suspendit, le 11 août, les décrets concernant l'abolition de la servitude personnelle, du régime féodal, des dîmes, etc. Le 13, il adressa les motifs de ce refus. Il n'ignorait cependant pas que ces décrets avaient été dictés à l'Assemblée constituante par la volonté générale, qui s'était manifestée dans toutes les sections du peuple, par tous les cahiers.

« L'Assemblée constituante présenta à son acceptation la déclaration des droits et les quinze articles de la constitution qui étaient terminés. Voici ce qu'il répondit : « Je ne m'explique point sur votre déclaration des droits : elle contient de très-bonnes maximes ; mais qui, étant susceptibles d'explications et même d'interprétations différentes, ne peuvent être justement appréciées, et n'ont besoin de l'être qu'au moment où le véritable sens en sera fixé par les lois. » De pareilles observations annonçaient qu'une longue lutte allait s'engager entre l'Assemblée nationale et le roi, et que Louis, qui n'avait pu dissoudre l'Assemblée et l'asservir le 14 juillet, s'efforcerait de rendre ses travaux inutiles, et de priver la nation des avantages qu'elle s'en promettait.

« Dès lors les bruits du départ s'accréditaient, le peuple était agité ; l'on manquait de subsistances, leur circulation éprouvait des entraves et des difficultés. L'approvisionnement de Paris avait souffert une interruption alarmante.

On remarquait à Versailles des préparatifs dont la destination n'était pas connue. On annonçait une augmentation de surnuméraires dans la maison militaire. La cour parvint par des intrigues à faire venir à Versailles le régiment de Flandre. Bouillé était désigné comme général d'une armée prête à se former. Les gardes du corps et le régiment de Flandre se préparent, par des orgies et des fêtes dans lesquelles la nation est insultée, à exécuter les desseins de la cour. On porte dans ces fêtes les santés du roi et de la famille royale; celle de la nation n'est proposée que pour être rejetée dédaigneusement. La musique exécutait des morceaux choisis pour enflammer la valeur guerrière. à venger l'injure des rois, et à immoler le peuple à leur ressentiment.

« La cocarde nationale fut foulée aux pieds; les femmes de la cour distribuèrent des cocardes blanches. La reine dit, le 4 octobre, qu'elle était enchantée de la journée du 1er, celle de l'orgie où les soldats, dans les écarts de l'ivresse, avaient exprimé avec énergie leur dévouement pour le trône.

« L'inquiétude était générale. On s'attendait à la fuite du roi. L'Assemblée décréta, le 5, que le roi serait prié de donner une acceptation pure et simple. Elle obtint enfin par sa fermeté cette acceptation, dont le succès de ses travaux dépendait. Le peuple de Paris inonda le même jour la ville et le château de Versailles. La tyrannie fut encore vaincue et désarmée. Louis fut conduit à Paris, et la tranquillité parut se rétablir. Les vues ambitieuses de quelques membres de l'Assemblée constituante, leur changement d'opinion dans les grandes discussions, la corruption dont quelques-uns étaient soupçonnés, firent rendre, le 7 novembre, un décret qui défendait aux membres de l'Assemblée d'accepter des places du ministère.

« Dès le commencement de l'année 1790, le Midi était agité de troubles dont la religion était le prétexte. Nîmes était en proie aux factions; la fédération du 14 juillet était une occasion de rassemblement dont on se servit pour exciter un foyer de contre-révolution à Jalès, et c'est au nom du roi que les révoltés tentèrent un soulèvement pour rétablir la monarchie absolue. Dans le même temps on chargeait Bouillé du massacre de Nancy. Vous vous rappelez les lettres qui vous ont été lues à cet égard.

« L'hiver de 1791 vit former de nouveaux plans; la corruption fut le moyen qu'on employa de préférence. On comptait sur Lafayette; on était assuré de Mirabeau. Talon était chargé d'imprimer à Paris le mouvement nécessaire par des agents que l'on entretenait aux frais de la liste civile, dans l'Assemblée nationale, dans les comités, dans les sections, dans les sociétés populaires. Les mêmes moyens devaient être employés par Mirabeau dans les départements. On voit par quels moyens et par quels sacrifices la liste civile voulait le dédommager de l'expectative d'une place dans le ministère, que ses heureux efforts pour faire accorder au roi le *veto* suspensif lui avaient acquise, et que le décret du 7 novembre 1789 ne lui permettait plus d'envisager. Laporte adressa à Louis, le 3 février 1791, le développement du plan dont il lui avait remis note. Ce mémoire est apostillé de la main de Louis. Ce projet, qu'il paraît avoir médité, consistait à accélérer sa fuite de Paris. On lui répondait du succès, si la liste civile fournissait encore 1,500,000 livres. L'auteur était donc instruit de toutes les profusions de la liste civile et de l'étendue des sacrifices qu'elle faisait pour acquérir des suffrages, et égarer le peuple. Il savait aussi les appliquer. Il invitait Louis à monter à cheval plusieurs jours de suite, à passer dans les faubourgs. « On criera : *Vive le roi* ! ajoute-t-il ; Sa Majesté emploiera ses moyens de popularité, en parlant à tout le monde ; et si quelque homme du peuple lui parle de la détresse des ouvriers et de la misère du temps, Sa Majesté répondra : « J'ai fait tout ce que le peuple m'a demandé, et j'ai toujours désiré son bonheur. » Le roi jettera une vingtaine de louis en disant : « Je voudrais pouvoir faire davantage. » Il annonce encore les idées qu'on fera circuler dans le peuple, les projets de pétitions, la réunion de la société monarchique ; l'intérêt que l'on fera prendre à la maladie simulée du roi, la déclaration publique du roi de faire un voyage pour sa santé, l'empressement du peuple à l'inviter à faire ce voyage. Ce plan a été suivi presque en entier ; mais au moins le projet d'évasion fut-il adopté. On remarqua de nouveaux rassemblements à Paris, des démarches et des correspondances suspectes, des mouvements et un grand concours au château. On ne vit dans cette nouvelle scène que la tentative de la fuite prochaine de Louis. Le peuple, qu'on s'était flatté d'égarer et d'intéresser au succès de l'entreprise, redoubla de vigilance ; mais on employa de nouveaux moyens pour tromper son activité et sa surveillance ; on chercha à diriger son attention et ses forces sur des points éloignés. On dit que le château de Vincennes était menacé, que les conspirateurs se rassemblaient hors de Paris. Il consent d'éclairer tous les points menacés, mais il se porte au château des Tuileries; il y trouve rassemblés tous les esclaves et les stipendiés de la royauté.

« Louis allait quitter Paris; on chasse tous les chevaliers du poignard, après les avoir désarmés; le succès de cette journée ramena le calme et la tranquillité dans Paris. Le roi résolut d'attendre une occasion plus favorable à l'accomplissement de ses desseins. Le 16 avril il annonçait à l'évêque de Clermont que, s'il recouvrait sa puissance, il rétablirait l'ancien gouvernement et le clergé dans l'état où ils étaient avant la révolutiou.

« Paris était dans la plus inquiète agitation, le départ du roi était annoncé; des circonstances menaçantes se renouvelaient; le peuple était agité; Louis se proposa, le 18 avril, d'aller à Saint-Cloud; mais le peuple ne voit dans ce voyage que l'exécution d'un projet d'évasion; Louis est arrêté et reconduit au château des Tuileries; le lendemain il se rend à l'Assemblée; il se plaint des doutes inspirés sur ses sentiments pour la constitution. « J'ai accepté, dit-il, j'ai juré de maintenir la constitution, dont la constitution civile du clergé fait partie, et j'en maintiens l'exécution de tout mon pouvoir. » Le même jour il reçoit une lettre de Laporte, qui lui écrit : « M. Rivarol a eu avec moi une longue conversation sur les affaires publiques. En voici le résultat. Le roi perd sa popularité; il faut, pour la lui rendre, employer les mêmes moyens et les mêmes agents qui la lui ont enlevée; ces gens sont ceux qui dominent dans les sections. Tout ce que je puis dire à Votre Majesté, c'est que les millions qu'on l'a engagée à répandre n'ont rien produit; les affaires n'en vont que plus mal. » (Cette lettre est apostillée de la main du roi.) Laporte adressa à Louis, le 22, une pièce importante, contenant un extrait d'une lettre de l'évêque d'Autun; il lui annonce qu'un nouveau parti s'offre à le servir; « mais, dit-il, je crois que cette faction veut vous dominer, elle sait que vous avez répandu de l'argent, et que vous l'avez partagé entre Mirabeau et quelques autres. Cette faction, dans l'espérance d'y avoir part, va empêcher qu'on attaque votre liste civile. »

« Tandis que Louis entretenait cette correspondance, il s'occupa du soin de rappeler la confiance aliénée; il fit écrire par le ministre des affaires étrangères aux ambassadeurs, que son intention la plus formelle est que ses ambassadeurs et les ministres de France manifesteront aux cours où ils résident ses sentiments sur la révolution et la constitution française, afin qu'il ne puisse rester aucun doute sur ses intentions, ni sur l'acceptation libre qu'il a donnée à la nouvelle forme de gouvernement; il chargea les ministres d'en donner connaissance à l'Assemblée nationale. Cette démarche produisit l'effet qu'il en attendait. La lecture de cette lettre excita dans l'Assemblée nationale les plus vifs transports de satisfaction, et même de reconnaissance. Louis, parvenu si facilement à égarer les soupçons et les défiances, et à inspirer des sentiments de sécurité à l'Assemblée, prépare tranquillement sa fuite et le désordre qu'elle peut occasionner dans l'État : il rédige sa déclaration du mois de juin; elle est tout entière de son écriture; les corrections, les changements de composition et de rédaction, attestent qu'il en est l'auteur; il y rappelle les événements de la révolution, les travaux de l'Assemblée nationale, le plan de constitution; il y discute les lois de l'Assemblée sur la justice et sur l'administration de l'intérieur, sur les finances, les affaires étrangères, la guerre et le clergé; il veut le rétablissement de la religion de ses prédécesseurs et une constitution qui donne au gouvernement la force d'action et d'exécution qui lui est nécessaire. Il avait perdu sa liberté; il cherche à la recouvrer, et à se mettre en sûreté avec sa famille.

« Cette déclaration porte la date du 20 juin; c'était sans doute le manifeste destiné à plonger la France dans les horreurs de la guerre civile.

« Laporte est choisi pour en être le dépositaire, et la présenter à l'Assemblée nationale. Louis sort de Paris avec sa famille dans la nuit du 20 au 21 juin; son frère prend la route de la Belgique, et arrive dans les États ci-devant possédés par la maison d'Autriche; Louis continue sa route par Châlons, et est arrêté à Varennes; Bouillé devait le recevoir et avait donné des ordres pour la marche des troupes qui étaient sous son commandement. Louis sortait de France en fugitif pour y rentrer en conquérant, à la tête des armées que Bouillé commandait, des émigrés qui étaient réunis auprès de ses parents, et des secours qu'il attendait de ses alliés. Son manifeste du 20 juin atteste ses intentions hostiles; il voulait le renversement de l'État, puisqu'il ne voulait ni les lois, ni la constitution qu'il avait juré de maintenir.

« On le ramène à Paris, et jamais la liberté ne fut plus menacée. Lafayette, l'ami de Louis, est informé, le 17 juillet, qu'un grand nombre de citoyens se réunit au Champ de Mars pour signer une pétition sur l'autel de la patrie, ayant pour objet la déchéance du roi; il s'y rend avec une partie de la garde nationale et des pièces d'artillerie; il fait tirer sur le peuple : le Champ de Mars devient le tombeau de la liberté. Une lettre de Lafayette prouve qu'il s'était concerté avec Louis, qui alors, quoique suspendu de ses fonctions, ordonnait le massacre du peuple. C'est sous ces funestes auspices que s'est faite la révision.

« Mais ce qui fondait surtout les espérances de Louis, c'était la convention de Pilnitz. L'empereur et le roi de Prusse s'engageaient par ce traité, le 24 juillet, à relever en France le trône de la monarchie absolue, et à soutenir l'honneur des couronnes contre les entreprises de la France. Ils s'engageaient à solliciter l'accession des puissances voisines à leur traité. Louis ne désavoua pas cette coalition; les faits postérieurs prouvent au contraire qu'il en était le chef.

« L'Assemblée constituante présenta à son acceptation la constitution qu'elle avait faite. Il l'accepta en déclarant : « Qu'il n'avait pas aperçu dans les moyens d'exécution et « d'administration toute l'énergie nécessaire pour imprimer « le mouvement et conserver l'unité dans toutes les parties « d'un si vaste empire; mais que, puisque les opinions « étaient divisées sur cet objet, il consentait que l'expé- « rience seule en demeurât juge. » Sa prévoyance embrassait dès lors un avenir qui ne lui paraissait pas éloigné. Ses frères, ses parents, excitaient les puissances, en son nom, à donner leur accession à la convention de Pilnitz. Il s'attendait à avoir bientôt à soutenir, au nom du peuple français, une guerre faite en son nom contre la France. Il pouvait obtenir du désespoir du peuple le rétablissement de l'autorité absolue. S'il ne l'obtenait pas, le succès d'une invasion, la faiblesse, l'impuissance, la dispersion des armées françaises, obligeraient le peuple à recevoir la loi du vainqueur, qui, pour prix de sa conquête, n'exigerait que la soumission d'un peuple rebelle et le rétablissement du despotisme, événement qui aurait justifié le jugement que Louis avait eu soin de porter sur la constitution.

« La ville d'Arles devait fixer les regards de Louis. Le fanatisme y régnait, et invoquait à son appui un monarque absolu. Il y envoya des commissaires, qui, au lieu de rétablir la paix, arborèrent ouvertement l'étendard de la contre-révolution. Il différa d'un mois l'envoi du décret de réunion qui aurait rétabli la paix à Avignon, et ce retard fut cause du renouvellement des scènes sanglantes qui ont désolé ce pays. Ces événements ne doivent pas être considérés isolément. Ils appartiennent à un vaste plan de conspiration. Car le même système absolument fut adopté pour prolonger les troubles des colonies. C'est à ce plan que se rapportent toutes les actions et toute la conduite de Louis.

« La corruption se présenta encore à l'appui de ses agents comme un moyen propre à rétablir sa puissance. Il l'emploie pour acquérir des suffrages dans le Corps législatif. Laporte, Saint-Foix, Saint-Léon se concertent pour faire décharger la liste civile des pensions dues aux militaires qui composaient la maison du roi. Radix et Saint-Foix s'engagent de traiter avec plusieurs membres du Corps législatif. Dufresne fait adopter par la majorité des membres du comité de liquidation un décret qui renvoie à la liquidation les pensionnaires de la maison militaire du roi, décret qui, s'il eût passé à l'Assemblée, aurait déchargé la liste civile de plusieurs millions. Les sommes consenties par Saint-Foix, en faveur des membres qui doivent appuyer le projet de décret et se distribuer les rôles à cet effet, s'élèvent à un 1,500,000 livres. Dufresne écrit à Delessart qu'il s'occupe de la liquidation des offices de la maison du roi, « que les membres du comité se « familiarisent avec le mode qu'il propose, que le total du « remboursement ne doit s'élever qu'à 18,000,000, mais qu'il « le porte à 25, pour avoir de la marge. » Ce projet ne fut pas présenté à l'Assemblée; mais les preuves de la corruption sont constatées; les projets et les mémoires sont apostillés de la main de Louis.

« Louis, après s'être assuré du caractère et des dispositions de plusieurs membres marquants du Corps législatif, poursuit ses desseins. Son ancienne garde se forme à Coblentz, il la paye ; il fournit des secours aux autres émigrés, au mépris d'une loi formelle; plusieurs des états de payement portent la date des premiers jours d'août 1792. Les frères de Louis ralliaient tous les émigrés à leurs drapeaux; ils déployaient sur toutes les frontières de la France l'étendard de la révolte; ils levaient des régiments dans les États du corps germanique; ils négociaient avec les puissances étrangères faisaient des emprunts et traitaient avec les États et les particuliers, au nom du roi. Différents témoins affirment avoir vu l'acte d'autorisation de Louis, et certes sans cette autorisation les princes n'auraient pas trouvé les facilités qu'ils ont eues auprès de toutes les cours et banquiers de l'Europe. Ces emprunts étaient hypothéqués sur les domaines de la nation. Louis n'en fit un inutile désaveu que lorsqu'il fut convaincu qu'il ne nuirait plus à ses desseins, c'est-à-dire peu de moments avant l'invasion du territoire français. Les émigrés insultaient les Français, et avaient intercepté la communication avec l'Allemagne, avant que Louis eût réclamé contre cette violation des traités, et demandé une satisfaction aux puissances qui souffraient sur leur territoire des rassemblements de troupes destinées à agir hostilement contre la France. Enfin, il parut déférer aux pressantes sollicitations de l'Assemblée, lorsqu'il ne pouvait plus résister sans encourir l'indignation de toute la France. Il ouvrit une négociation avec le chef de l'empire et l'électeur de Mayence; mais ce ne fut que pour rapporter des réponses évasives et des promesses sans exécution.

« Mais il laisse ignorer le traité de Pilnitz; les nouveaux engagements pris dans le mois de novembre entre l'empereur et le roi de Prusse, et l'accession du roi de Prusse à la ligue formée contre la France. Le Corps législatif ayant invité Louis à porter les forces militaires sur un pied capable de faire respecter l'indépendance et la souveraineté nationale, Narbonne parut s'occuper de préparatifs de guerre, de levées de soldats, d'achats d'armes et de munitions. L'Assemblée constituante avait décrété que l'armée serait portée au pied de guerre; cependant elle n'était encore composée que de cent mille hommes à la fin de 1791. Le Corps législatif décréta la levée de cinquante mille hommes. Narbonne fit commencer ce recrutement; mais il le fit cesser, sous prétexte qu'il était rempli. Il fit renvoyer un grand nombre de citoyens enrôlés; il avait visité les frontières, il assura que toutes les dispositions étaient faites, et qu'on pourrait commencer la campagne dans le mois de février. La guerre a été déclarée le 20 avril. Degrave a succédé à Narbonne; ce nouveau ministre suivit, pendant six semaines, le plan de son prédécesseur, sous l'influence du trône. La nation essuya des revers; il donna sa démission. Servan le remplaça; il eut tout à faire et tout à créer. Il proposa au Corps législatif de décréter la levée de vingt mille gardes nationaux pris dans tous les départements, qui se rendraient à Paris avec armes et uniformes, pour former à quelque distance un corps de réserve destiné à renforcer les armées, ou à en soutenir les débris en cas de revers. Le Corps législatif décréta la formation d'un camp et la levée d'une réserve de vingt mille hommes. Ce décret fut présenté à la sanction du roi, qui en suspendit l'exécution. Servan fut obligé de donner sa démission. Dumouriez fut nommé au département de la guerre; il déclara qu'il ne voulait pas engager imprudemment sa responsabilité, qu'il devait déclarer qu'il n'y avait point d'armes ni de munitions; que les places ne pouvaient soutenir un siége; qu'il n'y avait ni armes, ni magasins, ni subsistances; que tout manquait. Lajard lui succèda. L'Assemblée législative lui demanda, le 22 juin, s'il avait des moyens et des ressources pour sauver l'État. Il répondit, le 23, que le roi avait cru devoir présenter à l'acceptation de l'Assemblée législative la formation de quarante-deux nouveaux bataillons. On ne concevait pas comment Louis, qui avait suspendu un décret qui aurait formé une augmentation rapide de la force publique, proposait ce nouveau moyen, qu'il était impossible d'exécuter avec la même célérité. L'Assemblée législative apprend, le 4 juillet, par des correspondances particulières, que les Prussiens sont en marche pour attaquer la France. Elle demande compte au pouvoir exécutif de l'état des relations politiques de la France avec la Prusse. Le 6, Louis répond au Corps législatif que la marche des troupes prussiennes, dont le nombre s'élève à cinquante mille hommes, et dont une partie est déjà rassemblée sur les frontières de la France, prouve le concert établi entre le cabinet de Vienne et celui de Berlin; que ce sont là des dangers imminents, aux termes de la constitution française, et qu'il en donne communication. Un nouvel ennemi paraissait sur nos frontières; Louis, qui avait laissé ignorer sa longue marche au Corps législatif, semble l'attendre au milieu de son palais. Les armées étaient dispersées. Montesquiou, sur le prétexte d'hostilités imminentes de la part du roi de Sardaigne, retenait oisive une partie des troupes dans le Midi. Les régiments coloniaux étaient abandonnés et laissés dans une absolue inactivité dans les départements qui composent la ci-devant Bretagne; les départements intérieurs et des côtes maritimes étaient remplis de volontaires nationaux, et cependant la France trahie n'avait point d'armée à opposer aux puissances étrangères.

« La fédération du 14 juillet était la ressource sur laquelle

elle devait compter ; on devait s'attendre à voir réunir à Paris une nombreuse jeunesse disposée à voler au secours de la patrie ; mais le ministre de l'intérieur, Terrier de Monteiel, avait écrit, au nom du roi, pour enlever cette ressource à la France. Il écrivit, à la fin de juin, à tous les départements pour leur recommander de n'envoyer aucuns fédérés, et de dissoudre tous les rassemblements qui se formeraient. Cet ordre ne fut que trop bien exécuté. Le ministre de la guerre avait donné sa démission le 10, en déclarant qu'il ne pouvait plus être utile. Louis lui avait laissé le portefeuille jusqu'au 23 juillet ; et, croyant alors n'avoir plus aucun motif de dissimuler, il confia ce ministère à Dabancourt, neveu de Calonne. Le résultat de toutes ces perfidies fut que Longwy et Verdun furent livrés au roi de Prusse, qui en prit possession au nom de Louis ; que pour arrêter ces rapides progrès, on ne put opposer pendant quinze jours que quinze mille hommes à une armée cinq fois plus nombreuse ; que la nation, perdue et trahie, était livrée à ses ennemis ; qu'il fallait des prodiges pour la sauver, qu'elle en fit, et qu'elle fut sauvée.

« Il était aussi entré dans le plan de Louis d'anéantir la marine. Les officiers étaient émigrés, il n'en restait plus le nombre suffisant pour faire le service des ports ; cependant Bertrand, ministre de la marine, délivrait encore des passeports et des congés, lorsque le Corps législatif exposa, le 6 mars, à Louis la conduite coupable du ministre, et déclara qu'il avait perdu la confiance de la nation. Louis déclara qu'il était satisfait de ses services ; Bertrand donna quelque temps après sa démission. Lacoste, qui avait été envoyé en qualité de commissaire civil aux Iles-du-Vent, en était revenu pour se rendre accusateur des chefs d'administration civile et militaire, et remettre au pouvoir exécutif et à l'Assemblée nationale des preuves multipliées de leur incivisme. Louis lui offrit le portefeuille de la marine. Lacoste accepta, et devint le juge de ceux qu'il venait accuser ; mais il oublia ce qu'il devait à la nation ; il laissa l'autorité à ceux qu'il avait vus en abuser de la manière la plus criminelle. L'Assemblée législative le chargea d'envoyer aux colonies une force suffisante pour réprimer les troubles, et y faire respecter la souveraineté nationale. Il n'y envoya au contraire, par ordre de Louis, qu'un faible secours, dont les révoltés se sont rendus maîtres. Docile aux influences du trône, ce ministre conserva sa place jusqu'à l'époque des démissions combinées du mois de juillet; mais il sacrifia les intérêts de la nation, et abandonna la colonie de la Guadeloupe, qui est maintenant au pouvoir des rebelles.

« Les troubles de l'intérieur exigeaient des mesures répressives d'une grande sévérité; l'Assemblée nationale porta, le 20 novembre, un décret contre les prêtres fanatiques; Louis en suspendit l'exécution.

« Les troubles croissaient; tous les départements étaient dans la plus violente agitation. Les corps administratifs étaient réduits à la nécessité d'employer des mesures arbitraires pour prévenir de plus grands désordres. Le ministre de l'intérieur déclara qu'il engagerait sa responsabilité s'il laissait subsister les arrêtés des corps administratifs, mais qu'il perdrait la chose publique s'il les cassait. Il demanda au Corps législatif une loi expresse; le Corps législatif porta ce décret si essentiel à la sûreté publique, si longtemps attendu, si ardemment sollicité par le ministre. Louis en suspendit l'exécution. Il s'est persévéramment refusé à concourir aux mesures qui pouvaient assurer la tranquillité dans l'intérieur. Arles était dans un état de contre-révolution; Marseille y envoyait des gardes nationaux, Louis fit marcher contre eux vingt-deux bataillons. La conspiration de Dussaillant dévoila le secret de toutes ces conspirations dont la religion était le prétexte, mais qui avaient pour objet principal le rétablissement du trône. Que pouvait-on espérer du gouvernement pour le rétablissement de l'ordre, lorsque les fonds de la liste civile étaient employés à payer des libelles, à les répandre dans Paris et les départements, à égarer les sociétés populaires, à avilir la représentation nationale, à substituer l'esprit de faction, les haines, les vengeances, aux sentiments de la fraternité?

« Le ministère se coalisa, et écrivit deux lettres à Louis, le 10 juillet; la première annonçait leur démission; la seconde en contenait les motifs. Plusieurs d'entre nous, disaient-ils, sont exposés à des décrets d'accusation; dans les circonstances graves et délicates où se trouve l'État, nos démissions auront cet objet d'utilité *qu'elles rendront les députés odieux, et les feront envisager comme désorganisateurs.* Louis abandonna jusqu'au 23 juillet le ministère à ces mêmes hommes qui avaient publiquement déclaré qu'ils ne pouvaient plus y être utiles, parce que leur inertie secondait ses projets, autant qu'un ministère bien composé les aurait retardés.

« Le peuple trahi demandait justice; il commençait à se soulever contre l'oppression. Louis médite alors un autre attentat dont le plan et le jour de l'exécution étaient connus d'avance à Milan, dans les principales villes étrangères et dans plusieurs départements. Une lettre adressée à Laporte, avant le 10 août, constate ce fait. L'incivisme de sa garde en avait nécessité le licenciement; il la conserve à sa solde; il retenait à son service les ci-devant gardes suisses, au mépris de la Constitution et d'un décret du Corps législatif; il avait des compagnies particulières entretenues pour un service secret; on enrôlait secrètement pour lui; enfin, la cour provoqua l'affaire du 10 août, dont l'objet était de soulever les faubourgs, et de les massacrer ensuite, en les faisant avancer et les prenant par derrière avec de l'artillerie. Ce fait est constaté par l'ordre du commandant de la garde nationale, et par une foule de dépositions. Le 9, les appartements du château se trouvent remplis d'hommes armés qui y passent la nuit; le 10, Louis fait la revue des Suisses dans le jardin des Tuileries, et leur fait prêter le serment de fidélité à sa personne. Les citoyens de Paris, les fédérés s'avancent en confiance vers le château, et c'est du château que l'on tire sur eux : ils souffrent plusieurs décharges meurtrières; il s'engage un sanglant combat entre les Suisses et les citoyens. Le tyran est enfin vaincu, et son trône renversé, tandis que Louis était allé cherché un asile dans le sein des représentants du peuple.

« Louis est coupable de tous ces attentats, dont il a conçu le dessein dès le commencement de la Révolution, et dont il a tenté plusieurs fois l'exécution. Tous ses pas, toutes ses démarches, ont été constamment dirigés vers le même but, qui était de recouvrer son ancienne autorité, d'immoler tout ce qui résisterait à ses efforts. Plus fort et plus affermi dans ses desseins que tout son conseil, il n'a jamais été influencé par ses ministres; il ne peut rejeter ses crimes sur eux, puisqu'il les a au contraire constamment dirigés ou renvoyés à son gré. La coalition des puissances, la guerre étrangère, les étincelles de la guerre civile, la désolation des colonies, les troubles de l'intérieur qu'il a fait naître, entretenus et fomentés, sont les moyens dont il s'est servi pour relever son trône ou s'ensevelir sous ses débris. »

A la suite de ce rapport, Lindet annonce que la rédaction de l'acte énonciatif des charges n'est pas terminée, la commission étant occupée encore à des vérifications de pièces.

Sur la proposition de Bazire, amendée par Kersaint, et rédigée par Saint-André, l'assemblée rendit le décret suivant :

« La Convention nationale décrète que six membres pris dans son sein, accompagnés de deux commissaires du pouvoir exécutif, se transporteront sur-le-champ au greffe du tribunal criminel, créé par la loi du 17 août, à l'effet d'en retirer toutes les pièces relatives au ci-devant roi, desquelles pièces ils donneront décharge à tous greffiers, commis-greffiers ou gardiens des scellés; les autorisant à procéder à la levée de toute apposition de scellés qui pourraient se trouver actuellement sur lesdits papiers, et à donner tous ordres nécessaires pour que la remise qui doit en être faite à la commission des vingt-et-un n'éprouve aucun délai ; décrète, en outre, qu'après la remise des dites pièces, les scellés seront de nouveau apposés sur lesdits papiers. »

Les commissaires désignés furent les citoyens Condorcet, Lecointre (de Versailles), Cambacérès, Manuel, Bréard, Prieur.

Sur la proposition de Valazé, il fut décrété que les pièces qui serviront de preuves contre Louis Capet lui seront lues le lendemain.

Séance du mardi 11 décembre.

Présidence de Fermont.

Après un débat sans importance et la communication par Barbaroux de l'acte énonciatif, la Convention adopte la proposition de Fermont, ainsi conçue :

« Lorsqu'un accusé comparaît devant le tribunal, la loi autorise le président à inviter l'accusé à s'asseoir. Je demande que vous suiviez cet usage pour Louis, et qu'il soit placé un siége à la barre. »

LE PRÉSIDENT : Je consulte l'assemblée sur la conduite que doit tenir le bureau relativement à l'interrogatoire de Louis. Comme il est extrêmement important que les réponses de Louis soient exactement recueillies, ne serait-il pas à propos qu'elles lui fussent relues, et qu'elles fussent proposées à sa signature ?

Cette proposition est décrétée.

LE PRÉSIDENT : J'avertis l'assemblée que Louis est à la porte des Feuillants.

Représentants, vous allez exercer le droit de justice nationale. Vous répondez à tous les citoyens de la république de la conduite ferme et sage que vous allez tenir dans cette occasion importante.

L'Europe vous observe. L'histoire recueille vos pensées, vos actions. L'incorruptible postérité vous jugera avec une sévérité inflexible. Que votre attitude soit conforme aux nouvelles fonctions que vous allez remplir. L'impassibilité et le silence le plus profond conviennent à des juges. La dignité de votre séance doit répondre à la majesté du peuple français. Il va donner, par votre organe, une grande leçon aux rois et un exemple utile à l'affranchissement des nations.

Citoyens des tribunes, vous êtes associés à la gloire et à la liberté de la nation dont vous faites partie. Vous savez que la justice ne préside qu'aux délibérations tranquilles. La Convention nationale se repose sur votre entier dévouement à la patrie, et sur votre respect pour la représentation du peuple. Les citoyens de Paris ne laisseront pas échapper cette nouvelle occasion de montrer le patriotisme et l'esprit public dont ils sont animés. Ils n'ont qu'à se souvenir du silence terrible qui accompagna Louis ramené de Varennes, silence précurseur du jugement des rois par les nations.

Le commandant général : J'ai l'honneur de vous prévenir que j'ai mis à exécution votre décret. Louis Capet attend vos ordres.

Louis entre à la barre. Le maire, deux officiers municipaux et les généraux Santerre et Berruyer entrent avec lui. — La garde reste en dehors de la salle.

Un profond silence règne dans l'assemblée.

LE PRÉSIDENT : Louis, la nation française vous accuse. L'Assemblée nationale a décrété, le 3 décembre, que vous seriez jugé par elle ; le 6 décembre, elle a décrété que vous seriez traduit à sa barre. On va vous lire l'acte énonciatif des délits qui vous sont imputés. — Vous pouvez vous asseoir.

Louis s'assied.

Un des secrétaires fait lecture de cet acte en entier.

Le président, reprenant chaque article d'accusation, interpelle successivement Louis de répondre aux différentes charges qu'il contient.

LE PRÉSIDENT : Louis, le peuple français vous accuse d'avoir commis une multitude de crimes pour établir votre tyrannie, en détruisant sa liberté. Vous avez, le 20 juin 1789, attenté à la souveraineté du peuple, en suspendant les assemblées de ses représentants, et en les repoussant par la violence du lieu de leurs séances. La preuve en est dans le procès-verbal dressé au jeu de paume de Versailles, par les membres de l'Assemblée constituante. Le 23 juin, vous avez voulu dicter des lois à la nation ; vous avez entouré de troupes ses représentants, vous leur avez présenté deux déclarations royales éversives de toute liberté, et vous leur avez ordonné de se séparer. Vos déclarations et les procès-verbaux de l'assemblée constatent ces attentats. Qu'avez-vous à répondre ?

LOUIS : il n'existait pas de lois sur cet objet.

LE PRÉSIDENT : Vous avez fait marcher une armée contre les citoyens de Paris. Vos satellites ont fait couler le sang de plusieurs d'entre eux, et vous n'avez éloigné cette armée que lorsque la prise de la Bastille et l'insurrection générale vous ont appris que le peuple était victorieux. Les discours que vous avez tenus les 9, 12 et 14 juillet aux diverses députations de l'Assemblée constituante font connaître quelles étaient vos intentions, et les massacres des Tuileries déposent contre vous. Qu'avez-vous à répondre ?

LOUIS : J'étais le maître de faire marcher des troupes dans ce temps-là ; mais je n'ai jamais eu l'intention de répandre du sang.

LE PRÉSIDENT : Après ces événements, et malgré les promesses que vous aviez faites, le 15 dans l'Assemblée constituante, et le 17 dans l'hôtel de ville de Paris, vous avez persisté dans vos projets contre la liberté nationale ; vous avez longtemps éludé de faire exécuter les décrets du 11 août, concernant l'abolition de la servitude personnelle, du régime féodal et de la dîme. Vous avez longtemps refusé de reconnaître la déclaration des droits de l'homme ; vous avez augmenté du double le nombre de vos gardes du corps, et appelé le régiment de Flandre à Versailles ; vous avez permis que dans des orgies faites sous vos yeux la cocarde nationale fût foulée aux pieds, la cocarde blanche arborée, et la nation blasphémée. Enfin, vous avez nécessité une nouvelle insurrection, occasionné la mort de plusieurs citoyens, et ce n'est qu'après la défaite de vos gardes que vous avez changé de langage, et renouvelé des promesses perfides. Les preuves de ces faits sont dans vos observations du 18 septembre sur les décrets du 11 août, dans les procès-verbaux de l'Assemblée constituante, dans les événements de Versailles des 5 et 6 octobre, et dans le discours que vous avez tenu le même jour à une députation de l'Assemblée constituante, lorsque vous lui dites que *vous vouliez vous éclairer de ses conseils, et ne jamais vous séparer d'elle*. Qu'avez-vous à répondre?

LOUIS : J'ai fait les observations que j'ai crues justes sur les deux premiers objets. Quant à la cocarde, cela est faux; cela ne s'est pas passé devant moi.

LE PRÉSIDENT : Vous aviez prêté, à la fédération du 14 juillet, un serment que vous n'avez pas tenu. Bientôt vous avez essayé de corrompre l'esprit public à l'aide de Talon, qui agissait dans Paris, et de Mirabeau, qui devait imprimer un mouvement contre-révolutionnaire aux provinces. Qu'avez-vous à répondre ?

LOUIS : Je ne me rappelle pas ce qui s'est passé dans ce temps-là ; mais le tout est antérieur à l'acceptation que j'ai faite de la constitution.

LE PRÉSIDENT : Vous avez répandu des millions pour effectuer cette corruption, et vous avez voulu faire de la popularité même un moyen d'asservir le peuple. Ces faits résultent d'un mémoire de Talon, que vous avez apostillé de votre main, et d'une lettre que Laporte vous écrivait le 19 avril, dans laquelle, vous rapportant une conversation qu'il avait eue avec Rivarol, il vous disait que les millions qu'on vous avait engagé à répandre n'avaient rien produit. Dès longtemps vous aviez médité un projet de fuite. Il vous fut remis, le 23 février, un mémoire qui vous en indiquait les moyens, et vous l'apostillâtes. Qu'avez-vous à répondre ?

LOUIS : Je n'avais pas de plus grand plaisir que de donner à ceux qui avaient besoin ; cela ne tient à aucun projet.

LE PRÉSIDENT : Le 28, une multitude de nobles et de militaires se répandirent dans vos appartements, au château des Tuileries, pour favoriser cette fuite : vous voulûtes, le 18 avril, quitter Paris pour vous rendre à Saint-Cloud. Qu'avez-vous à répondre ?

LOUIS : Cette accusation est absurde.

LE PRÉSIDENT : Mais la résistance des citoyens vous fit sentir que la défiance était grande ; vous cherchâtes à la dissiper en communiquant à l'Assemblée constituante une lettre que vous adressiez aux agents de la nation auprès des puissances étrangères, pour leur annoncer que vous aviez accepté librement les articles constitutionnels qui vous avaient été présentés, et cependant le 21 juin vous preniez la fuite avec un faux passe-port ; vous laissiez une déclaration contre les mêmes articles constitutionnels ; vous ordonniez aux ministres de ne signer aucun des actes émanés de l'Assemblée nationale, et vous défendiez à celui de la justice de remettre les sceaux de l'État. L'argent du peuple était prodigué pour assurer le succès de cette trahison, et la force publique devait la protéger sous les ordres de Bouillé, qui naguère avait été chargé de diriger le massacre de Nancy, et à qui vous aviez écrit à ce sujet, de soigner sa popularité parce qu'elle vous serait utile. Ces faits sont prouvés par le mémoire du 23 février, apostillé de votre main; par votre déclaration du 20 juin, tout entière de votre écriture; par votre lettre du 4 septembre 1790, à Bouillé; et par une note de celui-ci, dans laquelle il vous rend compte de l'emploi des 993,000 livres données par vous, et employées en partie à la corruption des troupes qui devaient vous escorter. Qu'avez-vous à répondre?

Louis : Je n'ai aucune connaissance du mémoire du 23 février. Quant à ce qui est relatif à mon voyage de Varennes, je m'en réfère à ce que j'ai dit aux commissaires de l'Assemblée constituante dans ce temps-là.

Le Président : Après votre arrestation à Varennes, l'exercice du pouvoir exécutif fut un moment suspendu dans vos mains, et vous conspirâtes encore. Le 17 juillet, le sang des citoyens fut versé au Champ de Mars. Une lettre de votre main, écrite en 1790, à Lafayette, prouve qu'il existait une coalition criminelle entre vous et Lafayette, à laquelle Mirabeau avait accédé. La révision commença sous ces auspices cruels; tous les genres de corruption furent employés. Vous avez payé des libelles, des pamphlets, des journaux destinés à pervertir l'opinion publique, à discréditer les assignats et à soutenir la cause des émigrés. Les registres de Septeuil indiquent quelles sommes énormes, ont été employées à ces manœuvres liberticides. Qu'avez-vous à répondre?

Louis : Ce qui s'est passé le 17 juillet ne peut aucunement me regarder; pour le reste, je n'en ai aucune connaissance.

Le Président : Vous avez paru accepter la constitution, le 14 septembre; vos discours annonçaient la volonté de la maintenir, et vous travailliez à la renverser avant même qu'elle fût achevée.

Une convention avait été faite à Pilnitz, le 24 juillet, entre Léopold d'Autriche et Frédéric-Guillaume de Brandebourg, qui s'étaient engagés à relever en France le trône de la monarchie absolue, et vous vous êtes tu sur cette convention jusqu'au moment où elle a été connue de l'Europe entière. Qu'avez-vous à répondre?

Louis : Je l'ai fait connaître sitôt qu'elle est venue à ma connaissance; au reste tout ce qui a trait à cet objet, par la constitution, regarde le ministre.

Le Président : Arles avait levé l'étendard de la révolte, vous l'aviez favorisée par l'envoi de trois commissaires civils qui se sont occupés, non à réprimer les contre-révolutionnaires, mais à justifier leurs attentats. Qu'avez-vous à répondra ?

Louis : Les instructions qu'avaient les commissaires doivent prouver ce dont ils étaient chargés, et je n'en connaissais aucun quand les ministres me les ont proposés.

Le Président : Avignon et le comtat Venaissin avaient été réunis à la France; vous n'avez fait exécuter le décret qu'après un mois, et pendant ce temps la guerre civile a désolé ce pays. Les commissaires que vous y avez successivement envoyés ont achevé de le dévaster. Qu'avez-vous à répondre?

Louis : Je ne me souviens pas quel délai a été mis dans l'exécution; au reste, ce fait ne peut me regarder personnellement; ce sont ceux qui ont été envoyés, et ceux qui les ont envoyés, que cela regarde.

Le Président : Nîmes, Montauban, Mende, Jalès, avaient éprouvé de grandes agitations dès les premiers jours de la liberté; vous n'avez rien fait pour étouffer ce germe de contre-révolution, jusqu'au moment où la conspiration de Dusaillant a éclaté. Qu'avez-vous à répondre ?

Louis : J'ai donné pour cela tous les ordres que les ministres m'ont proposés.

Le Président : Vous avez envoyé vingt-deux bataillons contre les Marseillais, qui marchaient pour réduire les contre-révolutionnaires arlésiens. Qu'avez-vous à répondre ?

Louis : Il faudrait que j'eusse les pièces pour répondre juste à cela.

Le Président : Vous avez donné le commandement du Midi à Witgenstein, qui vous écrivait le 21 avril 1792, après qu'il eut été rappelé : « Quelques instants de plus, et je rappellerai pour toujours, autour du trône de Votre Majesté, des milliers de Français redevenus dignes des vœux qu'elle forme pour leur bonheur. » Qu'avez-vous à répondre ?

Louis : Cette lettre est postérieure à son rappel. Il n'a pas été employé depuis. Je ne me souviens pas de la lettre.

Le Président : Vous avez payé vos ci-devant gardes du

corps à Coblentz; les registres de Septeuil en font foi, et plusieurs ordres signés de vous constatent que vous avez fait passer des sommes considérables à Bouillé, Rochefort, La Vauguyon, Choiseul-Beaupré, Hamilton et la femme Polignac.

Qu'avez-vous à répondre ?

LOUIS : D'abord que je sus que mes gardes du corps se formaient de l'autre côté du Rhin, j'ai défendu qu'ils touchassent aucun payement ; pour le reste, je ne m'en souviens nullement.

LE PRÉSIDENT : Vos frères, ennemis de l'État, ont rallié les émigrés sous leurs drapeaux ; ils ont levé des régiments, fait des emprunts, et contracté des alliances en votre nom ; vous ne les avez désavoués qu'au moment où vous avez été bien certain que vous ne pouviez plus nuire à leurs projets. Votre intelligence avec eux est prouvée par un billet écrit de la main de Louis-Stanislas-Xavier, souscrit par vos deux frères, et ainsi conçu :

« Je vous ai écrit, mais c'était par la poste, et je n'ai rien pu dire. Nous sommes ici deux qui n'en font qu'un ; mêmes sentiments, mêmes principes, même ardeur pour vous servir. Nous gardons le silence ; mais c'est que le rompant trop tôt, nous vous compromettrions : mais nous parlerons dès que nous serons sûrs de l'appui général, et ce moment est proche. Si l'on nous parle de la part de ces gens-là, nous n'écouterons rien ; si c'est de la vôtre, nous écouterons, mais nous irons droit notre chemin ; ainsi, si l'on veut que vous nous fassiez dire quelque chose, ne vous gênez pas. Soyez tranquille sur votre sûreté, nous n'existons que pour vous servir nous y travaillons avec ardeur, et tout va bien ; nos ennemis mêmes ont trop d'intérêt à votre conservation pour commettre un crime inutile, et qui achèverait de les perdre. Adieu.

« L.-S. XAVIER et CHARLES-PHILIPPE. »

Qu'avez-vous à répondre ?

LOUIS : J'ai désavoué toutes les démarches de mes frères, suivant que la constitution me le prescrivait, aussitôt que j'en ai eu connaissance. Je n'ai aucune connaissance de ce billet.

LE PRÉSIDENT : L'armée de ligne, qui devait être portée au pied de guerre, n'était forte que de cent mille hommes à la fin de décembre ; vous aviez ainsi négligé de pourvoir à la sûreté extérieure de l'État. Narbonne, votre agent, avait demandé une levée de cinquante mille hommes ; mais il arrêta le recrutement à vingt-six mille, en assurant que tout était prêt. Rien ne l'était pourtant. Après lui, Servan proposa de former auprès de Paris un camp de vingt mille hommes ; l'Assemblée législative le décréta, vous refusâtes votre sanction. Qu'avez-vous à répondre ?

Louis : J'avais donné au ministre tous les ordres qui pouvaient accélérer l'augmentation de l'armée ; au mois de décembre dernier les états en ont été mis sous les yeux de l'assemblée. S'ils se sont trompés, ce n'est pas ma faute.

Le Président : Un élan de patriotisme fait partir de tous côtés des citoyens pour Paris. Vous fîtes une proclamation qui tendait à les arrêter dans leur marche : cependant nos armées étaient dépourvues de soldats. Dumouriez, successeur de Servan, avait déclaré que la nation n'avait ni armes, ni munitions, ni subsistances, et que les places étaient hors de défense. Vous avez attendu d'être pressé par une réquisition faite au ministre Lajard, à qui l'Assemblée législative demandait d'indiquer quels étaient ses moyens de pourvoir à la sûreté extérieure de l'État, pour proposer par un message la levée de quarante-deux bataillons.

Vous avez donné mission aux commandants des troupes de désorganiser l'armée, de pousser des régiments entiers à la désertion, et de leur faire passer le Rhin pour les mettre à la disposition de vos frères et de Léopold d'Autriche, avec lequel vous étiez d'intelligence ; le fait est prouvé par la lettre de Toulongeon, commandant dans la Franche-Comté. Qu'avez-vous à répondre?

Louis : Je n'en ai eu aucune connaissance : il n'y a pas un mot de vrai dans cette accusation.

Le Président : Vous avez chargé vos agents diplomatiques de favoriser la coalition des puissances étrangères et de vos frères contre la France, et particulièrement de cimenter la paix entre la Turquie et l'Autriche, pour dispenser celle-ci de garnir ses frontières du côté de la Turquie, et lui procurer par là un plus grand nombre de troupes contre la France. Une lettre de Choiseul-Gouffier, ambassadeur à Constantinople, établit le fait. Qu'avez-vous à répondre?

Louis : M. Choiseul n'a pas dit la vérité : cela n'a jamais existé.

Le Président : Les Prussiens s'avançaient vers nos frontières. On interpella, le 8 juillet, votre ministre, de rendre compte de l'état de nos relations politiques avec la Prusse; vous répondîtes le 10, que cinquante mille Prussiens marchaient contre nous, et que vous donniez avis au Corps législatif des actes formels de ces hostilités imminentes, aux termes de la constitution. Qu'avez-vous à répondre?

Louis : Ce n'est qu'à cette époque-là que j'en ai eu connaissance : toute la correspondance passait par les ministres.

Le Président : Vous avez confié le département de la guerre à Dabancourt, neveu de Calonne, et tel a été le succès de votre conspiration, que les places de Longwy et de Verdun ont été livrées aussitôt que les ennemis ont paru. Qu'avez-vous à répondre?

Louis : J'ignorais que M. Dabancourt fût neveu de M. Calonne; ce n'est pas moi qui ai dégarni les places. Je ne me serais pas permis une pareille chose; je n'en avais aucune connaissance, si elles l'ont été.

Le Président : Vous aviez détruit notre marine; une foule d'officiers de ce corps étaient émigrés, à peine en restait-il pour faire le service des ports; cependant Bertrand accordait tous les jours, des passe-ports; et lorsque le Corps législatif vous exposa, le 8 mars, sa conduite coupable, vous répondîtes que vous étiez satisfait de ses services. Qu'avez-vous à répondre?

Louis : J'ai fait ce que j'ai pu pour retenir les officiers. Quant à M. Bertrand, comme l'Assemblée nationale ne portait contre lui aucun grief qui pût le faire mettre en état d'accusation, je n'ai pas cru devoir le changer.

Le Président : Vous avez favorisé dans les colonies le maintien du gouvernement absolu; vos agents y ont partout fomenté le trouble et la contre-révolution, qui s'y est opérée à la même époque où elle devait s'effectuer en France; ce qui indique assez que votre main conduisait cette trame. Qu'avez-vous à répondre?

Louis : S'il y a de mes agents dans les colonies, ils n'ont pas dit vrai; je n'ai eu aucun rapport à ce que vous venez de me dire.

Le Président : L'intérieur de l'État était agité par les fanatiques; vous vous en êtes déclaré le protecteur, en manifestant l'intention évidente de recouvrer par eux votre ancienne puissance. Qu'avez-vous à répondre?

Louis : Je ne peux pas répondre à cela; je n'ai aucune connaissance de ce projet.

Le Président : Le Corps législatif avait rendu, le 29 janvier, un décret contre les prêtres factieux ; vous en avez suspendu l'exécution. Qu'avez-vous à répondre ?

Louis : La constitution me laissait la sanction libre des décrets.

Le Président : Les troubles s'étaient accrus, le ministre déclara qu'il ne connaissait dans les lois existantes aucun moyen d'atteindre les coupables. Le Corps législatif rendit un nouveau décret ; vous en suspendîtes encore l'exécution. Qu'avez-vous à répondre?

Même réponse que la précédente.

Le Président : L'incivisme de la garde que la constitution vous avait donnée en avait nécessité le licenciement. Le lendemain vous lui avez écrit une lettre de satisfaction ; vous avez continué de la solder. Ce fait est prouvé par les comptes du trésorier de la liste civile. Qu'avez-vous à répondre ?

Louis : Je n'ai continué que jusqu'à ce qu'elle pût être recréée, comme le décret le portait.

Le Président : Vous avez retenu auprès de vous les gardes suisses : la constitution vous le défendait, et l'Assemblée législative en avait expressément ordonné le départ. Qu'avez-vous à répondre?

Louis : J'ai exécuté tous les décrets qui ont été rendus à cet égard.

Le Président : Vous avez eu dans Paris des compagnies particulières, chargées d'y opérer des mouvements utiles à vos projets de contre-révolution. Dangremont et Gilles étaient deux de vos agents ; ils étaient salariés par la liste civile. Les quittances de Gilles, chargé de l'organisation d'une compagnie de soixante hommes, vous seront présentées. Qu'avez-vous à répondre ?

Louis : Je n'ai aucune connaissance des projets qu'on leur prête ; jamais idée de contre-révolution n'est entrée dans ma tête.

Le Président : Vous avez voulu, par des sommes considérables, suborner plusieurs membres des Assemblées constituante et législative. Des lettres de Saint-Léon et d'autres attestent la réalité de ces faits. Qu'avez-vous à répondre?

Louis : Il y a plusieurs personnes qui se sont présentées avec des projets pareils, mais je les ai éloignées.

Le Président : Quels sont ceux qui vous ont présenté ces projets?

LOUIS : Ils étaient si vagues que je ne m'en rappelle pas dans ce moment.

LE PRÉSIDENT : Quels sont ceux à qui vous avez promis ou donné de l'argent ?

LOUIS : Aucun.

LE PRÉSIDENT : Vous avez laissé avilir la nation française en Allemagne, en Italie, en Espagne, puisque vous n'avez rien fait pour exiger la réparation des mauvais traitements que les Français ont éprouvés dans ces pays. Qu'avez-vous à répondre ?

LOUIS : La correspondance diplomatique doit prouver le contraire ; au reste, cela regardait le ministre.

LE PRÉSIDENT : Vous avez fait, le 10 août, la revue des Suisses, à cinq heures du matin, et les Suisses ont tiré les premiers sur les citoyens. Qu'avez-vous à répondre ?

LOUIS : J'ai été voir toutes les troupes qui étaient rassemblées chez moi ce jour-là ; les autorités constituées étaient chez moi, le département, le maire et la municipalité ; j'avais fait prier même une députation de l'Assemblée nationale d'y venir, et je me suis ensuite rendu dans son sein avec ma famille.

LE PRÉSIDENT : Pourquoi aviez-vous rassemblé des troupes dans le château ?

LOUIS : Toutes les autorités constituées l'ont vu : le château était menacé ; et comme j'étais une autorité constituée, je devais me défendre.

LE PRÉSIDENT : Pourquoi avez-vous mandé au château le maire de Paris, dans la nuit du 9 au 10 août ?

LOUIS : Sur les bruits qui se répandaient.

LE PRÉSIDENT : Vous avez fait couler le sang des Français ? Qu'avez-vous à répondre ?

LOUIS : Non, Monsieur, ce n'est pas moi.

LE PRÉSIDENT : Vous avez autorisé Septeuil à faire un commerce considérable de grains, sucre et café à Hambourg ? Ce fait est prouvé par une lettre de Septeuil. Qu'avez-vous à répondre ?

LOUIS : Je n'ai aucune connaissance de ce que vous dites.

LE PRÉSIDENT : Pourquoi avez-vous mis le *veto* sur le décret qui ordonnait la formation d'un camp de vingt mille hommes ?

LOUIS : La constitution me donnait la libre sanction des décrets, et dès ce temps-là même j'ai demandé la réunion d'un camp à Soissons.

Le Président, *à l'assemblée* : Les questions sont épuisées.

A Louis Capet : Louis, avez-vous quelque chose à ajouter?

Louis : Je demande communication des accusations que je viens d'entendre, et des pièces qui y sont jointes, et la faculté de choisir un conseil pour me défendre.

Valazé, assis auprès de la barre, énonce et présente à Louis Capet les pièces suivantes : « Mémoire de Laporte qui établit entre Louis Capet, Mirabeau, et quelques autres, des projets contre-révolutionnaires. »

Louis : Je ne le reconnais pas.

Valazé : Lettre de Louis Capet, datée du 29 juin 1790, établissant ses rapports avec Mirabeau et Lafayette, pour opérer une révolution dans la constitution.

Louis : Je me réserve d'expliquer ce qui y est contenu.

Valazé lit la lettre.

Louis : Ce n'est qu'un projet; il n'y est aucunement question de contre-révolution; la lettre n'a pas dû être envoyée.

Valazé : Lettre de Laporte à Louis Capet, du 22 avril, relative à des entretiens au sujet des jacobins, et au président du comité des finances et au comité des domaines; elle est datée de la main de Louis Capet.

Louis : Je ne la connais pas.

Valazé : Lettre de Laporte, du jeudi matin 3 mars, apostillée de la main de Louis Capet 3 mars 1791, indicative d'une prétendue rupture entre Mirabeau et les jacobins.

Louis : Je ne la reconnais pas.

Valazé : Lettre de Laporte, sans date de sa main, mais apostillée de celle de Louis Capet, contenant des détails sur les derniers moments de Mirabeau, sur les soins qu'on a pris pour dérober à la connaissance des hommes des papiers d'un grand intérêt dont Mirabeau était dépositaire.

Louis : Je ne la reconnais pas plus que les autres.

Valazé : Projet de constitution ou de révision de la constitution, signé Lafayette, adressé à Louis Capet, 6 avril 1790, apostillé d'une ligne de sa main.

Louis : Ces choses-là ont été effacées par la constitution.

Valazé : Connaissez-vous cette écriture?

Louis : Non.

Valazé : Votre apostille?

Louis : Non.

Valazé : Lettre de Laporte, du 19 avril, apostillée par

Louis Capet, 19 avril 1791, faisant mention d'un entretien avec Rivarol?

Louis : Je ne la connais pas.

Valazé : Lettre de Laporte, apostillée 16 avril 1791, dans laquelle on paraît se plaindre de Mirabeau, de l'abbé Périgord, d'André, de Beaumetz, qui ne semblent pas reconnaissants des sacrifices qu'on a faits pour eux.

Louis : Je ne la connais pas non plus.

Valazé : Lettre de Laporte, du 23 février 1791, apostillée et datée de la main de Louis Capet, énonciative d'un mémoire qui y est joint relatif aux moyens de le populariser.

Louis : Je ne connais aucune des deux pièces.

Valazé : Plusieurs pièces sans signatures trouvées au château des Tuileries, dans la baie qui était close dans les murs du palais, relative aux dépenses à faire pour gagner cette popularité.

Le Président : Avant l'interrogatoire à ce sujet, je demande à faire une question préliminaire.

Avez-vous fait construire une armoire avec une porte de fer au château des Tuileries, et y avez-vous fait renfermer des papiers?

Louis : Je n'en ai aucune connaissance.

Valazé : Voici un journal de la main de Louis Capet, portant les pensions qu'il a accordées sur sa cassette depuis 1776 jusqu'en 1792, parmi lesquelles on remarque des gratifications accordées à Acloque pour son faubourg.

Louis : Je reconnais celui-là, mais ce sont des charités que j'ai faites.

Valazé : Divers états de sommes payées aux compagnies écossaises de Noailles-Gramont et Montmorency-Luxembourg, au 1er juillet 1791.

Louis : Ceci est antérieur au temps où j'ai défendu de les payer.

Le Président : Louis, où aviez-vous déposé ces pièces reconnues par vous?

Louis : Chez mon trésorier.

Valazé : Reconnaissez-vous cet état des pensions des gardes du corps, cent-suisses et gardes du roi pour 1792?

Louis : Je ne le reconnais pas.

Valazé : Plusieurs pièces relatives à la conjuration du camp de Jalès, dont les originaux sont déposés au secrétariat du département de l'Ardèche.

Louis : Je n'en ai nulle connaissance.

VALAZÉ : Lettre de Bouillé, datée de Mayence, portant compte de 993,000 livres reçues de Louis Capet.

LOUIS : Je ne la connais pas.

VALAZÉ : Ordonnance de payement de 16,800 livres, signée Louis; au dos signée de Bonnières, avec une lettre et un billet du même.

LOUIS : Je ne les reconnais pas.

VALAZÉ : Deux pièces relatives à un don fait à la femme Polignac, et aux nommés Lavauguyon et Choiseul?

LOUIS : Pas plus que les autres.

VALAZÉ : Billet signé des deux frères du ci-devant roi, cité dans l'acte énonciatif.

LOUIS : Je ne le connais pas.

VALAZÉ : Pièces contenant l'affaire de Choiseul-Gouffier à Constantinople.

LOUIS : Je n'en ai pas connaissance.

VALAZÉ : Lettre du ci-devant roi à l'évêque de Clermont, avec la réponse de celui-ci, du 16 avril 1791.

LOUIS : Je ne la connais pas.

LE PRÉSIDENT : Vous ne reconnaissez pas votre écriture et votre signature?

LOUIS : Non.

LE PRÉSIDENT : Le cachet est aux armes de France.

LOUIS : Beaucoup de monde l'avait.

VALAZÉ : Reconnaissez-vous cet état des sommes payées à Gilles?

LOUIS : Je ne le connais pas.

VALAZÉ : Mémoire pour décharger la liste civile des pensions militaires; lettre de Dufresne-Saint-Léon, qui y est relative.

LOUIS : Je ne connais aucune de ces pièces.

LE PRÉSIDENT : Je vous invite à vous retirer dans la salle des conférences. — L'assemblée va prendre une délibération.

LOUIS : J'ai demandé un conseil.

Louis Capet se retire.

TREILHARD : Je propose le projet de décret suivant :

« Louis Capet peut choisir un ou plusieurs conseils. » (Des murmures s'élèvent dans une partie de l'assemblée.)

ALBITTE : Cette question est trop importante pour qu'on la décide dans le moment. Si on ne rejette pas la proposition de Treilhard, j'en demande l'ajournement.

Duhem, Chasles, Billaud de Varennes, Tallien, Robespierre jeune, Marat et quelques autres membres se lèvent à la fois, et appuient l'ajournement.

Ducos appuie la proposition de Treilhard.

On demande la question préalable sur l'ajournement. — L'ajournement est rejeté à la très-grande majorité.

Les mêmes membres se lèvent encore. Ils demandent l'appel nominal. — Le président veut passer outre à la délibération. Il est interrompu. — Longue et vive agitation.

GARAN : La loi sur les jurés porte que l'accusé pourra choisir pour sa défense un ou deux amis, ou conseils ; je demande que cette loi soit commune à Louis Capet.

MARAT : Il ne s'agit point ici d'un procès ordinaire.... Il ne nous faut pas de chicane de palais.

Plusieurs membres demandent la question préalable sur la proposition de Garan.

L'assemblée décide à une grande majorité qu'il y a lieu à délibérer.

Marat, Chabot, Merlin, Montaut demandent à la combattre. — Séveste fait de longs efforts pour obtenir la parole dans le même sens.

DUHEM : Je demande qu'on aille aux voix par appel nominal sur toutes les questions qui s'élèveront sur ce procès.

Le tumulte et l'agitation continuent. — Le président se couvre. — Le silence se rétablit.

PÉTION : Je demande la parole pour une motion d'ordre. Il est surprenant qu'une question aussi simple excite autant d'aigreur et de divisions. De quoi s'agit-il ? De donner au roi un conseil. Je dis que personne ne peut le lui refuser, à moins d'attaquer à la fois tous les principes de l'humanité ; mais les lois l'autorisent à prendre non pas deux amis, les lois n'en connaissent pas, mais deux défenseurs. Il a demandé un conseil ; ce conseil peut, d'après la loi, être composé d'une ou de deux personnes ; c'est son affaire. Eh bien ! que cette question très-simple : Louis Capet pourra-t-il prendre un conseil, soit mise aux voix ; je ne vois pas quelles sont les difficultés qu'on pourrait lui opposer.

La proposition de Pétion est mise aux voix.

Il est décrété, par unanimité, à quelques voix près, que « Louis Capet pourra se choisir un conseil. »

La séance est levée à huit heures.

Séance du mercredi 12 décembre.

Présidence de Barrère.

THURIOT : Je demande que les décrets rendus soient exécutés; que Louis XVI soit jugé vendredi, ou au plus tard samedi. En lui donnant un conseil, vous n'avez sans doute pas voulu ouvrir une nouvelle chicane, et donner à Louis le temps de s'envelopper dans la chicane. Les nations étrangères, pour leur propre liberté, réclament un grand exemple; il faut que le tyran porte sa tête sur l'échafaud.... (De violents murmures interrompent l'orateur. — *Rappelez-vous votre caractère de juge*, lui crient plusieurs voix. — Le président l'invite à ne pas préjuger le jugement.) Je n'énonce pas mon opinion, je dis seulement que si les crimes imputés à Louis sont démontrés, il doit périr sur l'échafaud; et si l'on m'avait laissé achever ma phrase, on aurait vu qu'il n'y avait pas de quoi m'interrompre.

Il paraît qu'on veut éluder ce jugement; il existe à côté de la Convention deux systèmes : celui des malveillants, qui ne veulent pas que la justice prononce; et celui des amis de la liberté, qui veulent que la loi frappe. Votre devoir est de remplir le vœu de la nation : or ce vœu est que Louis XVI soit promptement jugé, et je déclare que tout homme qui s'opposera à ce vœu n'est pas digne de la confiance de la nation. (Applaudissements des citoyens.) Comme après trois jours de justification le ci-devant roi peut être jugé, je demande qu'il soit entendu définitivement samedi, et que des commissaires lui soient envoyés pour lui demander d'indiquer les conseils qu'il a choisis.

TREILHARD : J'appuie la proposition de Thuriot, et je demande que quatre commissaires de la Convention communiquent les pièces au conseil que Louis aura indiqué.

*** : Je combats cette dernière proposition. Comment voulez-vous que le conseil puisse prendre connaissance des pièces qui lui seront remises, si vous ne lui accordez que jusqu'à samedi?

*** : Je demande que le délai ne soit fixé qu'après que les pièces auront été communiquées au conseil.

*** : Ce n'est point la seule humanité qui réclame pour Louis un conseil, c'est la justice; car, quelque criminel que soit un homme, on ne peut pas la lui refuser. Ce n'est qu'après une défense qu'une condamnation est juste, autrement la peine prononcée serait un assassinat. Si vous ne voulez pas lui donner un droit illusoire, vous devez lui donner le temps d'examiner les pièces d'où nous tirons des inductions contre lui. (On entend quelques murmures. — Le président rappelle Duquesnoy à l'ordre.)

Un membre appuie les observations de l'anté-opinant. (Mêmes rumeurs. — Le président ordonne que le nom de Duquesnoy soit inscrit au procès-verbal.)

Le membre interrompu continue : Communiquons les originaux à Louis Capet en présence des commissaires que la Convention chargera de cette mission, et délivrons-lui ensuite copie de toutes les pièces. (Quelques murmures.) Nous ne craignons pas la haine des rois, mais l'exécration des nations : nous ne devons pas nous exposer, comme le tribunal d'Angleterre, à la condamnation de la postérité, et nous couvrir d'opprobre par un jugement passionné et atroce. (Les murmures redoublent.)

Legendre parle dans le tumulte. — Le président s'adresse à la partie d'où partent les murmures; le silence se rétablit.

L'opinant : Je conclus à ce que, pour l'honneur même de la nation, on donne à Louis Capet tous les moyens de se défendre. Ce n'est qu'après qu'il aura épuisé toutes ses ressources de défense, que notre détermination paraîtra juridique et qu'il tombera avec justice sous le glaive de la loi.

DUQUESNOY : Je demande que toutes les fois qu'il sera question de Louis, on aille aux voix par appel nominal, afin qu'on connaisse ceux qui défendent le peuple et ceux qui veulent défendre le ci-devant roi.

Legendre demande que deux huissiers de l'Assemblée aillent dire à Louis Capet : Nous venons de la part de la Convention nationale vous demander le nom du conseil que vous avez choisi.

Dartigoyte appuie cette proposition.

Un membre demande que la Convention charge le ministre de la justice de demander au roi l'indication de son conseil.

CAMBACÉRÈS : L'interpellation à faire au roi est une fonction de juge; c'est le juge qui demande à l'accusé celui qu'il choisit pour son défenseur. J'appuie donc la proposition de Thuriot; mais je demande qu'au lieu de deux on nomme quatre commissaires.

La proposition de Thuriot, amendée par Cambacérès, est adoptée en ces termes :

« La Convention nationale décrète que quatre de ses membres se transporteront à l'instant au Temple, donneront connaissance à Louis Capet du décret du jour d'hier, qui lui accorde la faculté de prendre un conseil, l'interpellant de déclarer dans l'heure quel est le citoyen auquel il donne sa confiance; et nomme à cet effet Cambacérès, Thuriot, Dubois-Crancé et Dupont (de Bigorre) qui dresseront procès-verbal. »

. . . .

LE PRÉSIDENT : J'annonce que les commissaires envoyés au Temple sont de retour, et demandent à être entendus.

CAMBACÉRÈS : Citoyens, les commissaires que vous avez envoyés au Temple ont rempli leur mission. La lecture du procès-verbal qu'ils ont tenu est le compte le plus fidèle qu'ils puissent vous rendre. Le voici :

« Nous, commissaires de la Convention nationale, en exécution du décret ci-dessus, et de celui de ce jour 12 décembre, l'an Ier de la république, nous sommes transportés au Temple, où ayant été introduits par les officiers municipaux dans l'appartement occupé par Louis Capet, nous lui avons donné connaissance du décret rendu le jour d'hier par la Convention nationale, qui porte qu'il pourra avoir un conseil; et de celui de ce jour, contenant notre commission. Lecture faite desdits deux décrets, nous, commissaires, avons interpellé Louis Capet de déclarer quel est le citoyen à qui il donne sa confiance? Il a répondu qu'il choisissait Target, à son défaut Tronchet; tous les deux, si la Convention nationale y consentait, observant qu'il pensait que la loi lui donnait le droit d'en demander deux; et il a signé avec nous, commissaires, après lecture faite, etc. »

(*Suivent les signatures des commissaires, de* LOUIS *et de* DUCROISY, *secrétaire de la commission.*)

CAMBACÉRÈS : Nous ne devons pas vous laisser ignorer qu'il a été pris par le conseil général de la commune diverses précautions à l'égard du prisonnier du Temple. Quelques-unes de ces mesures ont donné lieu à Louis Capet de nous faire des observations. Il demande qu'on lui fournisse du papier, des plumes et de l'encre. Il désire communiquer avec sa famille. Ces objets étant étrangers à votre commission, nous ne nous en sommes point occupés, et les officiers municipaux de service au Temple nous ont dit que l'arrêté du conseil général de la commune avait dû être présenté à la Convention. Vos commissaires ignorent si cet arrêté vous a été présenté, et quel est le parti que vous avez cru devoir prendre sur les dispositions qu'il contient; mais ils croient devoir vous faire remarquer que l'intérêt public exigeant que le procès de Louis Capet ne soit pas retardé, il est indispensable d'arrêter des mesures qui puissent en accélérer la marche. De ce nombre sont l'ordre de fournir au prisonnier du papier, des plumes et de l'encre, et un avertissement aux conseils choisis, qui doivent avoir avec Louis une libre communication. Ces dispositions sont d'ailleurs indiquées par la nécessité d'accorder au prisonnier du Temple des moyens de défense.

Sur la proposition de Charlier, appuyée par Thuriot, la Convention rend le décret suivant :

« La Convention nationale décrète que le ministre de la justice enverra sur-le-champ à Target et à Tronchet expédition du décret du jour d'hier, qui porte que Louis Capet aura la faculté de choisir un conseil; du décret de ce jour, qui nomme quatre de ses membres pour l'interpeller de déclarer quel est le citoyen auquel il donne sa confiance, et du procès-verbal de ce jour, rédigé par ses quatre commissaires au Temple, signé par Louis Capet; ordonne que les officiers municipaux de la commune de Paris laisseront communiquer librement Target et Tronchet avec Louis Capet, et que lesdits officiers municipaux fourniront à Louis Capet des plumes, de l'encre et du papier. »

Séance du mercredi 13 décembre.

Présidence de Barrère.

On lit une lettre du citoyen Target. Elle est ainsi conçue :

12 décembre, l'an 1er de la république.

Depuis le décret de ce matin, il devient embarrassant pour moi d'avoir un avis sur les faits imputés à Louis XVI; je dois au moins m'abstenir de le prononcer: je satisferai à ce devoir. Mais, âgé de près de soixante ans, fatigué de maux de nerfs, de douleurs de tête et d'étouffements qui durent depuis quinze ans, qui m'ont fait quitter la plaidoirie en 1785, et que quatre années de travaux excessifs ont aigris à un point inconcevable, je conserve à peine les forces suffisantes pour remplir pendant six heures, dans chaque journée, les fonctions paisibles de juge, et j'attends avec quelque impatience le moment d'en être déchargé par de nouvelles élections. C'est dire assez qu'il ne m'est pas possible de me charger de la défense de Louis XVI. Je n'ai absolument rien de ce qu'il faut pour un tel ministère, et par mon impuissance je trahirais à la fois et la confiance du client accusé et l'attente publique. C'est à l'instant même que, pour la première fois, j'apprends cette nomination, qu'il m'était impossible de prévoir. Je refuse donc cette mission par conscience : un homme libre et républicain ne peut pas consentir à accepter des fonctions dont il se sent entièrement incapable

Je prie la Convention nationale de vouloir bien faire parvenir à Louis XVI la lettre que j'écris en ce moment, afin qu'il puisse faire un autre choix.

Signé *le républicain* TARGET.

THURIOT : Quand Louis vous a désigné son conseil, il vous a dit qu'il choisissait Target, et à son défaut Tronchet; ainsi, Louis a annoncé par là qu'il se contentait d'un seul homme pour conseil, et je ne vois pas alors pourquoi on s'attacherait à vouloir donner à Louis Capet deux conseils.

On demande l'ordre du jour.

CAMBACÉRÈS : Je prie la Convention de me permettre quelques observations déterminées d'après ce point de vue, qu'il faut faire marcher le procès de Louis le plus rapidement possible. Target vous annonce qu'il refuse d'être le conseil de Louis XVI; peut-être et probablement Tronchet va refuser aussi; mais il faut empêcher que cet exemple ne se propage, il faut que tous les citoyens français sachent qu'il n'est pas de fonctions auxquelles ils puissent se refuser. Louis Capet a désigné, pour être son conseil, Target et Tronchet; l'un a refusé, l'autre refusera peut-être. Je demande que la Convention nomme elle-même deux conseils à Louis, en les choisissant parmi ceux qui se sont présentés pour remplir ces fonctions.

On annonce qu'il y a deux lettres relatives à cet objet; elles sont ainsi conçues :

Paris, 11 décembre 1792.

Citoyen président, j'ignore si la Convention donnera à Louis XVI un conseil pour le défendre, et si elle lui en laissera le choix. Dans ce cas-là, je désire que Louis XVI sache que s'il me choisit pour cette fonction, je suis prêt à m'y dévouer. Je ne vous demande pas de faire part à la Convention de mon offre : car je suis bien éloigné de me croire un personnage assez important pour qu'elle s'occupe de moi : mais j'ai été appelé deux fois au conseil de celui qui fut mon maître, dans le temps que cette fonction était ambitionnée par tout le monde. Je lui dois le même service lorsque c'est une fonction que bien des gens trouvent dangereuse. Si je connaissais un moyen possible pour lui faire connaître mes dispositions, je ne prendrais pas la liberté de m'adresser à vous.

J'ai pensé que, dans la place que vous occupez, vous aurez plus de moyens que personne pour lui faire passer cet avis. Je suis avec respect

LAMOIGNON-MALESHERBES.

AUTRE LETTRE.

Paris, 12 décembre 1792.

Citoyen président, la renommée publie que la Convention nationale a consenti à donner à Louis XVI un défenseur ou conseil. Avant d'offrir mes services pour cette mission, que le sentiment de l'innocence de Louis XVI et de la justice de la Convention nationale m'inspire le désir d'aborder avec le zèle nécessaire pour la remplir, je désirerais savoir de vous-même ce qu'il en est, en même temps que vous auriez la bonté de m'en apprendre les circonstances. Je pourrais vous donner les notions qu'une telle offre de ma part peut et doit vous rendre nécessaires. Je me rendrai sur-le-champ à la conférence qu'il vous plaira m'accorder, et que l'importance de l'objet me donne la confiance de vous demander. La simplicité de ma démarche m'assure, j'ose l'espérer, la loyauté de celle que je dois attendre de vous.

SOURDAT, *citoyen de Troyes.*

BENTABOLE : Je ne viens pas me plaindre des circonstances qui ont changé les mesures qui devaient être observées dans l'affaire de Louis; mais nos concitoyens savent qu'il existe un décret qui fixe le jugement du ci-devant roi à demain. Je demande le rapport de ce décret, et que la Convention détermine l'époque à laquelle Louis sera entendu à la barre définitivement, et que cette époque soit indépendante de tout événement. Je demande en outre que l'on choisisse deux conseils parmi ceux qui se présentent pour défendre Louis XVI, afin de ne pas nous exposer à de nouveaux refus qui feraient traîner l'affaire en longueur.

Bourdon demande que les commissaires déjà nommés se transportent au Temple, annoncent à Louis que Target a refusé, que deux autres citoyens se présentent pour être son conseil, et rapportent la certitude de l'acceptation de ceux que Louis aura choisis.

MANUEL : Que le président écrive à Tronchet et lui demande de déclarer s'il accepte ou refuse le choix de Louis.

Séance du vendredi 14 décembre.

Présidence de Barrère.

Thuriot, l'un des commissaires envoyés au Temple, donne lecture du procès-verbal qu'ils y ont dressé.

« Nous, commissaires de la Convention, nous nous sommes transportés au Temple, en exécution de son décret; introduits dans la chambre de Louis Capet, nous lui avons fait lecture :

1° Du décret de la Convention qui exprime l'objet de notre mission;

2° De la lettre de Target, qui refuse d'être son conseil;

3° Des lettres de Malesherbes, de Huet et de Guillaume, qui offrent d'être ses défenseurs.

Louis nous a répondu qu'il était sensible aux offres que lui faisaient les citoyens qui demandaient à lui servir de conseil. « J'accepte Malesherbes pour mon conseil; si Tronchet ne peut me prêter ses services, je me concerterai avec Malesherbes pour en choisir un autre. »

Thuriot ajoute que les commissaires ont présenté ce procès-verbal à Lamoignon-Malesherbes. Il a dit que, conformément aux offres qu'il avait faites, il répondrait au choix de Louis Capet.

La Convention décrète que Malesherbes communiquera librement avec Louis Capet.

Séance du samedi 15 décembre.

Présidence de Fermont.

Tronchet, l'un des conseils de Louis XVI, écrit à la Convention, qu'ayant été introduit hier matin chez le ci-devant roi, il n'y a trouvé aucune des pièces sur lesquelles sont basées l'accusation et l'interrogatoire qu'il a subi. Il prie l'assemblée de les y faire passer. — Renvoyé à la commission des vingt-et-un.

Un secrétaire lit une lettre de la citoyenne Olympe Degouges, ainsi conçue :

Citoyen président, je m'offre après le courageux Malesherbes, pour être le défenseur de Louis. Laissons à part mon sexe: l'héroïsme et la générosité sont aussi le partage des femmes, et la révolution en offre plus d'un exemple. Je suis *franche et loyale républicaine*, sans tache et sans reproche; personne n'en doute, pas même ceux qui feignent de méconnaître mes vertus civiques: je puis donc me charger de cette cause.

Je crois Louis fautif *comme roi*: mais, dépouillé de ce titre proscrit, il cesse d'être coupable aux yeux de la république. Ses ancêtres avaient comblé la mesure des maux de la France, malheureusement la coupe s'est brisée dans ses mains, et tous les éclats ont rejailli sur sa tête. Je pourrais ajouter que, sans la perversité de sa cour, il eût été peut-être un roi vertueux. Je désire d'être admise par la Convention nationale et par Louis Capet à seconder un vieillard de près de quatre-vingts années dans une fonction pénible, qui me paraît digne de toute la force et de tout le courage d'un âge vert. Sans doute je ne serais point entrée en lice avec un tel défenseur, si la cruauté aussi froide qu'égoïste du sieur Target n'avait enflammé mon héroïsme et excité ma sensibilité. Je puis mourir actuellement: une de mes pièces républicaines est au moment de sa représentation. Si je suis privée du jour à cette époque, peut-être glorieuse pour moi, et qu'après ma mort il règne encore des lois, on benira ma mémoire, et mes assassins détrompés répandront quelques larmes sur ma tombe.

Qu'il me soit permis d'ouvrir à la Convention nationale une opinion qui m'a paru digne de toute son attention. Louis le dernier est-il plus dangereux à la république que ses frères, que son fils? Ses frères sont encore coalisés avec les puissances étrangères, et ne travaillent actuellement que pour eux-mêmes. Le fils de Louis Capet est innocent, et il survivra à son père : que de siècles de divisions et de partis les prétendants ne peuvent-ils enfanter!

Les Romains se sont immortalisés par l'exil de Tarquin. Il ne suffit pas de faire tomber la tête d'un roi pour le tuer, il vit encore longtemps après sa mort; mais il est mort véritablement quand il survit à sa chute.

Je m'arrête ici pour laisser faire à la Convention nationale toutes les réflexions que présentent celles que je viens de lui soumettre.

« *Signé* OLYMPE DEGOUGES. »

L'assemblée passe à l'ordre du jour, attendu l'acceptation de Tronchet.

*** : Je viens, au nom de la commission des vingt-et-un, rendre compte à la Convention que la transcription des pièces venant à l'appui de l'acte énonciatif des crimes dont Louis Capet est prévenu, sera terminée dans vingt-quatre heures. Les conseils du roi vous ont manifesté par une lettre le désir d'avoir communication des pièces originales pour eux et pour l'accusé, afin que celui-ci pût reconnaître ou nier l'écriture. En conséquence, la commission m'a chargé de demander à la Convention par quelle voie elle communiquera les pièces transcrites, et si, dans le cas où les originaux seraient demandés, ils peuvent être déplacés du lieu où la commission s'assemble.

Dartigoyte : Citoyens, un acte d'accusation est porté contre Louis Capet. Cet acte circule dans la république et dans l'Europe. Il passera même à la postérité. La Convention nationale ne peut plus revenir sur ses pas. Vous devez convaincre Louis d'une manière éclatante sur chacun des faits énoncés, si vous voulez ôter aux malveillants le moyen d'égarer l'opinion publique. On vous a dit : Louis Capet est notoirement coupable, il ne faut donc pas de formalités ; et moi je dis : Puisque Louis Capet est notoirement coupable, il faut donc, en le condamnant, rendre vraiment imposant, vraiment utile, vraiment auguste, cet acte de la justice nationale ; il faut que l'univers entier applaudisse à votre jugement, que l'aristocratie même soit forcée d'en reconnaître l'impartiale équité. Cependant, citoyens, ce procès ne doit pas devenir interminable, et vous devez considérer que le foyer de toutes les manœuvres aristocratiques existe au Temple. L'intérêt de la liberté et votre propre gloire exigent une prompte décision.

Louis dénie son écriture. Or, à défaut d'une loi positive, la raison nous prescrivait de faire vérifier contradictoirement avec lui les pièces non reconnues. Cette opération bien simple n'exige que quelques heures ; mais elle devient d'autant plus indispensable que Louis affirme n'avoir aucune connaissance du lieu où on les avait déposées. On ne manquerait pas de dire que Roland les fabriqua de concert avec vous ; et cette assertion, toute absurde qu'elle paraît, trouvera de nombreux partisans.

Ceux qui aujourd'hui ne veulent pas de formes, vous reprocheraient demain votre précipitation ; et tel est le caractère du cœur humain, que l'on ne se souviendra plus de l'atrocité de Louis : ils furent, s'écriera-t-on de toutes parts (et vos ennemis l'ont bien calculé), ils furent les bourreaux, et non les juges du ci-devant roi.

C'est déjà trop peut-être que la Convention nationale se soit constituée cour judiciaire, n'ajoutons pas l'inobservation des premières règles de la justice. La plupart d'entre nous n'ont jamais vu l'écriture de Louis Capet; aucun d'entre nous ne possède vraisemblablement les connaissances nécessaires pour bien distinguer les écritures ; comment pourrons-nous donc déclarer, en notre âme et conscience, que l'écriture déniée soit l'écriture de Louis Capet. Mais, fût-il vrai que chaque membre connût l'écriture, l'austérité du devoir vous défendrait de mépriser les formes : car l'histoire recueille tous les actes de ce grand procès; la malveillance vous écoute, et vous stipulez ici les intérêts de l'Europe et des générations futures.

Je suis loin, je le répète, de vouloir embarrasser ce procès par les formalités chicanières du barreau; c'est au contraire pour accélérer notre marche que j'ai pris la parole. J'ai vu que le jour du jugement n'était point encore déterminé ; j'ai vu que la nécessité de la vérification des pièces entraînerait de nouveaux délais, parce que les conseils feront valoir la dénégation de Louis; et ne sachant jusqu'où pourrait nous conduire ce défaut de formalités, je propose à la Convention nationale de décréter :

1° Que la commission des vingt et un se transportera dans le jour au Temple pour y communiquer à Louis Capet, en présence de ses conseils, toutes les pièces originales du procès, et l'interpeller s'il persiste à les dénier; et en cas de déni, la commission procédera à leur vérification par experts, contradictoirement avec Louis Capet, et en sa présence, ainsi que des conseils;

2° D'ajourner Louis Capet à samedi prochain, huit heures du matin, pour entendre sa défense, et prononcer ensuite, sans désemparer, le jugement définitif dans la forme déterminée par les décrets précédents.

Thuriot : Nous paraissons embarrassés sur une marche tracée par la loi. Louis a été traduit à la barre; on lui a présenté les pièces originales, il en a reconnu une partie, et n'a pas voulu reconnaître l'autre. La marche que nous devons suivre actuellement est celle que suivent ordinairement les tribunaux. C'est-à-dire, qu'après le déni de l'écriture, nous devons la vérifier. Il faut donc que la vérification se fasse d'après la déclaration faite par Louis à la barre. Il faut que le comité reçoive de la Convention la mission de se transporter au Temple, et de présenter à Louis les pièces originales qui ne lui ont pas été présentées. Si Louis continue à nier l'écriture, la vérification se fera ensuite; et si de la vérification il résulte que les écritures sont de Louis Capet, nous en tirerons contre lui une forte prévention; c'est qu'il connaissait toute l'atrocité des crimes qu'on lui aura fait commettre. On a dit que les meneurs diraient peut-être que Roland a fabriqué avec nous les pièces qu'il a trouvées au château des Tuileries, puisque Louis a dit qu'il ne connaissait pas le lieu où ces pièces étaient cachées. Je demande que Roland, le dénonciateur, le serrurier, et ceux qui ont été témoins de l'enlèvement des pièces par Roland, soient entendus à la barre, et fassent une déclaration qui répondra à tout.

CHABOT : Je ne crois pas qu'on m'accuse de m'intéresser en faveur de Louis. Cependant je m'oppose à la mesure proposée par Thuriot, de vérifier les écritures que Louis a niées. Lorsqu'il ne s'agit que de la fortune des individus, la vérification par experts peut servir de preuves; mais quand il s'agit de la vie et de l'honneur d'un homme, alors il faut des preuves plus claires que le jour. Et je soutiens que la vérification des experts n'est pas une preuve suffisante contre les dénégations de Louis; et quand on y aurait recours, je suis sûr qu'il faudrait toujours que Louis avouât les pièces pour qu'elles pussent servir de preuves contre lui. Je demande donc la question préalable sur la vérification des pièces.

ALBITTE : Vous avez entendu dire à cette tribune que la postérité nous jugerait. Oui, sans doute, elle nous jugera; mais elle sera étonnée quand elle apprendra que nous avons eu recours à des vérifications d'experts pour prononcer sur le sort de Louis, pour savoir s'il est coupable ou s'il ne l'est pas. En doutez-vous encore, citoyens, quand toutes ces pièces ont été trouvées au château des Tuileries? D'ailleurs les crimes de Louis ne sont-ils pas imprimés partout? Je demande donc la question préalable sur tous les moyens de forme que l'on vous propose.

DESMOULINS : Si l'on adopte la vérification par experts, le procès de Louis sera interminable. Tronchet, qui connaît encore mieux que moi les formes judiciaires, vous dira qu'un Sébastien, qui était à Venise, a si bien imité l'écriture de Sébastien, roi de Portugal, que jamais les banquiers, le sénat, ni aucun expert ne purent prouver le faux. Il vous citera une prétendue Henriette de Bourbon, qui imita si bien l'écriture de la véritable Henriette de Bourbon, qu'elle passa elle-même pour la reine de France. Il vous citera le fameux Priscus, qui contrefit si bien toutes les écritures, que Justinien fit rendre une loi portant que la preuve des vérifications par experts ne serait plus admise qu'en matière civile; et d'ailleurs toutes les preuves qui déposent contre Louis ne sont-elles pas dans la journée du 10 août? J'appuie donc la question préalable sur la proposition de Thuriot.

CHARLIER : Le sang de nos frères demande vengeance. L'existence même de la Convention est une preuve des crimes de Louis. Je m'oppose à ce qu'on allègue toute autre espèce de preuves, et je demande que de lundi en huit Louis soit entendu définitivement et jugé.

Carpentier appuie l'inadmission de la preuve par vérification d'experts.

LEGENDRE : Je demande que la discussion soit terminée. Si Roland n'avait pas trouvé ces pièces, Louis XVI n'aurait donc pas été jugé!

LESAGE : On veut entraîner la Convention dans des mesures contradictoires. Si vous décrétez que vous communiquerez les pièces à Louis Capet, la vérification des pièces n'est donc pas inutile. Ainsi, vous tomberiez dans une contradiction frappante, si vous décrétiez que la vérification est inutile, et si vous décrétiez en même temps que vous les communiquerez à Louis Capet. Je demande donc la vérification proposée par Thuriot.

LEPELLETIER : On vient de faire une proposition dangereuse, en demandant que Roland et autres fussent entendus à la barre. Je m'oppose à cette proposition, comme à toutes les preuves testimoniales; car, si l'on admet des preuves contre, il faudra aussi admettre des preuves pour, et j'avoue que toutes ces preuves me paraissent fort suspectes depuis que j'ai vu un homme prêt à être condamné à la mort sur la déposition de deux hommes, dont le témoignage avait été acheté pour six livres.

L'assemblée décide qu'il n'y a pas lieu à délibérer sur la proposition d'entendre les déclarations de Roland.

Le rapporteur : La commission a trouvé quantité de pièces qui n'ont point été présentées à Louis. La Convention veut-elle qu'elles lui soient présentées?

ALBITTE : On trouvera ainsi des pièces pendant six mois, et ce sera un prétexte pour reculer le jugement. (Applaudissements)

Il est décrété que les pièces non encore présentées à Louis XVI le seront, et que les commissaires en dresseront procès-verbal.

La vérification par experts est rejetée.

LINDON : Je demande que Louis Capet soit traduit à la barre vendredi prochain, pour être jugé définitivement et sans désemparer.

QUINETTE : J'appuie cette opinion. L'intérêt de la république, l'intérêt de Louis est que ce procès ne soit pas interminable. Je vous propose de fixer les bornes dans lesquelles doivent se renfermer les défenseurs de Louis; car le code pénal veut que lorsqu'un objet est déterminé, le défenseur ne parle pas. Je demande que trois membres du comité, réunis à la commission des vingt-et-un, vous présentent lundi matin ses vues sur les formes qui doivent être observées.

LANJUINAIS : Je m'élève contre tout comité de prévoyance. La nation ne doit point imposer des règles qui pourraient nuire à l'accusé, qui ne jouit point ici de toute la faveur de la loi, puisqu'il n'aura point le recours en cassation. (Murmures.)

OSSELIN : La loi sur les jurés ne met point le délai à la disposition de l'accusé; c'est à vous à le fixer humainement, sans doute, mais enfin fixez-le.

*** : Je demande la question préalable sur la proposition. Vous avez décrété que Louis serait jugé; il a été décrété que ses conseils et lui auraient tout le loisir nécessaire pour vous présenter ses moyens de défense. (Quelques murmures.) S'ils demandent des délais ridicules, alors seulement vous pourriez, vous devriez fixer un terme; mais, avant ce temps, c'est une injustice, une barbarie, et ce ne serait point alors juger Louis XVI, ce serait.... ce que je n'ose pas dire.

Si des passions particulières, si d'obscurs intérêts ne fermaient pas le cœur de quelques-uns des membres de cette assemblée à la voix de la justice et de la raison, ils sentiraient que les vrais royalistes sont ceux qui veulent faire précipiter le jugement de Louis XVI. (Des rires et des murmures s'élèvent dans une extrémité de la salle.) Oui, les vrais royalistes sont ceux qui l'humilient et le supplicient d'avance, en vertu des arrêtés de la commune. (Mêmes interruptions.) Les véritables royalistes sont ceux qui font naître la pitié du peuple pour lui, parce qu'ils veulent l'assassiner lâchement, au lieu de le juger : voilà les vrais royalistes. (*A l'ordre, à l'ordre!* s'écrie-t-on dans l'extrémité gauche.)

Je sais bien que ce que je dis là ne plaît pas à certaines gens; mais je les brave, eux et leurs satellites.

On demande l'ordre du jour.

Après un court débat, l'assemblée décrète qu'il n'y a pas lieu à délibérer sur la proposition de Quinette, et passe à l'ordre du jour sur celle de Lindon.

Un membre veut que le délai soit invariablement fixé à lundi prochain. — L'assemblée murmure; quelques citoyens applaudissent.

LEGENDRE : Il n'est jamais entré dans l'intention d'aucun membre de la Convention, en accordant un conseil à Louis Capet, de rendre ce conseil illusoire; mais je demande que la Convention fixe le jour où il sera définitivement entendu : en conséquence, je propose que ce délai soit marqué au mercredi 26 décembre.

Cette proposition est décrétée.

Séance du lundi 17 décembre.

Présidence de Fermont.

On lit une lettre des citoyens Tronchet et Malesherbes, conseils du ci-devant roi. En voici l'extrait. « Nous avons appris avec douleur que la Convention a fixé à un terme très-prochain, le jour où Louis et son conseil paraîtront à la barre pour exposer leurs raisons défensives. Il est impossible, d'ici à ce terme, de préparer une défense contre une accusation portant un si grand nombre de chefs. Nous aurions besoin d'un troisième conseil pour nous aider. Le roi a choisi le citoyen de Sèze, et nous nous sommes assurés de son acceptation. »

La Convention accède à la nomination du troisième conseil.

GRANDPREZ : Je viens au nom de la commission des vingt et un vous rendre compte de l'exécution de votre décret du 15 de ce mois, qui enjoignait à votre commission d'envoyer des commissaires au Temple pour communiquer à Louis les pièces qui ne lui avaient pas été présentées à la barre. Ces pièces sont au nombre de cent sept. Il suffira pour vous instruire de vous lire le procès-verbal que les commissaires ont dressé au Temple, lors de la communication de ces pièces.

Nous commissaires, etc., en présence du citoyen Tronchet, avons communiqué à Louis Capet les pièces qui ne lui avaient pas encore été présentées.

A la présentation de la première pièce, Louis a dit qu'il

la reconnaissait. C'était une déclaration du roi, à sa sortie de Paris pour Varennes.

A la seconde pièce, il a dit ne pas la reconnaître.

A la troisième, il a dit qu'il croyait l'avoir reçue. C'était un mémoire de Bouillé.

A la quatrième, il a dit qu'il n'en avait pas connaissance. C'était une déclaration de Chavrot, écrite sur trois pièces, et relative à Dangremont, dans laquelle Chavrot dit que celui-ci avait ordre de lever une compagnie attachée au service de la cour, avec laquelle il empêcherait qu'on ne parlât de la liberté avec trop d'exagération.

Osselin affirme la vérité de ces faits.

A la cinquième, il a dit qu'il ne la reconnaît pas. C'était une lettre de Laporte au roi.

A la sixième, même explication. C'était une lettre de Laporte au roi.

A la septième, il a dit que la pièce n'était pas de lui; qu'il avait donné de l'argent à la veuve de Favras, seulement par charité.

A la huitième, il a dit qu'il ne la reconnaissait pas. C'était une lettre de Chambonas au roi.

A la neuvième, même explication. C'était une déclaration particulière, portant qu'on avait tenté de corrompre Santerre, commandant de la garde nationale parisienne.

Votre commission a invité le général Santerre à se rendre au lieu de ses séances. Il a déclaré que des particuliers étaient venus chez lui et avaient tenté de le corrompre par des propositions insidieuses; qu'entre autres propositions, on lui avait fait celle d'acheter sa brasserie 700,000 livres, dont il ne demandait que 100,000 écus.

A la dixième pièce, il a dit : Oui, je l'ai reçue. C'était une lettre de Narbonne au roi, par laquelle il l'invitait à sacrifier 5 ou 6,000,000 pour recouvrer sa puissance.

A la onzième, même explication. C'était une lettre de Lessart.

A la douzième, même explication. C'était la démission du ministre.

A la treizième, même explication. C'était une pièce explicative de la précédente.

A la quatorzième, il a dit : Je ne m'en rappelle pas. C'était une lettre de Choiseul-Stainville, portant compte de l'argent reçu de Bouillé pour le payement des gardes du corps.

A la quinzième, il a dit : Je n'ai pas idée de l'avoir reçue. C'était une lettre de Damas.

A la seizième, il a dit : Je ne m'en rappelle pas.

A la dix-septième, même explication.

A la dix-huitième, même explication.

A la dix-neuvième, il a dit : Je n'ai pas connaissance ni de cette pièce, ni des faits qui y sont contenus. C'était une déclaration relative à un dépôt d'armes aux Tuileries.

A la vingtième, même explication. C'était une déclaration du même genre.

A la vingt et unième, il a dit : Je ne la reconnais pas. C'était une lettre de Dabancourt.

A la vingt-deuxième, il a dit : Je la reconnais pour être de mon écriture; mais je ne sais si elle a été envoyée. C'était une note de Louis à Lafayette.

A la vingt-troisième, il a dit : Cela m'a l'air d'être de l'écriture de Monsieur.

A la vingt-quatrième, même explication. C'était deux billets souscrits des lettres initiales de Monsieur et de Philippe-Joseph d'Artois.

A la vingt-cinquième : Je ne connais pas les pièces. C'était apparemment une pension accordée à Tailleur, pour sa qualité de valet de chambre de Mme d'Artois, à Turin.

A la vingt-sixième, il a dit : Je ne la connais pas.

A la vingt-septième, même explication.

A la vingt-huitième, même explication.

A la vingt-neuvième, même explication. Ces pièces étaient des dénonciations de plusieurs citoyens relatives à la révolution du 10 août.

A la trentième, il a dit : C'est un projet, je ne me souviens pas s'il a été envoyé; au reste, l'Assemblée lui avait témoigné sa satisfaction dans le même temps. C'était une lettre du roi à Bouillé sur l'affaire de Nancy.

A la trente et unième, il a dit : Je la reconnais. C'était la réponse de Bouillé.

A la trente-deuxième, il a dit : Je ne la connais pas. C'était un mémoire qui constatait les moyens corrupteurs employés pour faire décharger, par un décret, la liste civile de la liquidation des pensions.

A la trente-troisième, il a dit : Quoique la signature soit barrée, je la reconnais. C'était un mandat signé Louis.

A la trente-quatrième, il a dit : Je n'en ai pas connaissance.

A la trente-cinquième, même explication.

A la trente-sixième, il a dit : J'en ai connaissance. C'était une lettre de Mourgues, qui envoyait au roi sa démission.

A la trente-septième, même explication. C'était une lettre de Mourgues, qui motivait sa démission sur le refus de la part du roi de sanctionner les deux décrets suspendus par le *veto*.

A la trente-huitième, il a dit : J'en ai connaissance. C'était une lettre de Rohan, sur la conduite que le roi devait tenir.

A la trente-neuvième, même explication. C'était une lettre explicative de la première.

A la quarantième, il a dit : Je n'en ai pas connaissance.

A la quarante et unième, il a dit : J'en ai connaissance. C'était une lettre de Tarbé, qui donnait sa démission, qui indiquait Blondel et Beaulieu pour le remplacer.

A la quarante-deuxième, il a dit : Je n'en ai pas connaissance. C'était un ordre de Laporte aux maréchaux des logis de faire monter des matelas dans le salon des Tuileries, dans la nuit du 9 au 10.

A la quarante-troisième, même explication.

A la quarante-quatrième, la quarante-cinquième, la quarante-sixième, la quarante-septième, la quarante-huitième, la quarante-neuvième, la cinquantième, la cinquante et unième, la cinquante-deuxième, même explication. C'était des déclarations faites à la police sur les dépôts d'armes et des préparatifs de guerre aux Tuileries.

A la cinquante-troisième : L'apostille me paraît être de ma main. C'était un mémoire apostillé de la main de Louis, portant qu'il fallait faire exécuter la constitution à la rigueur, pour que le peuple y reconnût sa gêne et sa ruine.

A la cinquante-quatrième, la cinquante-cinquième, la cinquante-sixième, la cinquante-septième, la cinquante-huitième, la cinquante-neuvième, etc., jusqu'à la soixante-neuvième inclusivement, il a dit : Je ne connais pas ces pièces.

A la soixante-dixième, il a dit : La lettre est de mon écriture. C'était une autorisation à Delaporte de placer ses fonds libres.

A la soixante-onzième, il a dit : Je ne la connais pas.

A la soixante-douzième, même déclaration. C'était un projet pour la formation d'un corps de royalistes.

A la soixante-treizième, la soixante-quatorzième, la soixante-quinzième, la soixante-seizième, il a dit : Je n'en ai pas connaissance. C'était diverses déclarations faites à la police.

A la soixante-dix-septième, il a dit : Je ne la connais pas. C'était une note du ci-devant prince de Poix, commençant par ces mots : « J'ai l'honneur de soumettre à Votre Majesté le mémoire des sommes payées aux gardes, au mois d'avril 1792. »

A la soixante-dix-huitième, il a dit : Je reconnais l'apostille, mais je ne me souviens pas du contenu de la lettre.

A la soixante-dix-neuvième, il a dit : Je reconnais ma signature. C'était sa déclaration, sur sa fuite de Varennes.

A la quatre-vingtième, il a dit : Je la reconnais. C'était la déclaration de la reine sur le même objet.

A la quatre-vingt et unième, la quatre-vingt-deuxième, quatre-vingt-troisième, quatre-vingt-quatrième, quatre-vingt-cinquième, quatre-vingt-sixième, quatre-vingt-septième, quatre-vingt-huitième, jusqu'à la quatre-vingt-seizième inclusivement, il a dit : Je n'en ai aucune connaissance. C'était des mémoires contenant des dépenses d'impression.

A la quatre-vingt-dix-septième, il a dit : Les signatures sont de moi. C'était une liste remise par Mandat au citoyen Durand.

A la quatre-vingt-dix-huitième et la quatre-vingt-dix-neuvième, il a dit : Je les reconnais. C'était deux reçus de 500,000 livres chacun, donnés à Duchâtelet.

A la centième, cent-unième, cent-deuxième, il a dit : Je n'en ai pas connaissance.

A la cent-troisième, cent-quatrième, cent-cinquième, il a dit : Ces pièces sont de mon écriture. C'était des bons signés Louis, au profit de....

A la cent-sixième, cent-septième, il a dit : Je n'en ai pas connaissance.

La copie de toutes ces pièces collationnées et paraphées a été remise à Louis Capet.

Louis a demandé, sous toute réserve, communication de l'expédition du procès-verbal.

Nous nous sommes abstenus d'aucune autre observation, et nous sommes sortis du Temple à minuit. Nous nous sommes fait escorter d'une bonne et sûre garde, parce que nous étions dépositaires des pièces que nous avions communiquées à Louis Capet. En arrivant ici, nous avons trouvé tous les comités fermés, et nous avons déposé les pièces dans l'appartement de l'officier de garde, et nous avons apposé les scellés, et sur les cartons et sur l'armoire où nous les avons enfermés.

La commission a cru devoir vous communiquer de nouvelles pièces qu'elle a reçues du procureur-syndic du département des Pyrénées-Orientales, et qui peuvent motiver de nouvelles questions à faire à Louis Capet.

Ces pièces sont un brevet de lieutenant, souscrit de Louis-Stanislas-Xavier et Joseph-Philippe d'Artois, envoyé, au nom du roi, au sieur Raymond-Etienne, le 17 novembre 1792, par Cailler d'Aiguebutel, avec une lettre de ce dernier, datée de Villers-le-Bouillé.

Ce qui nous a paru plus étonnant, c'est que le paquet était adressé à Fitzerbert, consul de France à Barcelone.

Drouet observe que ces pièces sont inutiles au procès de Louis XVI.

LEGENDRE : S'il fallait communiquer à Louis Capet toutes les pièces qui seront apportées à la commission, le jugement ne serait pas terminé dans six mois; je demande l'ordre du jour sur la communication de toutes les pièces qui surviendront.

L'ordre du jour est adopté.

Séance du mardi 25 décembre.

Présidence de Fermont.

LÉONARD BOURDON : Vous avez décrété que mercredi 26, Louis Capet serait définitivement et irrévocablement entendu. (*Plusieurs voix :* Il n'y a pas irrévocablement dans le décret.)

*** : Il est certain que le mot *irrévocablement* ne s'y trouve pas; mais il est certain aussi que le décret a été rendu en ces termes, définitivement et irrévocablement.

TURREAU : Ne voyez-vous pas que ceux qui chicanent sont ceux qui veulent accorder un délai à Louis Capet?

LEGENDRE : Je demande à rétablir le fait. C'est moi qui fis la proposition. Dans la première rédaction, j'avais mis *définitivement et irrévocablement*, mais j'ai cru que le mot *définitivement* voulait dire irrévocablement; j'ai rayé ce dernier, et j'ai relu ma rédaction qui a été adoptée.

LÉONARD BOURDON : Vous avez décrété que mercredi 26, Louis Capet serait définitivement entendu. Quelle que soit l'issue de cette affaire, qui n'est devenue une grande affaire que parce qu'elle a été mal saisie, mal entamée, et qu'on est parvenu à la compliquer, il est certainement de l'intérêt général, de la tranquillité de la république, et de la nécessité, d'entrer promptement dans la carrière, et de jeter les bases de la constitution qui appelle tout le temps des représentants du peuple; qu'elle se termine promptement.

Au lieu de faire un acte simple énonciatif du délit dont Louis est notoirement coupable, et dont la preuve n'est pas dans des papiers, mais dans des faits, on a décrété un acte d'accusation très-compliqué, dans lequel des délits bien punissables, sans doute, mais que son conseil ne manquera pas, comme Louis l'a déjà fait lui-même, lors de son interrogatoire, de rejeter sur ses agents responsables, des délits dont la preuve ne pourrait devenir évidente que par le résultat d'une instruction, se trouvent mêlés et confondus avec des délits qui lui sont personnels, avec des délits évidents. On a décrété ensuite qu'il serait donné communication à lui et à son conseil de deux cents pièces au moins; et il le fallait bien, puisque c'était sur ces pièces que reposait en partie l'acte d'accusation; et par ces deux décrets on a ouvert une vaste carrière à ses défenseurs, qu'il fallait au contraire circonscrire dans le cercle de ses délits bien prouvés, de ses délits personnels.

Prenons garde que cette première faute ne soit suivie d'une seconde : quelques réflexions m'ont paru propres à nous faire éviter un autre écueil; vous avez sagement rejeté la motion de faire vérifier les écrits que Louis avait désavoués, de faire entendre les témoins qui pouvaient déposer sur le fait des papiers trouvés derrière la porte de fer, parce que vous avez jugé que la vérification de ces deux points de fait, quel qu'en fût le résultat, n'ajouterait ou ne diminuerait rien à l'évidence des autres crimes dont il est prévenu; mais en rejetant cette motion, vous avez nécessairement en même temps entendu que les pièces qu'il a déniées, et le fait du dépôt des papiers dans cette baie, ne seraient pas les motifs du jugement que vous avez à prononcer.

Votre jugement doit porter et porter uniquement sur ses correspondances personnelles avec les ennemis du dehors, sur la dilapidation de sa liste civile employée à salarier les émigrés armés contre leur patrie et à corrompre au dedans; sur la reddition infâme de Verdun et de Longwy; sur les massacres de Nancy, du Champ de Mars; et enfin sur cette masse de crimes et d'attentats contre la sûreté et la liberté publiques, dont il n'est aucun Français qui n'ait la conviction intime qu'il soit coupable, et qui ont occasionné les événements du 10 août.

Qu'il me soit permis de répondre ici à ceux qui, à l'occasion de la journée du 10 août, regardent comme satisfaisante et péremptoire l'explication que Louis a donnée sur l'interpellation qui lui a été faite : « Je savais, a-t-il dit, que le peuple devait attaquer mon château ; j'étais une autorité constituée, je devais le défendre. » C'est la justification de brigands qui, poursuivis par la gendarmerie, se sont retranchés dans leur caverne, et ont fait feu sur les assaillants.

Si ces brigands parviennent à repousser la gendarmerie ; s'ils sont les plus forts, et qu'ils puissent se soustraire par leur résistance au glaive de la loi, sans doute ils ont fait tout ce que le soin et l'intérêt de leur conservation exigeaient d'eux : comme brigands, ils ont bien fait ; mais si l'avantage du combat ne leur reste pas ; s'ils sont pris, seront-ils favorablement écoutés, en faisant à l'interpellation du juge la réponse que Louis a faite à la Convention ? Le juge ne leur répondra-t-il pas : « Vous aviez commis une longue suite de crimes pour lesquels vous étiez poursuivis. La gendarmerie a fait son devoir en vous attaquant, et la résistance que vous lui avez opposée, et le sang que vous avez versé, ne sont que de nouveaux crimes dont vous vous êtes rendus coupables. »

Louis n'est à mes yeux que le chef de ces brigands, poursuivi par la juste indignation d'un peuple dont la patience était épuisée, et qui voyait sa liberté absolument compromise, et la France livrée à l'Autriche et à la Prusse par ses infâmes manœuvres. Mis en état d'arrestation après la défaite de ses complices, il ne peut être traité autrement que les autres conspirateurs pris les armes à la main. Vous n'avez besoin, pour statuer sur son sort, d'autres formalités que de celles qui ont été prescrites contre ceux-ci ; la loi qui prononce qu'ils seront traduits devant les juges que vous avez indiqués, et que sur le vu du procès-verbal qui constatera qu'ils ont été pris armés contre leur patrie, ils seront condamnés dans les vingt-quatre heures, nous présente les règles qu'il faut suivre.

Voici donc, ce me semble, la conduite que doit tenir la Convention dans cette mémorable circonstance, si elle veut remplir ce que la justice et le vœu général exigent d'elle.

Elle déclarera d'abord aux conseils de Louis qu'elle n'entend pas le juger sur les délits résultants d'actes contre-signés par ses ministres, ni sur les délits dont la preuve serait consignée dans les pièces qu'il a désavouées, ou qu'il a déclaré ne pas reconnaître.

*** : C'est ridicule, un conseil ne peut changer sa défense au moment où l'accusé paraît à la barre. Je demande l'ordre du jour.

L'assemblée passe à l'ordre du jour.

VALAZÉ : Votre commission des vingt et un a été autorisée à faire imprimer toutes les pièces trouvées aux Tuileries; on vous en distribue tous les jours des livraisons; mais elles ne sont pas toutes relatives aux crimes dont est accusé Louis Capet. L'acte énonciatif n'est appuyé que sur cent soixante-deux pièces. Je demande que la commission soit autorisée à faire imprimer ce recueil séparément, parce que ce sera le livre de l'histoire.

La proposition de Valazé est adoptée.

Un secrétaire monte à la tribune, par ordre du président, pour faire la lecture d'une lettre du commandant général provisoire de la garde nationale de Paris, du 25 décembre.

« Citoyens représentants, demain est le jour que vous avez désigné pour entendre Louis Capet. Conformément aux ordres donnés par le pouvoir exécutif, toutes les mesures de sûreté ont été prises pour le traduire sans inconvénient. Il n'y a que la nuit qui pourrait nuire. Veuillez me faire avoir aujourd'hui un décret qui détermine mes devoirs, et l'heure à laquelle la Convention veut que Louis Capet soit amené.

Signé : SANTERRE. »

Il est décrété que Louis Capet sera traduit à la barre demain à neuf heures.

Séance du mercredi 26 décembre.

Présidence de Fermont.

Le président ouvre la séance à neuf heures.

Un membre de la commission des douze annonce que la clef remise par le ci-devant roi à Thierry, le 12 août dernier, et dont Louis a déclaré n'avoir aucune connaissance, est cependant celle qui ouvrait l'armoire de fer trouvée au château des Tuileries. Il présente en même temps quatre clefs servant à des tiroirs des appartements du ci-devant roi.

La Convention ordonne que ces clefs seront déposées sur le

bureau avec la note de Thierry, pour être représentées à Louis.

Le Président : J'annonce à l'assemblée que Louis et ses défenseurs sont prêts à paraître à la barre. J'interdis aux membres et aux spectateurs toute espèce de murmure ou d'approbation.

Louis entre à la barre, accompagné de Malesherbes, de Tronchet, de Desèze, du maire de Paris, et du commandant de la garde nationale.

Le Président : Louis, la Convention a décrété que vous seriez entendu définitivement aujourd'hui.

Louis : Mon conseil va vous lire ma défense.

Desèze prend la parole.

Citoyens Représentants de la Nation,

Il est donc arrivé, ce moment où Louis, accusé au nom du peuple français, peut se faire entendre au milieu de ce peuple lui-même ! Il est arrivé, ce moment où, entouré des conseils que l'humanité et la loi lui ont donnés, il peut présenter à la nation une défense que son cœur avoue, et développer devant elle les intentions qui l'ont toujours animé ! Déjà le silence même qui m'environne, m'avertit que le jour de la justice a succédé aux jours de colère et de prévention.

Toute la sensibilité que peut faire naître un malheur sans terme, il a le droit de vous l'inspirer ; et si, comme l'a dit un républicain célèbre, les infortunes des rois ont, pour ceux qui ont vécu dans les gouvernements monarchiques, quelque chose de bien plus attendrissant et de bien plus sacré que les infortunes des autres hommes, sans doute que la destinée de celui qui a occupé le trône le plus brillant de l'Univers doit exciter un intérêt bien plus vif encore ; cet intérêt doit même s'accroître à mesure que la décision que vous allez prononcer sur son sort s'avance. Jusqu'ici vous n'avez entendu que les réponses qu'il vous a faites. Vous l'avez appelé au milieu de vous : il y est venu avec calme, avec courage, avec dignité ; il y est venu plein du sentiment de son innocence, fort de ses intentions, dont aucune puissance humaine ne peut lui ravir le consolant témoignage ; et, appuyé en quelque sorte sur sa vie entière, il vous a manifesté son âme ; il a voulu que vous connussiez, et la nation par vous, tout ce qu'il a fait ; il vous a révélé jusqu'à ses pensées : mais, en vous répondant ainsi au moment même où vous l'appeliez, en discutant sans préparation et sans examen des inculpations qu'il ne prévoyait pas ; en improvisant, pour ainsi dire, une justification qu'il était bien loin même d'imaginer devoir vous donner, Louis n'a pu que vous dire son innocence ; il n'a pas pu vous la démontrer, il n'a pas pu vous en produire les preuves. Moi, citoyens, je vous les apporte ; je les apporte à ce peuple au nom duquel on l'accuse. Je voudrais pouvoir être entendu dans ce moment de la France entière, je voudrais que cette enceinte pût s'agrandir tout à coup pour la recevoir : je sais qu'en parlant aux représentants de la nation, je parle à la nation elle-même ; mais il est permis sans doute à Louis de regretter qu'une multitude immense de citoyens aient reçu l'impression des inculpations dont il est l'objet, et qu'ils ne soient pas aujourd'hui à portée d'apprécier les réponses qui les détruisent. Ce qui lui importe le plus, c'est de prouver qu'il n'est point coupable ; c'est là son seul vœu, sa seule pensée. Louis sait bien que l'Europe attend avec inquiétude le jugement que vous allez rendre ; mais il ne s'occupe que de la France. Il sait bien que la postérité recueillera un jour toutes les pièces de cette grande discussion qui s'est élevée entre une nation et un homme ; mais Louis ne songe qu'à ses contemporains : il n'aspire qu'à les détromper. Nous n'aspirons non plus nous-mêmes qu'à le défendre ; nous ne voulons que le justifier. Nous oublions, comme lui, l'Europe qui nous écoute ; nous oublions la postérité, dont l'opinion déjà se prépare ; nous ne voulons voir que le moment actuel, nous ne sommes occupés que du sort de Louis ; et nous croirons avoir rempli toute notre tâche, quand nous aurons démontré qu'il est innocent.

Je ne dois pas d'ailleurs, citoyens, vous dissimuler, et ç'a été pour nous une profonde douleur, que le temps nous a manqué à tous, mais surtout à moi, pour la combinaison de cette défense : les matériaux les plus vastes étaient dans nos mains, et nous avons pu à peine y jeter les yeux : il nous a fallu employer à classer les pièces que la commission nous a opposées, les moments qui nous étaient accordés pour les discuter. La nécessité des communications avec l'accusé m'a ravi encore une grande partie de ceux qui étaient destinés à la rédaction ; et dans une cause qui, pour son importance, pour sa solennité, son éclat, son retentissement dans les siècles, si je puis m'exprimer ainsi, aurait mérité plusieurs mois de méditations et d'efforts, je n'ai pas eu seulement huit jours. Je vous supplie donc, citoyens, de m'entendre avec l'indulgence que notre respect même pour votre décret, et le désir de vous obéir, doit vous inspirer. Que la cause de Louis ne souffre pas des omissions forcées de ses défenseurs ; que votre justice aide notre zèle, et qu'on puisse dire, suivant la magnifique expression de l'orateur de Rome, que vous avez travaillé en quelque sorte vous-mêmes, avec moi, à la justification que je vous présente.

J'ai une grande carrière à parcourir, mais je vais en abréger l'étendue en la divisant.

Si je n'avais à répondre ici qu'à des juges, je ne leur présenterais que des principes, et je me contenterais de leur dire que depuis que la nation a aboli la royauté, il n'y a plus rien à prononcer sur Louis ; mais je parle aussi au peuple lui-même : et Louis a trop à cœur de détruire les préventions qu'on lui a inspirées, pour ne pas s'imposer une tâche surabondante, et ne pas se faire un devoir de discuter tous les faits qu'on lui a imputés.

Je poserai donc d'abord les principes, et je discuterai ensuite les faits que l'acte d'accusation énonce.

Principes relatifs à l'inviolabilité prononcée par la Constitution.

J'ai à examiner ici les principes sous deux points de vue :

Sous le point de vue où Louis se trouvait placé avant l'abolition de la royauté ;

Et sous celui où il se trouve placé depuis que cette abolition a été prononcée.

En entrant dans cette discussion, je trouve d'abord le décret par lequel la Convention nationale a décidé que Louis serait jugé par elle, et je n'ignore pas l'abus que quelques esprits, plus ardents peut-être que réfléchis, ont prétendu faire de ce décret.

Je sais qu'ils ont supposé que, par cette prononciation, la Convention avait ôté d'avance à Louis l'inviolabilité dont la constitution l'a couvert.

Je sais qu'ils ont dit que Louis ne pourrait plus employer cette inviolabilité, dans sa défense, comme moyen.

Mais c'est là une erreur que la plus simple observation suffit pour faire disparaître.

Qu'a prononcé en effet la Convention ?

En décrétant que Louis serait jugé par elle, tout ce qu'elle a décidé, c'est qu'elle se constituait juge de l'accusation qu'elle-même avait intentée contre lui ; mais, en même temps qu'elle se constituait juge de cette accusation, la Convention a ordonné que Louis serait entendu, et on sent qu'il était bien impossible qu'elle le jugeât sans l'entendre.

Si donc Louis a dû être entendu avant d'être jugé, il a donc le droit de se défendre de l'accusation dont il est l'objet, par tous les moyens qui lui paraissent les plus propres à la repousser : ce droit est celui de tous les accusés ; il leur appartient par leur qualité même d'accusés. Il ne dépend pas du juge de ravir à l'accusé un seul de ses moyens de défense ; il ne peut que les apprécier dans son jugement.

La Convention n'a donc non plus elle-même que cette faculté à l'égard de Louis : elle appréciera sa défense quand il la lui aura présentée ; mais elle ne peut d'avance, ni l'affaiblir, ni la préjuger. Si Louis se trompe dans les principes qu'il croit important pour lui de faire valoir, ce sera à la Convention à les écarter dans sa décision ; mais, jusque-là, il est nécessaire qu'elle l'entende. La justice le veut, ainsi que la loi.

Voici donc les principes que je pose et que je réclame :

Les nations sont souveraines.

Elles sont libres de se donner la forme de gouvernement qui leur paraît la plus convenable.

Elles peuvent même, lorsqu'elles ont reconnu les vices de celle qu'elles ont essayée, en adopter une nouvelle pour changer leur sort.

Je ne conteste pas ce droit des nations : il est imprescriptible ; il est écrit dans notre acte constitutionnel, et on n'a peut-être pas oublié que c'est aux efforts de l'un des deux conseils même de Louis, membre alors de l'Assemblée constituante, que la France doit devoir cette maxime fondamentale placée au nombre de ses propres lois.

Mais une grande nation ne peut pas exercer elle-même sa souveraineté ; il faut nécessairement qu'elle la délègue.

La nécessité de cette délégation la conduit, ou à se donner un roi, ou à se former en république.

En 1789, dans cette première époque de sa révolution qui a changé tout à coup la forme de gouvernement sous laquelle nous existions depuis tant de siècles, la nation assemblée a déclaré aux mandataires qu'elle avait choisis, qu'elle voulait un gouvernement monarchique.

Le gouvernement monarchique exigeait nécessairement l'inviolabilité de son chef.

Les représentants du peuple français avaient pensé que dans un pays où le roi était chargé seul de l'exécution de la loi, il avait besoin, pour que son action n'éprouvât pas d'obstacles, ou les surmontât, de toutes les forces de l'opinion ; qu'il fallait qu'il pût imprimer ce respect qui fait aimer l'obéissance que la loi commande ; qu'il contînt dans leurs limites toutes les autorités secondaires qui ne tendent qu'à s'en écarter ou à les franchir ; qu'il réprimât ou qu'il prévînt toutes les passions qui s'efforcent de contrarier le bien général ; qu'il surveillât avec inquiétude toutes les parties de l'ordre public ; en un mot, qu'il tînt sans cesse dans sa main tous les ressorts du gouvernement constamment tendus et qu'il ne souffrît pas qu'un seul pût se relâcher.

Ils avaient pensé que pour remplir de si grands devoirs il fallait donc que le monarque jouît d'une grande puissance, et que pour que cette puissance eût toute la liberté de son exercice, il fallait qu'il fût inviolable.

Les représentants de la nation savaient d'ailleurs que ce n'était pas pour les rois que les nations créaient l'inviolabilité, mais pour elles-mêmes ; que c'était pour leur propre tranquillité, pour leur propre bonheur, et parce que dans les gouvernements monarchiques la tranquillité serait sans cesse troublée, si le chef du pouvoir suprême n'opposait pas sans cesse l'inflexibilité de la loi à toutes les passions ou à tous les écarts qui pourraient éluder ou violer ses dispositions.

Ils avaient regardé enfin comme un principe aussi moral que

politique, cette maxime d'un peuple voisin, que les fautes des rois ne peuvent jamais être personnelles ; que le malheur de leur position, les séductions qui les environnent, doivent toujours faire rejeter sur les inspirations étrangères les délits mêmes qu'ils peuvent commettre, et qu'il valait mieux, pour le peuple lui-même, dont l'inviolabilité était le véritable domaine, écarter d'eux toute espèce de responsabilité, et supposer plutôt leur démence, que de les exposer à des attaques qui ne pourraient qu'exciter de grandes révolutions.

C'est dans ces idées que les représentants du peuple posèrent les bases de la constitution que leur avait demandée la France.

J'ouvre donc la constitution, et je vois au premier chapitre de la royauté, que la royauté est indivisible, et déléguée héréditairement à la race régnante, et de mâle en mâle.

Ainsi, je remarque d'abord que le titre qui a déféré la royauté à Louis est une délégation.

On a disputé sur le caractère de cette délégation.

On a demandé si elle était un contrat.

On a demandé surtout, si elle était un contrat synallagmatique.

Mais ce n'était là qu'une question de mots.

Sans doute, cette délégation n'était pas un contrat de la nature de ceux qui ne peuvent se dissoudre que par le consentement mutuel des parties : il est évident que ce n'était qu'un mandat, une attribution de l'exercice de la souveraineté, dont la nation se réservait le principe et qu'elle ne pouvait pas aliéner, et une attribution par conséquent irrévocable par son essence, comme tous les mandats ; mais, c'était un contrat en ce sens, que, tant qu'il subsistait et qu'il n'était pas révoqué, il obligeait le mandant à remplir les conditions sous lesquelles il l'avait donné, comme il obligeait le mandataire à remplir celles sous lesquelles il l'avait reçu.

Écartons donc les contestations qui ne portent que sur les termes, et posons d'abord, que l'acte constitutionnel, en soumettant Louis à remplir avec fidélité la fonction auguste que la nation lui avait confiée, n'a pu le soumettre à d'autres conditions ou à d'autres peines que celles qui sont écrites dans le mandat même.

Voyons donc quelles sont ces peines ou ces conditions écrites dans le mandat.

Je passe à l'article II, et je lis, que la personne du roi est inviolable et sacrée ; et j'observe que cette inviolabilité est posée ici d'une manière absolue. Il n'y a aucune condition qui l'altère, aucune exception qui la modifie, aucune nuance qui l'affaiblisse ; elle est en deux mots, et elle est entière.

Mais voici les hypothèses prévues par la constitution, et qui, sans altérer l'inviolabilité du roi, puisqu'elles respectent son

actère de roi tant qu'il le possède, supposent des circonstances s lesquelles il peut perdre ce caractère, et cesser d'être roi.
a première de ces hypothèses est celle que pose l'article V.
Si, un mois après l'invitation du Corps législatif, le roi n'a prêté ce serment (celui d'être fidèle à la nation et à la loi, et maintenir la constitution), ou si, après l'avoir prêté, il le ré-te, il sera censé avoir abdiqué la royauté. »
a nation impose ici au roi l'obligation de lui prêter serment fidélité, et celle de tenir ce serment qu'il aura prêté.
létracter son serment, est sans doute un crime du roi contre nation. La constitution a prévu ce crime; et quelle est la ne qu'elle prononce? c'est que le roi sera censé avoir abdiqué royauté.
t je m'explique mal en parlant de *peine*, car ce n'est point en t une peine que la loi prononce, dans le sens légal de ce mot ; n'est point un jugement qu'elle ordonne, ce n'est point une héance qu'elle établit : ce mot n'est pas une seule fois dans la ; c'est une supposition qu'elle crée, et par laquelle elle dé-re que, dans l'hypothèse qu'elle a prévue, le roi sera présumé oir abdiqué la royauté.
e n'est pas ici, législateurs, que les mots sont indifférents.
l est évident que c'est par respect pour le caractère de roi, la constitution a voulu éviter de le blesser jusque dans les mes; c'est dans cet objet qu'elle a affecté de choisir les expres-ns dont elle s'est servie, et qu'elle n'en a pas employé d'au-s. Vous voyez qu'elle ne crée point de tribunal, qu'elle ne le point de jugement, qu'elle ne prononce point le mot dé-ance; elle a cru seulement devoir, pour sa sûreté, prévoir le où elle pourrait avoir à se plaindre des perfidies ou des entats mêmes du roi, et elle a dit : si ce cas arrive, le roi sera ésumé avoir consenti à la révocation du mandat que je lui avais né, et je redeviens libre de le reprendre.
Je sais bien qu'il faut toujours déclarer cette présomption de ocation, et que quoique la constitution se soit tue sur le mode ns lequel cette déclaration devrait avoir lieu, c'est évidem-nt à la nation qu'appartient le droit de la prononcer; mais fin ce n'est jamais là qu'une fiction à réaliser, et cette fiction lisée, n'est pas, à proprement parler, une peine, c'est un t.
Je viens de dire que la constitution avait prévu le cas où le i rétracterait son serment de fidélité; mais, sans rétracter ce rment, le roi pouvait le trahir, il pouvait attenter à la sûreté la nation, il pouvait tourner contre elle le pouvoir qu'elle lui ait donné au contraire pour la défendre. La constitution a évu encore ce délit: que prononce-t-elle ?
Elle dit à l'article VI :
« Si le roi se met à la tête d'une armée et en dirige les forces ntre la nation, ou s'il ne s'oppose pas par un acte formel, à

une telle entreprise qui s'exécuterait en son nom, il sera censé avoir abdiqué la royauté. »

Je vous supplie, citoyens, de bien remarquer ici le caractère du délit prévu par la loi.

« Se mettre à la tête d'une armée, et en diriger les forces contre la nation : »

Certainement, il ne peut pas exister de délit plus grave : celui-là seul les embrasse tous. Il suppose, dans les combinaisons qui le préparent, toutes les perfidies, toutes les machinations, toutes les trames qu'une telle entreprise exige nécessairement ; il suppose dans ses effets toutes les horreurs, tous les fléaux, toutes les calamités qu'une guerre sanglante et intestine entraîne avec elle.... Et cependant, qu'a prononcé la constitution ? La présomption de l'abdication de la royauté.

L'article VII prévoit le cas où le roi sortira du royaume, et où, sur l'invitation qui lui sera faite d'y rentrer, par le Corps législatif, dans l'intervalle qu'il lui fixera, il aura refusé d'obéir. Et que prononce encore ici la constitution ? la présomption de l'abdication de la royauté.

Enfin, l'article VIII (et ce dernier article est bien important) porte : « qu'après l'abdication expresse ou légale, le roi sera dans la classe des citoyens, et pourra être accusé et jugé comme eux, pour les actes postérieurs à son abdication. »

Je n'ai pas besoin de définir l'abdication expresse.

L'abdication légale est définie elle-même par les articles que je viens de rapporter.

Il résulte donc de celui-ci, que ce n'est qu'après avoir abdiqué volontairement, ou commis un des délits qui emportent la présomption de l'abdication, que le roi rentre dans la classe des citoyens.

Le roi n'était donc pas avant dans la classe des citoyens.

Il avait donc une existence constitutionnelle, particulière, isolée, absolument distincte de celle des autres citoyens ; et d'où lui venait cette existence particulière, cette existence privilégiée, si ce n'est de la loi qui lui avait imprimé le caractère sacré d'inviolabilité, qui ne devait s'effacer pour lui qu'après son abdication expresse ou légale ?

Et observez que la loi qui dit que le roi rentre dans la classe des citoyens après l'abdication légale, venait de faire résulter cette abdication : de quoi ? Du plus grand des forfaits qu'un roi puisse commettre contre une nation, celui d'une armée dirigée contre elle pour la subjuguer ou pour l'asservir ; et c'est après ce forfait atroce, qu'elle le déclare rentré dans la classe des citoyens ; elle ne suppose donc pas que, même pris les armes à la main, le roi puisse perdre la vie ; elle ne suppose pas seulement qu'on puisse le condamner à aucune peine ; elle ne suppose pas qu'il puisse jamais en éprouver d'autres que celle de l'abdication de la royauté.

Citoyens, combien les textes de la loi constitutionnelle, ainsi rapprochés, se prêtent d'explication l'un et l'autre, et quelle lumière ils répandent sur la question que j'agite ici.

Mais, je continue.

Le roi rentré dans la classe des citoyens peut alors être jugé comme eux.

Mais, pour quels actes?

Pour les actes postérieurs à son abdication.

Donc, pour les actes antérieurs à son abdication, il ne peut pas être jugé dans le sens qu'on attache ordinairement à ce terme.

Tout ce qu'on peut appliquer à ces actes, c'est la présomption de cette abdication elle-même.

Voilà tout ce qu'a voulu la constitution, et on ne peut sortir de son texte.

Et, au reste, la loi est parfaitement égale ici entre le Corps législatif et le roi.

Le Corps législatif pouvait aussi trahir la nation; il pouvait abuser du pouvoir qu'elle lui confiait; il pouvait proroger ce pouvoir au delà du terme qu'elle avait fixé; il pouvait envahir sa souveraineté: la nation avait sans doute le droit de dissoudre ce corps prévaricateur; mais aucune peine n'était prononcée par la constitution, ni contre le corps, ni contre les membres.

J'applique maintenant ces principes.

Louis est accusé. Il est accusé au nom de la nation, il est accusé de plusieurs délits.

Ou ses délits sont prévus par l'acte constitutionnel, ou ils ne le sont pas.

S'ils ne sont pas prévus par l'acte constitutionnel, vous ne pouvez pas les juger; car alors il n'existe pas de loi qu'on puisse leur appliquer : et vous savez qu'un des droits les plus sacrés de l'homme, c'est de n'être jugé que d'après des lois promulguées antérieurement aux délits.

S'ils sont prévus par l'acte constitutionnel, alors Louis n'a encouru que la présomption de l'abdication de la royauté.

Mais, je vais plus loin: je dis qu'ils sont prévus par l'acte constitutionnel; car l'acte constitutionnel en a prévu un, qui est le plus atroce de tous, et dans lequel tous les autres rentrent nécessairement; c'est celui de la guerre faite à la nation, en abusant contre elle de ses forces mêmes. De quelque manière qu'on veuille l'entendre, tout est là. Toutes les perfidies que Louis aurait pu commettre dans le dessein de renverser la Constitution qu'il avait promis de maintenir, ne sont jamais qu'une guerre faite à la nation; et cette guerre, prise au sens figuré, est bien moins terrible que les incendies, les massacres, les dévastations qu'occasionne toujours la guerre, prise dans le sens littéral.... Eh bien! pour tous ces délits, la loi ne prononce que l'abdication présumée de la royauté.

Je sais bien qu'aujourd'hui que la nation a aboli la royauté elle-même, elle ne peut plus prononcer cette abdication.

La nation avait sans donte le droit d'abolir la royauté.

Elle a pu changer la forme du gouvernement de la France.

Mais a-t-il dépendu d'elle de changer le sort de Louis?

A-t-elle pu faire qu'il n'eût pas le droit de demander qu'on ne lui appliquât que la loi à laquelle il s'était soumis ?

A-t-elle pu aller au delà du mandat par lequel il s'était lié?

Louis n'a-t-il pas le droit de vous dire:

Quand la convention s'est formée, j'étais le prisonnier de la nation.

Vous pouviez prononcer alors sur mon sort, comme vous voulez le faire aujourd'hui.

Pourquoi n'avez vous pas prononcé?

Vous avez aboli la royauté; je ne vous conteste pas votre droit; mais si vous aviez suspendu cette déclaration de la volonté nationale, et que vous eussiez commencé par m'accuser et par me juger, vous ne pourriez pas m'appliquer d'autre peine que l'abdication présumée de la royauté.

Pourquoi donc n'avez-vous pas commencé par là?

Ce que vous avez fait a-t-il pu nuire au droit que j'avais?

Avez-vous pu vous placer ainsi vous-mêmes hors de la constitution, et m'opposer ensuite qu'elle était détruite?

Quoi! vous voulez me punir; et parce que vous avez anéanti l'acte constitutionnel, vous voulez m'en ôter le fruit!

Vous voulez me punir ; et parce que vous ne trouvez plus de peine à laquelle vous avez le droit de me condamner, vous voulez en prononcer une différente de celle à laquelle je m'étais soumis!

Vous voulez me punir; et parce que vous ne connaissez pas de loi que vous puissiez m'appliquer, vous voulez en faire une pour moi tout seul!

Certes, il n'y a pas aujourd'hui de puissance égale à la vôtre ; mais il y en a une que vous n'avez pas: c'est celle de n'être pas justes.

Citoyens, je ne connais pas de réponse à cette défense.

On en oppose cependant.

On dit que la nation ne pouvait pas, sans aliéner sa souveraineté, renoncer au droit de punir autrement que par les peines de la constitution les crimes commis contre elle.

Mais, c'est là une équivoque qu'il est bien étonnant qu'on se soit permise.

La nation a pu se donner à elle-même une loi constitutionnelle.

Elle n'a pas pu renoncer au droit de changer cette loi, parce que ce droit était dans l'essence de la souveraineté qui lui appartenait ; mais elle ne pourrait pas dire aujourd'hui, sans soulever contre elle les réclamations de l'univers indigné: Je ne veux pas exécuter la loi que je me suis donnée à moi-même, malgré le serment solennel que j'avais fait de l'exécuter pendant tout le temps qu'elle subsisterait.

Lui prêter ce langage, ce serait insulter la loyauté nationale, et supposer que, de la part des représentants du peuple français, la constitution n'a été que le plus horrible de tous les piéges.

On a dit aussi que si les délits dont Louis était accusé n'étaient pas dans l'acte constitutionnel, tout ce qu'on pouvait en conclure, c'est qu'il pouvait être jugé par les principes du droit naturel, ou par ceux du droit politique.

A cette objection je réponds deux choses :

La première, c'est qu'il serait bien étrange que le roi ne jouît pas lui-même du droit que la loi accorde à tout citoyen, celui de n'être jugé que d'après la loi, et de ne pouvoir être soumis à aucun jugement arbitraire ;

La seconde, c'est qu'il n'est pas vrai que les délits dont on accuse Louis, ne soient pas dans l'acte constitutionnel.

Qu'est-ce en effet en masse qu'on lui reproche?

C'est d'avoir trahi la nation, en coopérant de tout son pouvoir à favoriser les entreprises qu'on a pu tenter pour renverser la constitution.

Or, ce délit se place évidemment sous le second chef de l'article VI, qui concerne le cas où le roi ne s'opposera pas à une entreprise faite sous son nom.

Mais si le délit porté par le premier chef du même article, qui est celui d'une guerre faite à la nation à la tête d'une armée, et qui est bien plus grave que le second, n'est puni luimême que par l'abdication présumée de la royauté, comment pourrait-on imposer une peine plus forte au délit moins grave?

Je cherche les objections les plus spécieuses qu'on ait élevées : je voudrais pouvoir les parcourir toutes.

Je ne parle pas de ce que l'on a dit : que Louis avait été jugé en insurrection.

Et la raison et le sentiment se refusent également à la discussion d'une maxime destructive de toute liberté et de toute justice, d'une maxime qui compromet la vie et l'honneur de tout citoyen, et qui est contraire à la nature même de l'insurrection.

Je n'examine point en effet les caractères qui peuvent distinguer les insurrections légitimes ou celles qui ne le sont pas, les insurrections nationales ou les insurrections seulement partielles; mais je dis que par sa nature une insurrection est une résistance subite et violente à l'oppression qu'on croit éprouver, et que, par cette raison même, elle ne peut pas être un mouvement réfléchi, ni par conséquent un jugement.

Je dis que dans une nation qui a une loi constitutionnelle

quelconque, une insurrection ne peut être qu'une réclamation à cette loi, et la provocation d'un jugement fondé sur les dispositions qu'elle a consacrées.

Je dis, enfin, que toute constitution républicaine ou autre, qui ne portera pas sur cette base fondamentale et qui donnera à l'insurrection seule, n'importe sa nature ou son but, tous les caractères qui n'appartiennent qu'à la loi elle-même, ne sera qu'un édifice de sable que le premier vent populaire aura bientôt renversé.

Je ne parle pas non plus de ce qu'on a dit, que la royauté était un crime, parce que c'était une usurpation.

Le crime ici serait de la part de la nation qui aurait dit : je t'offre la royauté, et qui se serait dit à elle-même : je te punirai de l'avoir reçue.

Mais on a objecté que Louis ne pouvait pas invoquer la loi constitutionnelle, puisque cette loi, il l'avait violée.

D'abord, on suppose qu'il l'a violée, et je prouverai bientôt le contraire.

Mais, ensuite, la loi constitutionnelle a prévu elle-même sa violation, et elle n'a prononcé contre cette violation d'autre peine que l'abdication présumée de la royauté.

On a dit que Louis devait être jugé en ennemi.

Mais n'est-ce pas un ennemi, celui qui se met à la tête des armées contre sa propre nation? Et cependant, il faut bien le redire, puisqu'on l'oublie : la constitution a prévu ce cas, et a fixé la peine.

On a dit que le roi n'était inviolable que pour chaque citoyen; mais que, de peuple à roi, il n'y avait plus de rapport naturel.

Mais, en ce cas, les fonctionnaires républicains ne pourraient donc pas réclamer eux-mêmes les garanties que la loi leur aurait données?

Les représentants de la nation ne seront donc plus inviolables contre le peuple, pour ce qu'ils auront dit ou fait en leur qualité de représentants....? Quel inconcevable système!

On a dit encore que s'il n'existait pas de loi qu'on pût appliquer à Louis, c'était à la volonté du peuple à en tenir lieu.

Citoyens, voici ma réponse :

Je lis dans *Rousseau* ces paroles :

« Là où je ne vois ni la loi qu'il faut suivre, ni le juge qui doit prononcer, je ne peux pas m'en rapporter à la volonté générale : la volonté générale ne peut, comme générale, prononcer ni sur un homme ni sur un fait[1]. »

Un tel texte n'a pas besoin d'être commenté.

J'arrête ici cette longue suite d'objections que j'ai recueillies

1. Contrat social, art. 4.

de tous les écrits qu'on a publiés, et qui, comme on voit, ne détruisent pas mes principes.

Mais, au surplus, il me semble que, quelque chose qu'on ait dit, ou qu'on puisse dire contre l'inviolabilité prononcée par l'acte constitutionnel, on ne pourra jamais en tirer que l'une ou l'autre de ces deux conséquences : ou que la loi ne doit pas être entendue dans le sens absolu qu'elle nous présente, ou qu'elle ne doit pas être exécutée.

Or, sur le premier point, je réponds qu'en 1789, lorsqu'on discuta cette loi dans l'Assemblée constituante, on proposa alors tous les doutes, toutes les objections, toutes les difficultés qu'on renouvelle aujourd'hui : c'est un fait qu'il est impossible de contester, qui est consigné dans tous les journaux d'alors, et dont la preuve est dans les mains de tout le monde, et cependant la loi fut adoptée telle qu'elle est écrite dans l'acte constitutionnel.

Donc, on ne peut pas aujourd'hui l'entendre dans un autre sens que celui que cet acte lui-même présente.

Donc, on ne peut plus se prêter aux distinctions par lesquelles on voudrait se permettre de changer l'intention de la loi, ou la travestir.

Donc, on ne peut pas restreindre l'inviolabilité absolue qu'elle prononce, à une inviolabilité relative ou modifiée.

Je réponds, sur le second point, que la loi de l'inviolabilité, fût-elle déraisonnable, absurde, funeste à la liberté nationale, il faudrait toujours l'exécuter jusqu'à ce qu'elle fût révoquée, parce que la nation l'a acceptée en acceptant la constitution, parce que l'acceptant, elle a justifié ses représentants de l'erreur même qu'on leur reproche ; et parce qu'enfin, ce qui ne permet plus d'objections, elle a fait serment de l'exécuter tant qu'elle existerait.

La nation peut, sans doute, déclarer aujourd'hui qu'elle ne veut plus du gouvernement monarchique, puisqu'il est impossible que ce gouvernement puisse subsister sans l'inviolabilité de son chef; elle peut renoncer à ce gouvernement, à cause de cette inviolabilité même; mais elle ne peut pas l'effacer pour tout le temps que Louis a occupé le trône constitutionnel. Louis était inviolable tant qu'il était roi : l'abolition de la royauté ne peut rien changer à sa condition; tout ce qui en résulte, c'est qu'on ne peut plus lui appliquer que la peine de l'abdication présumée de la royauté; mais, par cela seul, on ne peut donc pas lui en appliquer d'autre.

Ainsi, concluons de cette discussion, que là où il n'y a pas de loi que l'on puisse appliquer, il ne peut y avoir de jugement; et que là où il ne peut pas y avoir de jugement, il ne peut pas y avoir de condamnation prononcée.

Je parle de condamnation ; mais prenez donc garde que si vous ôtiez à Louis l'inviolabilité de roi, vous lui devriez au moins les droits de citoyen; car vous ne pouvez pas faire que

Louis cesse d'être roi, quand vous déclarez vouloir le juger, et qu'il le redevienne au moment de ce jugement que vous voulez rendre.

Or, si vous vouliez juger Louis comme citoyen, je vous demanderais où sont ces formes conservatrices que tout citoyen a le droit imprescriptible de réclamer?

Je vous demanderais où est cette séparation des pouvoirs, sans laquelle il ne peut exister de constitution ni de liberté?

Je vous demanderais où sont ces jurys d'accusation et de jugement, espèce d'otages donnés par la loi aux citoyens pour la garantie de leur sûreté et de leur innocence?

Je vous demanderais où est cette faculté si nécessaire de récusation qu'elle a placée elle-même au devant des haines ou des passions pour les écarter?

Je vous demanderais où est cette proportion de suffrages qu'elle a si sagement établie pour éloigner la condamnation ou pour l'adoucir?

Je vous demanderais où est ce scrutin silencieux qui provoque le juge à se recueillir avant qu'il prononce, et qui enferme, pour ainsi dire, dans la même urne, et son opinion et le témoignage de sa conscience?

En un mot, je vous demanderais où sont toutes ces précautions religieuses que la loi a prises pour que le citoyen, même coupable, ne fût jamais frappé que par elle?

Citoyens, je vous parlerai avec la franchise d'un homme libre : je cherche parmi vous des juges, et je n'y vois que des accusateurs.

Vous voulez prononcer sur le sort de Louis, et c'est vous-mêmes qui l'accusez!

Vous voulez prononcer sur le sort de Louis, et vous avez déjà émis votre vœu!

Vous voulez prononcer sur le sort de Louis, et vos opinions parcourent l'Europe!

Louis sera donc le seul Français pour lequel il n'existera aucune loi ni aucune forme?

Il n'aura ni le droit de citoyen ni les prérogatives de roi.

Il ne jouira ni de son ancienne condition ni de la nouvelle.

Quelle étrange et inconcevable destinée!

Mais je n'insiste pas sur ces réflexions, je les abandonne à votre conscience : je ne veux pas défendre Louis seulement avec les principes; je veux combattre les préventions qui se sont élevées sur ses intentions ou son caractère : je veux les détruire. Je vais donc vous présenter sa justification, et j'entre dans la discussion des faits que votre acte d'accusation énonce.

Je divise cet acte en deux parties.

Je vais d'abord parcourir les faits qui ont précédé la constitution.

J'examinerai ensuite ceux qui l'ont suivie.

DISCUSSION DES FAITS.

PREMIÈRE PARTIE.

Faits antérieurs à l'acceptation de la Constitution.

Citoyens, vous remontez, dans votre acte, jusqu'au mois de juin de l'année 1789. J'y remonte aussi.

Et comment avez-vous pu accuser Louis d'avoir voulu, le 20 juin, dissoudre l'assemblée des représentants de la nation?

Oubliez-vous donc que c'était lui qui l'avait formée?

Oubliez-vous que, depuis plus de cent cinquante années, des princes, plus jaloux que lui de leur pouvoir, s'étaient toujours refusés à la convoquer; qu'il en avait eu seul le courage; que seul il avait osé s'environner des lumières, des consolations de son peuple, et n'avait pas redouté ses réclamations?

Oubliez-vous tous les sacrifices qu'il avait faits avant cette grande convocation nationale; tout ce qu'il avait retranché à sa puissance pour l'ajouter à notre liberté; cette satisfaction si vive qu'il témoignait à nous voir jouir du bien si précieux que lui-même nous accordait?

Citoyens, nous sommes bien loin aujourd'hui de ce moment-là; nous l'avons trop effacé de notre mémoire; nous ne songeons pas assez à ce qu'était la France en 1787, à l'empire que l'autorité absolue exerçait alors, à la crainte respectueuse qu'elle imprimait; nous ne réfléchissons pas que, sans un mouvement généreux de la volonté de ce prince, contre lequel aujourd'hui tant de voix s'élèvent, la nation n'eût pas même été assemblée. Et croyez-vous que le même homme qui avait eu spontanément cette volonté si hardie tout à la fois et si noble, eût pu en avoir, un mois après, une si différente?

Vous lui reprochez les agitations du mois de juillet, les troupes cantonnées autour de Paris, les mouvements de ces troupes.

Je pourrais vous dire que Louis a bien prouvé alors qu'il n'avait pas les intentions qu'on lui supposait.

Je pourrais vous dire que les troupes cantonnées autour de Paris n'étaient commandées que pour défendre Paris même des agitateurs; que, loin d'avoir reçu l'ordre de s'opposer à la résistance des citoyens, elles avaient reçu, au contraire, celui de s'arrêter devant eux; que je l'ai vu moi-même cet ordre, lorsque j'ai eu occasion de défendre le général de ses troupes[1], accusé alors de lèse nation, et que la nation n'a pas balancé d'absoudre.

Mais j'ai une réponse encore meilleure à vous faire, et c'est la nation elle-même qui me la fournit.

1. Bezenval.

Je vois, le 4 août, la nation entière proclamer Louis le *restaurateur de la liberté française*, lui demander de s'unir à elle pour porter ensemble l'hommage de leur reconnaissance à l'Être suprême, et voter une médaille pour perpétuer à jamais le souvenir de cette grande époque.

Je ne retrouve plus pour Louis le mois de juillet.

Vous lui avez reproché l'arrivée du régiment de Flandre à Versailles?

Les officiers municipaux l'avaient demandé.

L'insulte faite à la cocarde nationale?

Louis vous a répondu lui-même que si ce fait odieux avait existé, ce qu'il ignorait, il ne s'était pas passé devant lui.

Ses observations sur les décrets du 11 août?

C'était sa conscience qui les lui dictait.

Et comment n'aurait-il pas eu alors la liberté de son opinion sur les décrets, puisque la nation lui a donné, depuis, le droit de s'opposer aux décrets eux-mêmes?

Vous lui avez reproché les événements des 5 et 6 octobre?

Citoyens, il n'y a ici qu'une réponse qui convienne à Louis : c'est de ne pas rappeler ces événements.

J'aime bien mieux moi-même vous rappeler le beau mouvement de Louis vers l'Assemblée nationale, le 4 février, et celui de l'Assemblée vers Louis.

J'aime mieux vous rappeler qu'au mois de juillet suivant, les représentants du peuple constituèrent eux-mêmes Louis le chef de la fédération nationale; et sans doute, une marque de confiance aussi éclatante justifie bien l'opinion qu'ils avaient de lui.

Vous dites que, depuis cette fédération, Louis a essayé de corrompre l'esprit public; qu'on a trouvé chez lui des mémoires dans lesquels Talon était présenté comme destiné à agir dans Paris, et Mirabeau comme chargé d'imprimer un mouvement contre-révolutionnaire dans les provinces; qu'on y avait trouvé aussi des lettres de l'administrateur de sa liste civile, qui parlent d'argent répandu, et qui disaient que cet argent n'avait rien produit.

Vous lui opposez ces mémoires et ces lettres?

Citoyens, j'ai ici plusieurs réponses à vous faire.

D'abord, si je défendais un accusé ordinaire dans les tribunaux, je soutiendrais que des pièces qu'on n'aurait pu se procurer contre lui que par l'invasion de son domicile, ne peuvent pas lui être opposées.

J'observerais que, dans les scellés mêmes que la justice fait apposer sur les papiers de tout accusé, on n'a jamais fait l'inventaire des pièces que les scellés pouvaient renfermer, qu'en présence de l'accusé qui en était l'objet.

J'ajouterais qu'autrement rien ne serait plus facile à des malveillants ou à des ennemis, que de glisser sous des scellés des pièces capables de compromettre un accusé, et d'en retirer qui le justifiassent.

Enfin, je dirais que, sans cette forme sacrée de la nécessité de la présence de tout accusé à tout inventaire des pièces existantes ou saisies dans son domicile, l'honneur de tout citoyen serait tous les jours exposé au péril le plus imminent, ainsi que sa liberté.

Or, cette défense que j'aurais le droit de faire valoir en faveur de tout accusé, j'ai bien le droit, sans doute, de la faire valoir en faveur de Louis.

Le domicile de Louis a été envahi; ses armoires ont été forcées; ses secrétaires ont été brisés; une grande partie de ses papiers a été dispersée ou perdue; la loi ne les a point placés sous sa sauvegarde; il n'y a point eu de scellés; il n'y a point eu d'inventaire fait avec Louis; on a pu, pendant le tumulte de l'invasion, égarer ou enlever des pièces; on a pu égarer, surtout, celles qui auraient expliqué celles qu'on oppose : en un mot, Louis n'était pas là, quand on s'est saisi de ces pièces; il n'a point assisté au rassemblement qu'on en a fait; il n'a point assisté à leur examen : il a donc le droit de ne pas les reconnaître, et on n'a pas celui d'en argumenter contre lui.

Mais, d'ailleurs, quelles sont donc ces pièces?

Ce sont d'abord des lettres d'un homme mort.

Mais des lettres d'un homme mort peuvent-elles faire ici une preuve?

Si celui à qui on les a imputées existait encore, on ne pourrait pas les lui opposer à lui-même, avant d'avoir vérifié la fidélité de son écriture : comment pourrait-on les opposer à un tiers, comment pourrait-on les opposer à Louis?

On dit que ces lettres parlent d'argent répandu.

Mais quand ce fait, que les lettres elles-mêmes n'expliquent pas, ou dont elles ne disent pas le motif, serait vrai; quand on aurait abusé de la bienfaisance de Louis; quand, sous prétexte d'intentions droites, et en lui présentant un grand bien à faire, on lui aurait arraché des sommes plus ou moins fortes, ne sait-on pas avec quel art on trompe les rois! Les rois savent-ils la vérité? la connaissent-ils? ne sont-ils pas toujours entourés de piéges? n'est-on pas sans cesse occupé à s'approprier ou leur puissance ou leurs trésors, et souvent même à leur préjudice? et seront-ils convaincus de corruption pour cela seul que des hommes importuns ou intrigants auront provoqué ou harcelé en quelque sorte leur munificence?

On parle d'un mémoire adressé à Louis, et dans lequel Mirabeau est peint, dit-on, comme disposé à imprimer un mouvement contre-révolutionnaire dans les provinces.

Mais un roi peut-il donc répondre des mémoires qu'on lui présente! Peut-il en vérifier les allégations? peut-il en constater les faits?

Quelle serait donc la malheureuse condition des rois, si on les chargeait ainsi de tous les soupçons que pourraient exciter les réclamations mêmes qu'on leur adresse?

Citoyens, Mirabeau a joui, pendant toute sa vie publique, d'une popularité qu'on peut dire immense.

Cette popularité a survécu même à sa mort.

On attaque aujourd'hui sa mémoire, mais une voix s'élève pour la défendre devant la nation : il faut donc attendre que la nation ait entendu et prononcé.

Au fond, toutes ces lettres, tous ces mémoires, tous ces écrits, qu'offrent-ils de personnel à Louis? Il n'y a pas une seule circonstance qui en sorte pour l'accuser; il n'existe pas seulement l'ombre d'une preuve qu'il ait accueilli, ou les plans qu'on lui a présentés, ou les propositions qu'on lui a faites. Les apostilles qu'on remarque sur les mémoires ne marquent que la date et le nom de l'auteur; il n'en résulte rien qui puisse faire connaître l'opinion qu'il en avait conçue; et sans doute, s'il est permis de citer ici le témoignage de l'opinion publique, son caractère connu de probité sévère suffit bien seul pour le disculper de toute inculpation capable d'y porter atteinte.

A l'égard de la lettre qu'on dit avoir été écrite par Louis à La Fayette en 1790, et où il lui demandait de se concerter avec Mirabeau, il paraît d'abord que ce n'était qu'un projet, et qu'en effet la lettre ne fut pas écrite.

Mais, ensuite, Mirabeau et La Fayette étaient alors les deux hommes de la nation les plus populaires; ils voulaient fortement tous deux la constitution et la liberté; ils avaient tous deux un grand ascendant sur les esprits. Louis leur demandait de se concerter ensemble. Pourquoi?... Pour le bien de l'État.... Ce sont les termes de la lettre : où est donc là le crime?

Vous lui avez reproché sa lettre au général Bouillé, du 4 septembre de la même année.

Mais ici, Louis n'a pas même à se justifier; il n'a fait que suivre l'exemple des représentants de la nation : les représentants de la nation avaient décrété, le 3 septembre, que Bouillé serait approuvé, pour avoir glorieusement rempli son devoir. Louis lui écrivit lui-même le lendemain pour l'exhorter à continuer de rendre à la nation les mêmes services : comment pourrait-on le blâmer d'avoir pensé et agi comme avaient pensé et agi les représentants de la nation eux-mêmes?

Vous lui avez demandé compte du rassemblement fait aux Tuileries, le 28 février 1789.

Mais ce rassemblement n'était pas du fait de Louis : des rumeurs vagues en avaient été l'occasion : des hommes d'un zèle ardent avaient cru sa personne exposée à quelque danger, et s'étaient ralliés autour de lui. Louis n'avait pas pu prévoir leur zèle, mais il s'empressa au moins de le contenir : il leur fit lui-même déposer les armes qu'ils avaient portées avec eux, et il fut le premier à calmer l'inquiétude que le peuple pouvait avoir éprouvée.

Vous lui avez reproché son voyage à Varennes.

Mais Louis en expliqua dans le temps les motifs à l'Assemblée constituante, et je m'en réfère aujourd'hui, comme lui, à ces motifs mêmes.

Vous avez voulu qu'il vous rendît compte du sang répandu le 19 juillet au Champ de Mars.

Citoyens, de tous les reproches que vous lui avez faits, celui-là surtout est un de ceux qui a le plus pesé sur son cœur.

Quoi! vous l'accusez du sang répandu au Champ de Mars! vous voulez que ce sang retombe sur lui! Et avez-vous donc oublié qu'à cette cruelle époque ce malheureux prince était suspendu de l'autorité dont il jouissait, enfermé dans son palais, prisonnier de la nation, sans aucune communication au dehors, gardé à vue! Où étaient donc pour lui les moyens de conspiration? Que pouvait-il donc faire?

Enfin, vous lui avez reproché d'avoir payé avec la liste civile des libelles pour pervertir l'opinion publique et soutenir la cause des émigrés.

J'aurai occasion de venir bientôt à ce qui regarde les émigrés, et je n'aurai pas de peine à prouver que jamais Louis n'a eu le dessein de soutenir ou de favoriser leur cause.

Mais quant aux libelles, j'observe d'abord que ce n'est pas chez l'administrateur de la liste civile que se sont trouvées, comme on vous l'a dit, les quittances de tous les écrits dont on a parlé; que c'est chez son secrétaire, qui n'était pas même connu de Louis, et qu'on ne peut pas naturellement charger Louis de l'abus que des subalternes auraient pu faire de leurs fonctions, ou des intentions qu'ils avaient montrées.

Mais, ensuite, quand Louis aurait fait lui-même, non pas pour pervertir l'opinion, mais pour la ramener, ce que tant de factieux de leur côté faisaient pour l'égarer dans sa marche, ou pour la corrompre, où serait donc le reproche qu'on pourrait lui faire?

La nation a décrété aujourd'hui la république; mais ce n'était pas cette forme de gouvernement que l'opinion demandait alors; les républicains, au contraire, alors étaient les factieux. Ils l'étaient même encore au mois de juillet dernier, lorsque l'Assemblée législative se déclara elle-même tout entière par un décret contre ce système.

La nation voulait la constitution. On pouvait donc écrire pour la soutenir, on le devait même; Louis, comme chargé de maintenir la constitution, comme tenant la royauté d'elle, était obligé d'en conserver ou d'en surveiller le dépôt; il a pu vouloir influer sur l'opinion publique, en la dirigeant; et si, dans l'exécution des vues qu'on lui aurait présentées, et qu'il aurait cru devoir accueillir, on avait trahi ses intentions ou abusé de sa confiance, si on avait répandu à son insu des opinions dangereuses, si on en avait attaqué de sages et d'utiles, il faudrait le plaindre, il faudrait gémir sur le sort des rois; mais il ne faudrait pas l'accuser.

Citoyens, voilà la première époque de votre acte d'accusation.

Je viens de parcourir tous les faits que vous y aviez placés et que vous imputiez à Louis.

Je viens de justifier Louis de ces faits, et cependant, je n'ai pas encore pu prononcer le mot, qui seul aurait effacé toutes les erreurs ou toutes les fautes qu'il aurait commises, si en effet il en eût commis, je n'ai pas dit que depuis tous ces faits il avait accepté la constitution.

Ce mot eût suffi pour répondre à tout.

La constitution était le pacte nouveau d'alliance entre la nation et Louis.

Ce pacte solennel n'a pas pu se contracter sans une confiance réciproque et absolue.

Il n'y avait plus alors de nuages entre le peuple et le roi.

Le passé n'existait plus, tous les soupçons étaient dissipés, toutes les dissensions apaisées, toutes les préventions évanouies; en un mot, tout était oublié ou éteint.

On ne peut donc plus rappeler seulement ce qui a précédé la constitution.

Examinons donc maintenant ce qui l'a suivie.

DEUXIÈME PARTIE.

Faits postérieurs à la Constitution.

Je distingue ici les faits que l'acte d'accusation énonce, en deux classes :

Les faits dont Louis n'était pas chargé de répondre et qui n'intéressent que les agents que la constitution elle-même lui avait donnés;

Et les faits qui le concernent personnellement.

J'écarte d'abord de ma discusssion tous les faits qui tombaient sous la responsabilité des ministres.

Il ne serait pas juste, en effet, qu'on rendît Louis garant des erreurs dans lesquelles ses ministres auraient pu tomber ou des fautes mêmes qu'ils auraient commises.

La constitution n'avait point exigé de lui cette garantie; elle avait créé, au contraire, la responsabilité des ministres pour l'en affranchir; c'était à eux seuls qu'elle avait dit que la nation demanderait compte de ce qu'on aurait fait contre ses intérêts, ou de ce qu'on aurait négligé de faire pour elle. C'était sur eux seuls qu'elle avait dit que sa vengeance retomberait, pour tous les attentats qui auraient été commis contre sa sûreté ou contre ses lois. Elle n'avait pas adressé au roi les mêmes menaces, elle ne lui avait pas annoncé d'accusation; elle ne lui avait pas présenté de peine; elle avait, d'ailleurs, et par cela même, enchaîné son pouvoir. Le roi ne pouvait rien faire sans ses ministres; un ordre signé de lui seul ne pouvait pas être exécuté; il fallait que la caution de l'agent qu'il avait choisi fût sans cesse offerte à la loi; il n'est donc pas étonnant que la loi ne l'eût pas lui-même rendu responsable.

On n'a donc pas le droit aujourd'hui d'accuser tout à la fois le roi et ses ministres sur les mêmes faits.

Cependant, en jetant un coup d'œil sur les faits, même ministériels, que l'acte d'accusation énonce, il est bien facile de voir que les imputations n'en sont pas fondées.

§ Ier.

Faits qui tombaient sous la responsabilité des ministres.

Par exemple, on a reproché à Louis de n'avoir fait part de la convention de Pilnitz que quand elle avait été connue de l'Europe entière.

Mais, d'abord, la convention de Pilnitz était un traité secret entre l'empereur et le roi de Prusse; les conditions de ce traité n'étaient connues qu'imparfaitement dans l'Europe; aucune communication positive n'en avait été donnée au gouvernement; on n'avait même aucune preuve certaine de son existence; on n'en était instruit que par des lettres ou des notes des agents placés dans les cours étrangères : il n'y avait donc pas de motif d'État qui pût faire une loi au pouvoir exécutif de donner connaissance à une assemblée dont toutes les délibérations étaient publiques, d'un traité qui lui-même ne l'était pas.

Mais, ensuite, cette connaissance que le gouvernement ne pouvait pas faire donner à l'assemblée, d'une convention sur laquelle il avait des doutes, il l'a fait donner à son comité diplomatique au premier moment où les avis lui en sont arrivés. J'invoque à cet égard les registres des affaires étrangères : ils doivent déposer de ce fait; ils doivent attester que les premières pièces qui sont parvenues au gouvernement, relativement à la convention de Pilnitz, ont été remises au comité diplomatique. Ils attestent encore qu'à l'époque où l'existence de cette convention n'était pas encore certaine, et où on paraissait croire qu'elle ne recevrait pas son exécution, le comité diplomatique en était déjà prévenu ; j'en ai moi-même dans les mains des preuves. Ainsi, le ministre à qui on a imputé ce prétendu retard, et qui n'est plus à portée aujourd'hui de s'en justifier, puisqu'il n'existe plus, était bien évidemment exempt de reproches.

On en fait un autre à Louis, à l'occasion des commissaires envoyés à Arles : on a prétendu que ces commissaires s'étaient plus occupés à favoriser les contre-révolutionnaires qu'à les réprimer.

Mais Louis a fait, à cet égard, dans l'interrogatoire qu'il a subi, une réponse parfaitement juste.

Il a dit que ce n'était pas par les actes de ces commissaires qu'il fallait juger les intentions du gouvernement, mais par les instructions qu'ils avaient reçues.

Vous n'accusez pas ces instructions : vous ne pouvez donc pas accuser le gouvernement.

Vous avez reproché à Louis d'avoir retardé d'un mois l'envoi du décret qui avait réuni Avignon et le comtat Venaissin à la France.

Citoyens, l'Assemblée législative avait adressé le même reproche au ministre Lessart ; c'était là un des chefs de l'accusation élevée contre lui et sur laquelle la haute cour nationale devait prononcer. Lessart n'est plus : il a péri au moment où il préparait sa justification pour l'Europe ; il avait annoncé lui-même que cette justification, à laquelle il travaillait dans le fond de la prison où il était renfermé, ne laisserait pas le moindre nuage sur son innocence. Pouvez-vous renouveler aujourd'hui contre sa mémoire une imputation dont la mort lui a ôté le pouvoir de se disculper?

Vous avez reproché encore à Louis les troubles de Nîmes, les agitations de Jalès, la conspiration de Dussaillant.

Mais, est-ce donc à Louis à répondre de tous les orages qu'une aussi grande révolution devait nécessairement exciter? Il est impossible, en général, qu'il n'y ait pas de troubles dans un pays où l'on change la forme du gouvernement ; il était difficile, surtout, qu'il ne s'en élevât pas dans le Midi de la France, où les esprits naturellement ardents, sont facilement portés à se livrer à tous les mouvements qu'on cherche à leur imprimer. On a imputé à Louis d'avoir favorisé ces troubles ; on a cru que, parce que les princes ses frères avaient des liaisons avec Dussaillant, il avait pu aussi en avoir lui-même ; mais cette opinion était une erreur. On peut juger même de cette erreur par les pièces qu'on a communiquées à Louis ; car on remarque entre autres choses, dans ces pièces, un pouvoir donné à Dussaillant pour emprunter, au nom des princes, une somme de cent mille écus: or, on conçoit que si Louis avait été occupé de protéger des conspirations, il n'aurait pas réduit les conspirateurs à la nécessité d'emprunter une somme aussi disproportionnée avec les dépenses que leurs projets devaient exiger, et qu'il leur aurait fourni lui-même des secours un peu plus actifs.

Mais, au reste, à mesure que la connaissance de tous les troubles du Midi est parvenue au gouvernement, il s'est empressé de les transmettre lui-même à l'Assemblée ; et toutes les précautions qu'elle a désirées ou inspirées, ont été prises pour les réprimer ; la preuve en est dans le résultat : c'est que ces troubles n'existent plus déjà depuis plusieurs mois, et que ce sont les forces et les moyens du gouvernement qui les ont éteints.

On a voulu, à l'occasion de ces mêmes troubles, faire un crime à Louis d'une lettre que Witgenstein, commandant du Midi, et qui avait été rappelé, lui avait écrite depuis son rappel.

On a supposé que Louis l'avait employé depuis cette époque.

Mais, d'abord, Louis ne pouvait pas empêcher Witgenstein de lui écrire une lettre après son rappel, et il a déclaré au surplus qu'il n'avait aucun souvenir d'avoir reçu celle dont on parle, et que l'on ne cite que d'après un prétendu registre tenu par cet officier.

Tout ce qu'il pouvait faire était de ne pas lui donner de nouvel emploi depuis son rappel ; et, en effet, Witgenstein n'a point eu de nouvel emploi.

On a parlé d'un commandement de la Corse ; il n'a jamais eu ce commandement.

On a parlé aussi d'un grade dans l'armée du Nord; et il est possible en effet que La Fayette l'ait demandé. Le projet de lettre qu'on a trouvé dans les bureaux de la guerre, paraît même en être un indice; mais le fait est que cette lettre n'a jamais été envoyée, et que Witgenstein, qui est toujours resté à Paris depuis son rappel, et jusqu'à sa mort, n'a jamais été employé depuis ce rappel.

On a reproché à Louis les comptes rendus par Narbonne, à l'Assemblée nationale, relativement à l'armée.

Je réponds qu'au sortir du ministère, l'Assemblée nationale décréta que Narbonne, seul responsable de tous les actes du gouvernement qui le concernait, emportait l'estime et les regrets de la nation.

On lui a reproché d'avoir détruit la marine, et d'avoir conservé le ministre Bertrand, malgré les observations que l'Assemblée nationale lui avait adressées.

Je réponds que le ministre Bertrand a toujours réfuté lui-même les inculpations qu'on élevait contre lui, et que, tant que l'Assemblée nationale ne l'accusait pas, Louis était le maître de lui conserver sa confiance.

On lui a reproché les désastres des Colonies.

Je ne crois pas avoir besoin de les justifier.

On lui a reproché le moment où il avait dénoncé les premières hostilités qui nous menaçaient de la part de l'armée de Prusse.

Louis a expliqué lui-même, dans son interrogatoire, qu'il avait dénoncé ces hostilités à l'Assemblée nationale, au premier moment où il en avait eu la connaissance certaine ; et le dépôt des affaires étrangères en fournit la preuve.

On lui a reproché la reddition de Longwy et de Verdun.

Je réponds qu'à l'égard de Longwy ce sont les habitants qui se sont rendus;

Et quant à Verdun, qui avait donc nommé ce commandant, aujourd'hui si célèbre par son héroïsme, ce Beaurepaire, qui a mieux aimé mourir lui-même que de se rendre, si ce n'est pas Louis?

On lui a reproché d'avoir laissé avilir la nation française dans différents pays de l'Europe.

Je n'ai ici qu'un seul mot à dire.

Je demande, pour Louis, qu'on compulse le dépôt des affaires étrangères, et on y verra les preuves les plus authentiques, que toutes les fois qu'il a été dénoncé au gouvernement quelque insulte faite aux Français, dans quelque cour de l'Europe, le gouvernement en a demandé aussitôt la réparation.

Le temps nous a manqué à nous-mêmes pour faire faire ces recherches ; mais Louis atteste que les preuves existent.

Enfin, on a reproché à Louis d'avoir retenu les Gardes Suisses, malgré la constitution qui le lui défendait et l'Assemblée qui en avait ordonné le départ.

Voici les faits qui répondent à cette imputation, et qui la réfutent.

Un décret de l'Assemblée constituante du 17 septembre, avait dit que le roi serait prié de faire présenter incessamment au corps législatif une nouvelle formation du ci-devant régiment des Gardes Suisses, d'après les conventions ou capitulations qui auraient été agréées par le Corps helvétique.

Et cependant l'Assemblée nationale, considérant que ce régiment avait bien mérité de la nation par sa conduite, avait ordonné qu'il serait entretenu sur l'ancien pied, jusqu'à ce qu'il eût été statué autrement sur sa destination et sur le mode de son service.

D'après ce décret, les Gardes Suisses étaient toujours restés dans le même état.

Le 15 juillet dernier, l'Assemblée législative rend un décret qui ordonne que le Pouvoir exécutif sera tenu de faire sortir, sous trois jours, les troupes de ligne étant en garnison à Paris.

Autre décret du même jour, qui ordonne que le comité diplomatique fera son rapport sur les capitulations avec les Suisses, et sur la suppression de la charge de colonel-général des Suisses.

Le 17, lettre de d'Affry, relativement à l'ordre qui lui avait été donné de faire partir le régiment des Gardes Suisses.

Il invoque les capitulations qui n'étaient pas encore abrogées.

Décret qui ordonne que provisoirement, et en attendant le rapport du comité diplomatique, deux bataillons de ce régiment s'éloigneront à trente mille toises de la capitale.

D'Affry, placé entre les capitulations helvétiques et la volonté que semblait manifester l'Assemblée, adresse, le 4 août, à l'Assemblée de nouvelles observations sur le mode d'exécution de ce décret.

L'Assemblée passe à l'ordre du jour.

Le décret est exécuté.

Citoyens, voilà les faits des ministres.

Louis aurait pu se dispenser de les discuter, par cela seul qu'ils étaient les faits des ministres.

Tous ces faits, en effet, seraient vrais; ils fourniraient matière à reproche, ils seraient accusables, que Louis n'en répondrait pas.

Mais, en les discutant avec la rapidité à laquelle j'ai été forcé par le temps, j'ai voulu prouver au peuple français que, même dans les choses où la nation ne lui avait pas demandé de garantie, Louis s'était toujours conduit comme s'il avait été obligé, par la loi, de lui en offrir une.

Je passe maintenant aux faits que l'on peut considérer comme le concernant personnellement.

§ II.

Faits personnels à Louis.

Ici, législateurs, le temps me force encore de presser ma marche.

Je répondrai cependant à tous les reproches qui ont été faits à Louis.

J'y répondrai, à la vérité, avec plus de rapidité et moins de détail que si j'avais pu me livrer à toutes les combinaisons nécessaires pour une défense qui embrasse tant de chefs différents; mais j'y répondrai enfin de manière à les réfuter.

Je dois le redire, les conseils de Louis n'ont point songé à eux; ils n'ont songé qu'à Louis.

Nous savions bien que, dans une cause sur laquelle toute l'Europe porte aujourd'hui des regards inquiets, et qui, défendue devant les représentants d'une nation qui, par ses triomphes, est devenue l'objet de l'étonnement de toutes les autres, offrait à tous les mouvements de l'âme un sujet si riche, il aurait fallu une discussion pour ainsi dire aussi grande que la cause même; mais nous voulons ici éclairer le peuple; le ramener, dissiper les préventions qu'on lui a inspirées; nous voulons le convaincre par les faits seuls; et l'abandon de tous les mouvements oratoires est un sacrifice de plus que nous faisons à Louis, et sans doute l'Europe elle-même nous en saura gré.

On a d'abord attaqué Louis sur son refus de sanctionner le décret du camp de Paris et celui des prêtres.

Je pourrais sans doute observer que la constitution laissait au roi sa sanction absolument libre, et qu'en supposant que Louis se fût trompé dans les motifs qui le portaient à refuser de sanctionner le décret du camp de Paris, on n'aurait pas le droit de lui demander compte de son erreur, et encore moins celui de la lui reprocher comme un crime.

Mais, en écartant cette réflexion, et en supposant qu'en effet ce fût une erreur, je réponds qu'au fond son refus n'avait ici que des motifs sages. Il craignait d'exciter des troubles; le décret donnait des alarmes à la garde nationale; les opinions de la capitale étaient divisées; une grande partie de ces opinions paraissait justifier le décret ; une plus grande encore paraissait le combattre : le conseil, lui-même, n'était pas d'accord. Au milieu de toutes ces agitations, Louis crut qu'il était prudent de refuser la sanction qu'on lui demandait ; mais, en même temps, il se détermina à une mesure qui avait les mêmes avantages que le décret, et qui n'en avait pas les inconvénients. Il forma le camp de Soissons et, par événement, cette combinaison est celle qui est devenue la plus importante pour la nation ; car le camp de Soissons a rendu les plus grands services à l'armée française, et, dans le fait, celui de Paris eût été inutile.

A l'égard du décret des prêtres, citoyens, on ne force pas la conscience. Louis aurait craint de blesser la sienne en le sanctionnant ; il a pu se tromper, sans doute, mais son erreur même était vertueuse : et en en blâmant, si l'on veut, le résultat, il est impossible de n'en pas respecter au moins le principe.

Rappelez-vous, au reste, la journée si mémorable du 20 juin, et voyez avec quel courage Louis tenait à son opinion ! Combien d'autres princes eussent cédé à des apparences de péril aussi menaçantes ! Eh bien ! Louis, au contraire, écouta sa conscience et non pas la peur : il continua de résister ; et si quelque chose pouvait justifier son refus aux yeux de ceux qui ont été les plus disposés à lui en faire un crime, j'ose dire que c'est la persévérance de ce refus même.

Ne croyez pas, d'ailleurs, que cette opinion de Louis sur le décret des prêtres fût une opinion isolée, et qu'aucun ministre de son conseil ne la partageât avec lui : le ministre Mourgues lui écrivait dans la même journée du 20 juin, que ce décret n'était ni suivant ses principes ni suivant son cœur.

On a opposé aussi à Louis, à l'occasion des prêtres, un mémoire qu'on lui avait envoyé de Rome, et où il paraît que le Pape réclamait ses droits sur Avignon, et ceux du Saint-Siége.

Mais, comment Louis aurait-il pu empêcher le Pape de lui envoyer un mémoire ; et où peut être de sa part le délit pour l'avoir reçu ?

On lui a opposé également une lettre qu'il écrivait, en 1791, à l'évêque de Clermont, et où il s'annonçait à lui comme disposé à rétablir le culte catholique quand il le pourrait.

Mais, ce serait là une opinion purement religieuse, et, par conséquent, une opinion libre ; cette liberté est écrite dans la constitution : la constitution civile du clergé, au contraire, n'y est pas ; elle en a été retirée, ou plutôt elle n'en a jamais fait partie, et Louis écrivait avant l'époque où il a accepté la constitution.

Louis a pu d'ailleurs accepter la constitution sans la croire exempte d'erreurs ; il l'a même dit quand il l'accepta. Il a pu espérer des réformes légales ; mais il y a loin d'espérer des réformes légales à l'intention de détruire ou de renverser.

On a reproché à Louis d'avoir continué de solder sa garde, dont l'Assemblée avait ordonné le licenciement.

Citoyens, ici se présentent plusieurs réponses.

D'abord, on ne peut pas contester que Louis n'eût été le maître de refuser de sanctionner le décret qui avait prononcé que sa garde serait licenciée, puisque cette garde il la tenait de la constitution elle-même, et qu'on ne pouvait la lui ôter que de son aveu; cependant, l'Assemblée nationale lui a demandé ce licenciement, il l'a ordonné.

Mais, comme le décret de licenciement accordait à Louis la faculté de recréer cette même garde, et de la recomposer en partie des mêmes sujets, il fallait bien que, jusqu'à ce que cette recomposition pût s'effectuer, Louis leur continuât à tous la solde qu'il leur donnait.

C'était un acte d'humanité, tout à la fois, et de justice.

Louis le devait d'abord à l'égard de ceux qui devaient et pouvaient rentrer.

Il le devait ensuite à l'égard des autres, puisque ces autres gardes n'etaient pas jugés.

Il ne l'a pas fait d'ailleurs clandestinement; il l'a fait par une ordonnance qui a été publique.

On a dit que parmi ces gardes il y en avait de connus par leur incivisme.

Mais, premièrement, on n'avait rien articulé, à cet égard, d'individuel et de positif.

Secondement, on ne pouvait pas les croire coupables tant qu'ils n'étaient pas jugés.

Troisièmement enfin, ceux qui auraient été convaincus d'incivisme aux yeux de Louis, ne seraient pas rentrés dans la recomposition qui aurait été faite; mais jusque-là il y aurait eu de la barbarie à Louis de leur refuser des secours dont la nécessité pour eux était si pressante.

On a reproché aussi à Louis d'en avoir donné aux émigrés, des secours.

On lui a reproché des intelligences avec ses frères.

On lui a reproché d'avoir cherché à favoriser, par le moyen de ses ambassadeurs, la coalition des puissances étrangères contre la France.

On lui a reproché enfin son influence à la cour de Vienne.

Législateurs, je réunis tous ces faits, parce qu'ils rentrent tous dans le même chef d'accusation; et je vais répondre.

D'abord, je dois observer que dans tous les actes publics du gouvernement, Louis n'a cessé de témoigner la plus forte opposition à l'émigration, et qu'il l'a toujours combattue, non-seulement par toutes ses proclamations nationales, mais par toutes ses relations avec l'étranger.

J'invoque, à cet égard, les registres des affaires étrangères et ceux du conseil; le temps nous a manqué à nous-mêmes pour les dépouiller, mais ils doivent en renfermer une multitude d'exemples.

Je puis toujours en citer un fait qui est bien remarquable, et dont les affaires étrangères ont fourni la preuve.

Au mois de novembre 1791, les émigrés avaient voulu faire acheter des canons et d'autres munitions de guerre que les habitants de Francfort avaient refusés.

Louis en est informé par son résident.

Sur-le-champ il fait écrire à ce résident, par son ministre, pour lui donner ordre de remercier de sa part le magistrat de Francfort de la sage conduite qu'il avait tenue en cette occasion, et l'inviter à redoubler de précautions et de vigilance pour empêcher que les émigrés ne parvinssent à se procurer, à Francfort, et les armes, et les munitions qu'ils y avaient fait demander.

Voilà pour les actes publics.

Maintenant, y a-t-il eu des actes privés ?

On parle de secours d'argent.

Citoyens, il n'y a pas eu un seul émigré, un seul véritable émigré, à qui Louis ait donné des secours pécuniaires.

Il a fourni à l'entretien de ses neveux depuis que leur père n'était plus en état d'y fournir lui-même.

Mais, qui est-ce qui aurait le courage de lui en faire un crime ?

D'abord, l'un de ses neveux n'avait que onze ans, et l'autre quatorze, lorsque leur père est sorti de France ; et peut-on considérer comme des émigrés, des enfants de cet âge qui suivent leur père?

En second lieu, point de loi encore à cette époque qui eût fixé l'âge relatif à l'émigration : la Convention elle-même vient d'en faire une ; mais cette loi, que la Convention vient de faire, n'existait pas.

En troisième lieu, depuis le décret qui avait déclaré les biens des émigrés acquis à la nation, et qui avait par conséquent enveloppé tous ceux de leur père, les neveux de Louis étaient sans ressource et c'étaient ses neveux.

Lui était-il donc défendu de sentir la nature et d'obéir à ses mouvements ; et parce qu'il était roi fallait-il qu'il cessât d'être parent, ou même d'être homme ?

Il a fait quelques dons particuliers à la gouvernante de ses enfants ; mais c'était la gouvernante de ses enfants, et qui était sortie de France dès 1789.

Il en a fait à un des menins qui avaient élevé sa jeunesse, Choiseul-Beaupré ; mais Choiseul était retiré en Italie depuis le commencement de la révolution, et n'a jamais porté les armes contre la France.

Il en a fait à Rochefort qu'on cite dans l'acte d'accusation ; mais Rochefort n'est pas émigré.

Il a fait passer une somme d'argent à Bouillé ; mais c'était pour le voyage de Montmédy.

On lui reproche un don fait à Hamilton ; mais il lui devait, par justice, de le dédommager des pertes qu'il avait faites dans ce même voyage de Montmédy, et que, par sa situation, il lui était impossible de supporter.

On dit que Bouillé a remis à Monsieur, par ordre de Louis, une somme de six cent mille livres, qu'il tenait de lui.

Citoyens, le croiriez-vous ? c'est une phrase purement amphibologique, qui a donné lieu à cette imputation.

Le compte envoyé par Bouillé porte : remis à Monsieur, frère du roi, par son ordre.

Cet ordre est évidemment celui de Monsieur qui, en effet, donnait des ordres dans l'étranger, et même des brevets sous le nom du roi, et non pas sous celui de Louis ; et la méprise n'est venue que de cette qualité de frère du roi, qu'on ajoute au nom de Monsieur : mais la vérité est, et, si on nous avait donné communication des pièces qui ont dû accompagner le compte qu'avait envoyé Bouillé, et dans lesquelles devait nécessairement se trouver l'ordre de Monsieur, on en aurait eu la preuve authentique : la vérité est, dis-je, et Louis l'affirme, que jamais il n'a fait passer à Monsieur aucun secours pécuniaire.

Tout ce qu'il a fait, a été de payer une ancienne dette de son autre frère, de 400,000 livres ; mais cette dette, Louis l'avait cautionnée, et sans doute on ne sera pas étonné qu'il n'ait pas violé son engagement.

Le cautionnement de la librairie en 1789, dont on n'a pas craint de lui faire un crime, car on lui a disputé jusqu'aux mouvements les plus innocents, était aussi un acte de bienfaisance, et qui avait pour objet de favoriser et de soutenir ce commerce.

Ainsi, toutes ces libéralités qu'on lui reproche honorent son cœur, et aucune ne peut faire suspecter ses principes.

On lui reproche d'avoir influé à la cour de Vienne ; et pour le prouver, on cite une lettre de Dumoutier à Monsieur, où Dumoutier paraît lui présenter Breteuil comme ayant quelque influence à la cour de Vienne, et où il suppose, en même temps, que Breteuil pouvait connaître la volonté du roi.

Mais, d'abord, ce n'est qu'une lettre de Dumoutier ; et Dumoutier était bien l'agent des princes auprès des puissances étrangères, mais n'était pas celui de Louis. Son opinion ne peut donc être ici d'aucun poids.

En second lieu, cette opinion même n'est pas la preuve de l'existence du fait dont Dumoutier parle, c'est-à-dire, que Breteuil connût en effet la volonté du roi.

Et enfin, quand on irait même jusqu'à regarder l'allégation de Dumoutier comme une preuve de ce fait étrange, où est la preuve, qu'il faudrait bien nécessairement rapporter aussi, que cette volonté du roi, qu'on n'explique pas, fût une volonté de nature à être accusée ?

On cite également une lettre de Toulongeon, écrite au moment où il se disposait à faire un voyage à Vienne, et où on a prétendu qu'il disait que le roi avait daigné lui faire mander qu'il approuvait sa conduite.

Je pourrais remarquer d'abord que cette lettre de Toulongeon paraît infiniment suspecte; car on y parle d'un Valery, neveu de Toulongeon, lieutenant-colonel : et on assure que Valery n'est que cousin de Toulongeon et non pas son neveu, et qu'il n'est pas non plus lieutenant-colonel.

Or, Toulongeon se serait-il trompé ainsi lui-même sur sa famille ?

Mais, j'admets l'allégation de la lettre telle qu'elle est : qu'en résulte-t-il ?

Où est la preuve qu'en effet Louis ait approuvé la conduite de Toulongeon ?

Peut-on l'accuser sur une assertion qui lui est étrangère ?

Et la fausseté de cette assertion ne se fait-elle pas assez apercevoir d'elle-même, lorsqu'on remarque que c'est aux princes, frères de Louis, que Toulongeon écrit que Louis lui a fait mander qu'il approuvait sa conduite, et que sur un fait aussi important, puisqu'il s'agissait des intentions ou de la volonté de Louis, il ne donne à ces princes aucuns renseignements ni aucune preuve ?

A quoi conduisent d'ailleurs toutes ces accusations dont la base se prend dans des lettres ? On va en juger par un exemple particulier.

On a opposé à Louis une lettre de Choiseul-Gouffier, par laquelle il paraît que Choiseul-Gouffier était occupé à cimenter l'alliance de la Turquie avec l'Autriche ; et on a cru que, parce que Choiseul avait été l'ambassadeur de Louis, on pouvait imputer à Louis les projets de Choiseul lui-même.

Mais, je ne veux, pour répondre à cette imputation, que la lettre même de Choiseul.

Cette lettre prouve, en effet, deux choses: la première, que déjà deux mois avant son rappel, Choiseul-Gouffier avait offert ses services aux princes, et n'en avait pas reçu de réponse.

La première phrase commence ainsi :

« Quoique je n'aie point reçu les ordres de Vos Altesses Royales, que j'avais osé solliciter il y a deux mois, j'espère qu'elles auront daigné recevoir avec bonté l'hommage de mon dévouement et de mon inaltérable fidélité. »

Et la seconde, c'est que c'est trois jours après son rappel, et à cause même de son rappel, que Choiseul-Gouffier s'était déterminé à réitérer de nouveau l'offre de ses services aux princes, et à former des projets contre l'ambassadeur national qui avait été nommé pour le remplacer.

La preuve en est dans cette autre phrase :

« J'ai reçu, il y a trois jours, mes lettres de rappel ; elles m'annoncent que je suis remplacé par M. de Semonville : ainsi, les projets de cet ambassadeur national ne sont pas douteux.... et

Vos Altesses Royales sont trop éclairées pour ne pas apercevoir les funestes inconvénients de la négociation dont il s'est chargé. »

Ainsi, c'était Choiseul qui écrivait, qui agissait, qui, rappelé par Louis, offrait ses services aux princes ; qui s'efforçait de conserver sa place malgré son rappel : et c'est Louis qu'on accuse !

Enfin, on a opposé à Louis un billet sans date, qu'on dit écrit de la main de Monsieur au nom des deux frères, et qu'on assure avoir trouvé parmi ses papiers.

Louis a déclaré qu'il ne pouvait ni avouer, ni contester l'authenticité de ce billet.

Mais, premièrement, ce billet est un acte de ses frères et non pas de lui.

Secondement, ce billet même prouve évidemment que Louis n'était pas en relation avec eux ; car il ne suppose ni nouvelles reçues avant, ni réponse qu'on attende après.

Troisièmement enfin, la dernière phrase en reporte clairement la date à l'époque de la suspension de Louis en 1791 ; et, comme on voit, cette date suffirait pour empêcher qu'on ne pût en tirer aucune induction.

Je ne m'arrête pas, au reste, sur cette imputation de commerce considérable qu'on a pas craint de faire à Louis, et dont on a prétendu que les papiers de Septeuil fournissaient la preuve.

Vous lui avez vous-mêmes rendu justice ; vous n'en avez pas fait un chef de votre acte, vous n'en avez fait qu'une question ; mais quand vous avez fait cette question à Louis, il a dû vous en manifester son étonnement.

La circonstance qui a servi de base à cette imputation révoltante est en effet extrêmement simple.

Louis avait, comme tous les rois ses prédécesseurs, une somme particulière qu'il destinait à des actes de bienfaisance.

En 1790, il la confia à Septeuil, avant même qu'il fût trésorier de la liste civile.

Septeuil, qui ne voulait pas être soupçonné d'en avoir profité personnellement, la plaça d'abord, pendant quelque temps, en effets sur Paris, et ensuite en lettres de change sur Paris et sur l'étranger.

Dans l'intervalle, il en rendait compte à Louis, ou payait les sommes pour lesquelles Louis donnait sur lui des mandats.

Voilà les faits : Louis affirme qu'ils sont exacts, et il n'y a dans les papiers de Septeuil aucune pièce qui les démente.

Tout ce que présentent ces papiers, c'est une spéculation qu'il paraît que Septeuil, qui avait des fonds considérables en propriété, avait faite au mois de mars dernier, pour son propre compte, en marchandises achetées et revendues chez l'étranger.

Mais Septeuil qui, dans une déclaration qu'il a rendue publique, explique cette spéculation, avoue lui-même que non-seulement elle ne regardait que lui, mais qu'il existait un registre particulier tenu pour les fonds de Louis, qu'on a dû trouver aussi parmi ses papiers, mais dont on ne nous a pas donné communication, et qui indique l'usage de ces fonds mêmes.

Je ne m'arrêterai pas non plus sur ces prétendues compagnies de contre-révolutionnaires qu'on suppose que Louis entretenait dans Paris, et qui étaient, dit-on, destinées à opérer des mouvements capables de servir ses vues.

Jamais Louis n'est descendu dans de pareils détails.

Jamais, comme il vous l'a déclaré lui-même, il n'a eu des vues contre-révolutionnaires.

Les ministres ont pu vouloir connaître l'état de Paris.

Ils ont pu y avoir des observateurs.

Ils ont pu désirer que ces observateurs leur rendissent compte des opinions et des mouvements.

Ils ont pu salarier certains journaux utiles ; mais c'étaient les ministres, et non pas Louis ; et, d'ailleurs, les ministres eux-mêmes n'ont jamais pu avoir, dans ces soins qu'ils auront cru devoir se donner, que des vues constitutionnelles.

Je viens au reproche de subornation de plusieurs membres de l'Assemblée législative.

On a accusé Louis d'avoir voulu faire passer, par des voies corruptrices, des décrets relatifs à la liquidation des charges de sa maison et des pensions de la liste civile.

Législateurs, j'oserai vous dire que vous-mêmes ne l'avez pas cru.

Vous n'avez pas cru qu'il y eût un seul membre de l'Assemblée législative qui eût été capable de se vendre à la corruption, ni que Louis eût été lui-même capable de l'exercer.

Et quel eût donc été ici l'intérêt de Louis?

La liquidation des charges de sa maison avait été évaluée dans l'Assemblée constituante, par Montesquiou, à trente millions.

Elle avait été évaluée par Cambon, dans l'Assemblée législative, à la même somme.

L'administrateur de la liste civile les portait également, de son côté, à trente millions. Mais il avait un autre plan : il voulait que les officiers de la maison du roi qui seraient conservés, versassent dix millions dans le trésor national, par forme de cautionnement, dont les intérêts seraient payés par la liste civile, et que la liquidation fût réduite à vingt.

Ce plan avait été également adopté par le commissaire-liquidateur.

On se proposait aussi de le faire agréer par l'Assemblée nationale.

Mais qu'offrait-il donc de si utile, pour qu'on dût recourir à la corruption pour en obtenir le succès?

Il réduisait de dix millions la liquidation des charges de la maison de Louis.

Il soulageait de dix millions la caisse nationale.

Il chargeait la liste civile des intérêts de cette somme.

Où était donc l'avantage qu'on y trouvait pour les finances de Louis ?

On parle d'une somme de cinquante mille livres, que demandait, dit-on, le commissaire-liquidateur ; mais cette somme ne lui était pas destinée à lui-même, elle devait payer les frais de bureaux qu'exigeait une liquidation si considérable.

A l'égard de la liquidation des pensions, il paraît que le projet de décret était de diviser ces pensions en trois classes.

Les pensions pour service dans la maison militaire, on les soumettait à la liquidation.

On soumettait également à la liquidation toutes les pensions accordées par les rois prédécesseurs de Louis, pour servir dans sa maison domestique.

Et quant à celles accordées par Louis lui-même, pour sa maison domestique, ou par la reine, on en renvoyait les titulaires à se pourvoir sur la liste civile.

C'est pour ce projet de décret qui débarrassait, dit-on, la liste civile d'un grand nombre de pensions qui la regardaient, qu'on suppose qu'il y a eu en effet de la corruption exercée ; et pour prouver cette corruption, on cite une lettre de l'administrateur de la liste civile, écrite, dit-on, aussi à Septeuil, et où il lui disait que ce décret coûterait quinze cent mille livres, et qu'il lui fallait cette somme pour le lendemain.

Je pourrais demander, d'abord, si cette lettre est sincère, si elle a été véritablement écrite par l'administrateur de la liste civile, et si en effet c'est lui qui l'a adressée à Septeuil.

Je pourrais demander si, aujourd'hui que cet administrateur n'existe plus, on peut argumenter d'une lettre dont il n'a pas reconnu l'authenticité avant de mourir ; si on peut interpréter contre sa mémoire le sens d'une phrase qu'il expliquerait peut-être lui-même s'il vivait encore ; si enfin c'est une preuve qu'il y ait eu véritablement quelque corruption exercée.

Je pourrais demander.... mais, pourquoi des considérations de ce genre, lorsque je puis répondre avec un seul mot ?

Le fait est, qu'il résulte des pièces mêmes qui ont été communiquées à Louis, que c'est lui seul qui a empêché que ce projet de décret ne fût soumis à l'Assemblée nationale et examiné.

Croit-on maintenant que si ce fut lui qui se fût permis des manœuvres coupables pour le faire rendre, ce fut lui aussi qui eût empêché qu'il ne fût rendu ?

Et quel eût donc été le motif qui eût pu le déterminer à solliciter, par des intrigues, un pareil décret ?

Je ne parle pas de son caractère, qui répugne à toute mesure lâche.

Je ne parle pas des membres de l'Assemblée, qui étaient bien incapables de s'y prêter.

Je parle de son intérêt : où était-il?

Si, en effet, il avait voulu se débarrasser des pensions qu'on rejetait sur la liste civile, qui l'en empêchait? il pouvait refuser de les payer.

Et croit-on que Louis n'eût pas mieux aimé cette mesure-là que l'autre? Croit-on qu'il n'eût pas préféré d'user d'un acte de sa volonté, plutôt que de recourir à un moyen qui eût été de nature à le compromettre?

L'homme capable d'exercer une corruption criminelle et qui peut lui nuire, n'est-il pas encore bien plus capable d'un refus injuste, mais qui n'est pas dangereux pour lui?

En un mot, je conçois la corruption qui tourne au profit de l'intérêt personnel, malheureusement le cœur humain en fournit la preuve, mais une corruption qui nous laisse toute la bassesse dont elle nous souille, et dont l'avantage est tout entier pour autrui, j'avoue qu'il m'est impossible d'en avoir l'idée.

On a fait aussi à Louis une autre imputation, qui, dans le premier moment où elle fut connue, dut exciter une grande fermentation dans le peuple, et dut lui paraître bien grave.

On l'a accusé d'avoir continué de payer toujours ses gardes du corps à Coblentz.

En examinant cette imputation, législateurs, je ne dois pas balancer à vous déclarer qu'elle m'avait fait à moi-même l'impression la plus douloureuse; j'avais osé, avant d'être le défenseur de Louis, suspecter sa bonne foi; j'avais osé élever des doutes sur ses intentions; les preuves me paraissaient si fortes, les pièces si claires, les résultats qu'on en tirait si évidents, qu'il m'était impossible de concilier l'opinion que j'aurais voulu pouvoir me donner, avec celle que je me trouvais obligé de prendre : eh bien! je m'accuse de mon erreur : la défense de Louis m'a éclairé; et je viens ici, aux yeux de la France, lui faire la réparation solennelle que je lui dois.

Un mot seul, mais décisif, va éclaircir cette imputation.

Aucun de vous n'a sûrement oublié que toutes les pièces qu'on a imprimées, la lettre de Poix à Louis, le mémoire qu'il lui avait adressé, la lettre de Coblentz, les états nominatifs des gardes du corps; que toutes ces pièces, dis-je, se reportent au mois d'octobre 1791, et la lettre de Coblentz même porte cette date.

Eh bien! voici ce qu'écrivait, le 24 novembre suivant, l'administrateur de la liste civile au trésorier de cette même liste :

« L'intention du roi, monsieur, est de continuer aux officiers et gardes des quatre compagnies de ses gardes du corps, leur traitement actuel, jusqu'à ce que Sa Majesté ait prononcé définitivement sur leur sort ultérieur; mais Sa Majesté entend que le montant de ces traitements ne soit plus délivré en masse à l'état-major; et que désormais chaque individu, officier ou garde, soit payé à la caisse de la liste civile, sur sa quittance ou procuration, accompagnées d'un certificat de résidence dans le royaume. Sa Majesté m'a chargé aussi de vous transmettre ses ordres, pour qu'il en soit usé de même à l'égard des officiers et autres employés du ci-devant régiment des gardes-françaises, auquel elle continue un traitement.

« Je vous préviens, au surplus, que Sa Majesté a ordonné de cesser, à compter du premier juillet dernier, le payement de toutes dépenses quelconques, relatives aux compagnies des gardes du corps, autres que celles des traitements réservés, et de la subsistance des chevaux. »

Je n'ai pas besoin, législateurs, de m'arrêter sur un pareil texte.

Vous voyez qu'il fait disparaître jusqu'à la trace de cette imputation, dont Louis a été la victime si malheureuse.

Cependant, que de réflexions cruelles cette circonstance fait naître!

Toutes les pièces qui forment la base de l'imputation ont reçu la plus grande publicité: on a dénoncé Louis pour ce fait à la France entière; on l'a dénoncé à l'Europe : et la pièce qui suffisait seule pour le justifier, demeure ignorée!

Il y a plus, les papiers de l'administrateur de la liste civile ont été saisis ; l'original de l'ordre que Louis lui avait donné, et qu'il transmettait lui-même à Septeuil, devait être dans ces papiers: c'était son titre et sa garantie; il n'avait pas pu s'empêcher de le conserver; et cependant, par la plus étrange fatalité, on trouve tout dans ces papiers, excepté cet ordre.

Heureusement pour Louis qu'il rappelle lui-même la date ; qu'il se rappelle la lettre qu'il avait chargé l'administrateur de la liste civile d'écrire à Septeuil; qu'il fait chercher cette lettre dans ses bureaux, qu'il s'en est fait délivrer une expédition authentique, et qu'il peut la produire aujourd'hui aux yeux de l'Europe.

Jugez maintenant, citoyens, par le caractère de cette imputation, de toutes les autres.

Jugez quel avantage aurait eu Louis si on n'avait pas saisi ou enlevé ses papiers dans l'invasion de son domicile; s'il avait pu assister lui-même à leur examen ; s'il eût pu réclamer les pièces qui devaient nécessairement se trouver parmi celles qu'on lui a opposées; s'il eût pu opposer, surtout, toutes celles sur lesquelles sa mémoire ne lui fournit plus de renseignements !

Jugez avec quelle force il eût répondu à tous les reproches que vous lui avez faits, puisqu'il y a répondu même sans ces pièces! Que d'éclaircissements satisfaisants il vous eût donnés ! de quelle lumière il eût éclairé toutes ces accusations ténébreuses, qui n'ont pu recevoir quelque consistance que des ombres mêmes dont on avait su les couvrir!

Jugez enfin combien nous devons avoir de regrets, nous défenseurs, de nous voir privés d'un secours qui nous eût fourni des ressources de conviction si puissantes; jugez des espérances qu'il nous eût été permis de concevoir, par les moyens de notre dénûment même; jugez de ce qu'a dû coûter à notre cœur, dans une cause aussi mémorable, le défaut de temps, de communications, de recherches, l'impuissance de nos efforts, l'excès même de notre zèle, et combien il est déchirant pour nous de nous trouver forcés de répondre, en quelque sorte à l'Europe, de la destinée de Louis, et de sentir que la grandeur seule de cette imposante fonction était précisément l'obstacle même qui empêchait le plus de la bien remplir!

Je vous retrace notre douleur, citoyens: et c'est en me livrant devant vous à ce profond sentiment que j'éprouve, que j'arrive enfin à cette désastreuse journée du 10 août, qui serait en effet, comme on l'a dit, de la part de Louis, le plus grand des crimes, s'il était vrai qu'il eût eu, à cette épouvantable époque, les intentions atroces qu'on lui a supposées.

Représentants du peuple, je vous supplie, de ne pas considérer, dans ce moment, les défenseurs de Louis comme des défenseurs. Nous avons notre conscience à nous; nous aussi, nous faisons partie du peuple; nous sentons tout ce qu'il sent; nous éprouvons tout ce qu'il éprouve; nous voulons tout ce qu'il veut; nous sommes citoyens, nous sommes Français; nous avons pleuré avec le peuple, et nous pleurons encore comme lui sur tout le sang qui a coulé dans la journée du 10 août; et si nous avions cru Louis coupable des inconcevables événements qui l'ont fait répandre, vous ne nous verriez pas aujourd'hui avec lui à votre barre, lui prêter, oserai-je le dire? lui prêter l'appui de notre courageuse véracité.

Mais Louis est accusé; il est accusé du plus affreux des délits; il lui importe de s'en justifier à vos yeux, à ceux de la France, à ceux de l'Europe: il faut donc l'entendre; il faut déposer toutes les opinions déjà faites, toutes les préventions, toutes les haines; il faut l'entendre comme si vous étiez étrangers à cette scène de désolation qu'il faut bien que je retrace au moins en tableau: vous le devez, puisque vous êtes créés ses juges. Législateurs, tous vos succès, depuis cette journée, que vous avez appelée vous-mêmes immortelle, vous auraient permis d'être généreux: je ne vous demande que d'être justes.

Vous vous rappelez la journée du 20 juin, le refus de Louis de céder au vœu de la multitude qui avait pénétré armée dans son château, sa persévérance dans ce refus. Cette persévérance aigrit encore cette multitude déjà animée. On s'empare de son ressentiment, on le fortifie, on le nourrit, on lui inspire des préventions nouvelles, on sème des bruits de complots: on suppose un parti formé pour enlever la personne de Louis et la transporter hors de la capitale; on prête à ce parti de vastes ressources; on parle de préparatifs, de dépôts d'armes, d'habillements militaires: des dénonciations sont faites à la municipalité, elles s'y multiplient; la fermentation ne fait que s'accroître, le mois de juillet se passe ainsi dans les agitations et dans les orages.

Cependant, Louis s'occupe de les calmer. Il avait cru d'abord, par sagesse, devoir laisser tomber ces bruits de préparatifs et de dépôts d'armes. La consistance qu'ils acquièrent lui apprend enfin qu'il serait dangereux de les dédaigner. Il sent le besoin de rassurer le peuple sur des inquiétudes même chimériques: il s'offre donc lui-même aux recherches. Il écrit, le 26 juillet, au maire de Paris; il lui demande de venir faire la visite de son château; il donne des ordres pour que les portes soient ouvertes au maire: le maire répond qu'il chargera des officiers municipaux de cette visite. La visite ne se fait pas. Louis écrit à l'Assemblée nationale; il lui fait part de ses inquiétudes; il lui rend compte de sa lettre au maire, et de sa réponse: l'Assemblée ne prononce rien.

Dans cet intervalle, l'effervescence s'accroît par les précautions mêmes que Louis avait prises pour l'arrêter; les mêmes bruits se renouvellent; les dénonciations à la municipalité recommencent; le bouillonnement des esprits augmente; on ne parle plus que de la déchéance de Louis; on la demande, on la provoque: les commissaires des sections s'assemblent; une adresse est présentée à l'Assemblée nationale, le 3 août, par ces commissaires, le maire à la tête, pour demander aux représentants de la nation d'accorder la déchéance de Louis aux vœux du peuple; bientôt on la sollicite plus ouvertement; on veut, ou l'obtenir, ou l'arracher; on fixe le jour où on déclare qu'il faut qu'elle soit prononcée; on annonce que, si elle n'est pas prononcée dans la séance du 9 au 10, le tocsin sonnera le 10 à minuit, que la générale sera battue, et que l'insurrection du peuple aura lieu.

Dès les premiers jours d'août, Louis avait bien senti que sa position devenait plus critique; il voyait le mouvement des esprits; on lui rendait compte, tous les jours, des opinions de la capitale. On l'informait du progrès des agitations: il craignit quelque erreur de la multitude; il craignit pour la violation de son domicile; il commença à prendre quelques précautions défensives; il s'entoura de la garde nationale; il plaça des Suisses dans son château; il entretint une correspondance encore plus active avec les autorités populaires; enfin, il ne négligea aucune des mesures de prudence que les événements et l'espèce de danger qu'il croyait courir pouvaient lui inspirer.

Le 9 août arrive: on excite alors dans l'esprit de Louis des alarmes plus vives encore. On lui parle de rassemblements; on lui annonce des préparatifs; on lui fait craindre pour la nuit même. Louis alors redouble de précautions: le nombre des gardes nationales qui devaient veiller sur le château est augmenté;

les Suisses sont mis sur pied ; les autorités constituées sont appelées. Louis fait venir autour de lui le département ; il fait venir les officiers municipaux ; il s'environne ainsi des secours et de la présence de tous les magistrats qui pouvaient avoir le plus d'ascendant ou de puissance sur l'esprit du peuple. Ces magistrats requièrent, au nom de la loi, les gardes nationales et les Suisses de ne pas laisser forcer le château ; ils donnent les ordres que la circonstance rendait nécessaires : le maire lui-même visite les postes.

Bientôt, en effet, le tocsin sonne, la générale bat, le peuple accourt. Quelques heures se passent dans une agitation sans effet : vers le matin, la marche du peuple commence ; il se porte vers les Tuileries ; il s'y porte armé, des canons le suivent ; les canons sont braqués vers les portes du château : le peuple est là !

Le procureur général syndic du département de Paris alors s'avance : des officiers municipaux l'accompagnent ; ils parlent à la multitude ; ils lui représentent que, rassemblée en si grand nombre, elle ne peut présenter de pétition ni à Louis ni à l'Assemblée nationale ; ils l'invitent à nommer vingt pétitionnaires. Cette invitation n'a aucune suite.

Pendant ce temps-là, le rassemblement augmente : une foule immense se rend sur la place du Carrousel. Le mouvement devient plus fort ; le danger croît. Les magistrats du peuple avertis se reproduisent devant les troupes. Le procureur général syndic leur lit l'article V de la loi du 3 octobre ; il les exhorte à défendre le domicile de Louis, dont l'autorité était constituée. Il leur donne, sans doute à regret, l'ordre de repousser la force par la force ; mais il le donne. Les canonniers, pour toute réponse, déchargent leurs canons devant lui.

Le procureur général syndic rentre sur-le-champ dans le château ; il avertit Louis de la présence du danger ; il le prévient qu'il n'a pas de secours à attendre. Louis, qui déjà avait envoyé depuis quelques heures ses ministres à l'Assemblée nationale pour solliciter le secours d'une députation, lui fait part de nouveau de la situation dans laquelle il se trouve : l'Assemblée nationale ne prononce rien.

Le procureur général syndic, ainsi que deux autres membres du département, invitent alors Louis à se rendre lui-même au sein de l'Assemblée nationale ; ils l'engagent à s'y rendre avec sa famille, ils lui en font sentir la nécessité : Louis s'y rend.

Une heure après, nos malheurs commencent.

Citoyens, voilà les faits.

Les voilà tels qu'ils sont connus, constatés dans tous les écrits publics, recueillis dans les procès-verbaux de l'Assemblée nationale, en un mot, consignés partout.

Je n'y ai rien ajouté de moi-même ; je n'ai fait qu'obéir au devoir de ma défense, en vous rappelant ces tristes détails ; et vous voyez, par la rapidité même avec laquelle je les parcours, combien il m'en coûte de les retracer.

Mais, enfin, voilà les faits!

Maintenant, hommes justes, oubliez, s'il est possible, les affreux résultats de cette sanglante journée; n'en cherchez avec moi que les causes, et dites-moi où est donc le délit que vous imputez à Louis?

Ce délit ne peut être que dans ce qui a suivi la retraite de Louis à l'Assemblée nationale, ou dans ce qui l'a précédée.

Or, je dis d'abord que le délit ne peut pas être dans ce qui a suivi la retraite de Louis à l'Assemblée nationale; car, depuis l'époque de cette retraite, Louis n'a rien vu, rien dit, rien fait, rien ordonné, et il n'est sorti de l'asile qu'il avait choisi volontairement que pour entrer dans la prison où il est détenu depuis le moment même qu'il l'a quitté.

Comment le combat s'est-il engagé? Je l'ignore; l'histoire même l'ignorera peut-être : mais Louis, au moins, n'en peut pas répondre.

Le délit est-il dans ce qui a précédé la retraite de Louis à l'Assemblée nationale?

Mais, alors, quelles sont les circonstances que vous accusez?

Vous avez parlé d'intentions hostiles de la part de Louis.

Mais, où est la preuve de ces intentions? quels sont les faits que vous citez? quels sont les actes?

On dit vaguement qu'il avait été formé un complot pour enlever la personne de Louis, et la transporter hors de la capitale.

Mais où est ce complot? où en est la trace? où en est la preuve?

Vous avez parlé de préparatifs.

Je vois bien, en effet, de la part de Louis, des préparatifs de défense; mais où sont les préparatifs d'attaque? Qu'a fait Louis pour être convaincu d'agression? Où est son premier mouvement? où est son premier acte?

Vous lui reprochez d'avoir eu encore des Gardes-Suisses à cette époque.

Citoyens, je lis dans le procès-verbal de l'Assemblée nationale, du 4 août, qu'un membre avait proposé de décréter, qu'en donnant aux Suisses tous les témoignages possibles de satisfaction et de reconnaissanee, le roi ne pourrait plus avoir de régiment suisse pour sa garde.

J'y lis que plusieurs membres insistent pour que l'Assemblée, en déterminant les récompenses pour les Suisses, déclare qu'ils ont bien mérité de la patrie, et décrète que ceux qui resteront à Paris ne pourront faire le service de la garde du roi que sur la réquisition des autorités constituées.

Aucune de ces propositions ne fut décrétée.

Louis restait donc dans les termes du décret du 13 septembre de l'Assemblée constituante, qui avait ordonné que, jusqu'à ce que les capitulations fussent renouvelées, les Suisses conserveraient leur destination et leur mode de service.

Louis pouvait donc avoir des Suisses.

On lui reproche d'avoir passé, le matin, les troupes en revue.

Mais, reprochez donc aussi au maire d'avoir visité lui-même les postes.

Louis était une autorité constituée et avait le droit de défendre son domicile ; il devait compte de sa sûreté à la loi : comment donc peut-on lui reprocher d'avoir pris les précautions nécessaires pour la garantir?

On est allé jusqu'à lui faire un crime d'avoir placé des troupes dans son château.

Mais fallait-il donc qu'il se laissât forcer par la multitude? Fallait-il qu'il obéît à la violence? et le pouvoir qu'il tenait de la constitution n'était-il pas dans ses mains un dépôt auquel la loi elle-même lui défendait de souffrir qu'on portât atteinte?

Citoyens, si, dans ce moment, l'on vous disait qu'une multitude abusée et armée marche vers vous; que, sans respect pour votre caractère sacré de législateurs, elle veut vous arracher de ce sanctuaire, que feriez-vous?...

On a imputé à Louis des desseins d'agression funestes.

Citoyens, il ne faut qu'un mot pour le justifier :

Celui-là est-il un agresseur, qui, forcé de lutter contre la multitude, est le premier à s'environner des autorités populaires, appelle le département, réclame la municipalité, et va jusqu'à demander même l'Assemblée, dont la présence eût peut-être prévenu les désastres qui sont arrivés ?

Veut-on le malheur du peuple, quand, pour résister à ses mouvements, on ne lui oppose que ses propres défenseurs?

Mais, que parlé-je ici d'agression? pourquoi laisser si longtemps sur la tête de Louis le poids de cette accusation terrible?

Je sais qu'on a dit que Louis avait excité lui-même l'insurrection du peuple, pour remplir les vues qu'on lui prête ou qu'on lui suppose.

Et qui donc ignore aujourd'hui que, longtemps avant la journée du 10 août, on préparait cette journée, qu'on la méditait, qu'on la nourrissait en silence, qu'on avait cru sentir la nécessité d'une insurrection contre Louis; que cette insurrection avait ses agents, ses moteurs, son cabinet, son directoire?

Qui est-ce qui ignore qu'il a été combiné des plans, formé des lignes, signé des traités?

Qui est-ce qui ignore que tout a été conduit, arrangé, exécuté pour l'accomplissement du grand dessein qui devait amener pour la France les destinées dont elle jouit?

Ce ne sont pas, législateurs, des faits qu'on puisse désavouer : ils sont publics; ils ont retenti dans la France entière; ils se sont passés au milieu de vous : dans cette salle même où je parle, on s'est disputé la gloire de la journée du 10 août. Je ne viens point contester cette gloire à ceux qui se la sont décernée; je n'attaque point les motifs de l'insurrection, je n'attaque point ses effets; je dis seulement que puisque l'insurrection a existé, et bien antérieurement au 10 d'août, qu'elle est certaine, qu'elle est avouée, il est impossible que Louis soit l'agresseur.

Vous l'accusez pourtant.

Vous lui reprochez le sang répandu.

Vous voulez que ce sang crie vengeance contre lui!...

Contre lui qui, à cette époque-là même, n'était venu se confier à l'Assemblée nationale que pour empêcher qu'il en fût versé!

Contre lui qui de sa vie n'a donné un ordre sanguinaire!

Contre lui qui, le 6 octobre, empêcha à Versailles ses propres gardes de se défendre!

Contre lui qui, à Varennes, a préféré revenir captif plutôt que de s'exposer à occasionner la mort d'un seul homme!

Contre lui qui, le 20 juin, refusa tous les secours qui lui étaient offerts, et voulut rester seul au milieu du peuple!

Vous lui imputez le sang répandu.... Ah! il gémit autant que vous sur la fatale catastrophe qui l'a fait répandre : c'est là sa plus profonde blessure : c'est son plus affreux désespoir; il sait bien qu'il n'en est pas l'auteur, mais qu'il en a été peut-être la triste occasion : il ne s'en consolera jamais.

Et c'est lui que vous accusez!

Français, qu'est donc devenu ce caractère national, ce caractère qui distinguait vos anciennes mœurs, ce caractère de grandeur et de loyauté?

Mettriez-vous votre puissance à combler l'infortune d'un homme qui a eu le courage de se confier aux représentants de la nation elle-même?

N'auriez-vous donc plus de respect pour les droits sacrés de l'asile? ne croiriez-vous devoir aucune pitié à l'excès du malheur? et ne regarderiez-vous pas un roi, qui cesse de l'être, comme une victime assez éclatante du sort, pour qu'il dût vous paraître impossible d'ajouter encore à la misère de sa destinée?

Français, la révolution qui vous régénère a développé en vous de grandes vertus; mais craignez qu'elle n'ait affaibli dans vos âmes le sentiment de l'humanité, sans lequel il ne peut y en avoir que de fausses.

Entendez d'avance l'Histoire qui dira à la Renommée :

Louis était monté sur le trône à vingt ans, et à vingt ans il donna sur le trône l'exemple des mœurs; il n'y porta aucune faiblesse coupable, ni aucune passion corruptrice; il y fut économe, juste, sévère; il s'y montra toujours l'ami constant du peuple. Le peuple désirait la destruction d'un impôt désastreux qui pesait sur lui; il le détruisit : le peuple demandait l'abolition de la servitude; il commença par l'abolir lui-même dans ses domaines : le peuple sollicitait des réformes dans la législation criminelle pour l'adoucissement du sort des accusés; il fit ces réformes : le peuple voulait que des milliers de Français que la rigueur de nos usages avait privés jusqu'alors des droits qui appartiennent aux citoyens, acquissent ces droits ou les recouvrassent; il les en fit jouir par ses lois : le peuple voulut la liberté, il la lui donna : il vint même au-devant de lui par ses sacrifices; et, cependant, c'est au nom de ce même peuple qu'on demande aujourd'hui.... Citoyens, je n'achève pas.... Je m'arrête devant l'histoire : songez qu'elle jugera votre jugement, et que le sien sera celui des siècles!

LOUIS CAPET : Citoyens, on vient de vous exposer mes moyens de défense; je ne résumerai point ce qu'on vous a dit. En parlant peut-être pour la dernière fois devant vous, je déclare que je n'ai rien à me reprocher et que mes défenseurs ont dit la vérité. Jamais je n'ai craint que ma conduite fût examinée publiquement; mais mon cœur est déchiré de trouver dans l'acte d'accusation le reproche d'avoir voulu faire répandre le sang du peuple. J'avoue que les preuves multipliées de mon amour pour le peuple m'avaient paru me mettre à l'abri de ce reproche, moi qui me serais exposé pour épargner son sang, et éloigner à jamais de moi une pareille inculpation.

LE PRÉSIDENT, *à Louis*. La Convention nationale a décrété que cette note vous serait représentée. (Un secrétaire présente à Louis l'inscription présumée écrite de sa main sur l'enveloppe des clefs trouvées chez Thierry.) Connaissez-vous cette note?

LOUIS : Pas du tout.

LE PRÉSIDENT : La Convention a décrété aussi que les clefs vous seraient représentées. Les reconnaissez-vous?

LOUIS : Je me ressouviens d'avoir remis des clefs aux Feuillants, à Thierry, parce que tout était sorti de chez moi, et que je n'en avais plus besoin.

LE PRÉSIDENT : Reconnaissez-vous celle-ci?

LOUIS : Depuis le temps, je ne puis les reconnaître.... Je ne reconnais pas les notes.... Je me souviens d'en avoir vu plusieurs.

LE PRÉSIDENT : Vous n'avez pas autre chose à ajouter pour votre défense?

LOUIS : Non.

Louis sort de la barre avec ses défenseurs. Il est conduit dans la salle des conférences pour y attendre la décision de l'Assemblée.

THURIOT : Je demande que le mémoire de Desèze soit signé.

Manuel : Je demande que la défense de Louis soit déposée sur le bureau, qu'elle soit, comme les pièces de l'accusation, imprimée, envoyée aux départements, distribuée en vingt-quatre heures aux membres de l'Assemblée, et que l'affaire soit reprise trois jours après sa distribution.

Séance du jeudi 27 décembre.

Présidence de Barrère.

Le Président : L'ordre du jour appelle la discussion sur la défense de Louis XVI. La parole est à Saint-Just.

Saint-Just : Citoyens, quand le peuple était opprimé, ses défenseurs étaient proscrits. Les rois persécutaient les peuples dans les ténèbres. Nous, nous jugeons les rois à la lumière. Il faut encore qu'un peuple généreux qui brisa ses fers se justifie de son courage et de sa vertu. O vous, qui paraissez des ennemis de l'anarchie, vous ne ferez pas dire que vous gardez votre rigueur pour le peuple et votre sensibilité pour les rois!

Vous vous êtes érigés en tribunal judiciaire, et en permettant qu'on portât outrage à la majesté du souverain, vous avez laissé changer l'état de la question. Louis est accusateur, et le peuple est accusé. Le piége eût été moins délicat, si l'on eût décliné votre juridiction. Mais la résistance ouverte n'est point le caractère de Louis. Il a toujours affecté de marcher avec tous les partis, comme il paraît aujourd'hui marcher avec ses juges mêmes. Je ne pense pas qu'on veuille vous persuader que c'est le dessein de rendre la liberté au peuple qui fit en 89 convoquer les États-Généraux. La volonté d'abaisser les parlements, le besoin de pressurer de nouveau le peuple, voilà ce qui nécessita cette convocation. Après que l'Assemblée nationale eut porté ses premiers coups, le roi rassembla toutes ses forces pour l'attaquer elle-même. On se souvient avec quel artifice il repoussa les lois qui détruisaient le régime ecclésiastique et le régime féodal. Vous savez avec quelle finesse les moyens de corruption étaient combinés; on n'a point trouvé parmi ses papiers de projets pour bien gouverner; mais on en a trouvé pour séduire le peuple : on créait des séditions, afin de l'armer contre les lois, et de le tuer ensuite par elles. Quel est donc ce gouvernement libre où, par la nature des lois, le crime est inviolable? La puissance exécutrice n'agissait que pour conspirer.

Défenseurs du roi, que nous demandez-vous? Si le roi est innocent, le peuple est coupable.

On a parlé d'un appel au peuple. N'est-ce pas rappeler la monarchie; il n'y a pas loin de la grâce du tyran à la grâce de la tyrannie. Si le tyran en appelle au peuple qui l'accuse, il fait ce que fit Charles Ier dans le temps d'une monarchie en vigueur. Ce n'est pas vous qui accusez, qui jugez Louis. C'est le peuple qui l'accuse et le juge par vous. Vous avez proclamé la loi martiale contre les tyrans du monde, et vous épargneriez le vôtre! Ne fera-t-on jamais de loi que contre les opprimés?

Je demande que chacun des membres monte à la tribune et prononce : Louis est ou n'est pas innocent. (On applaudit.)

Le Président : Je rappelle aux citoyens que c'est ici une sorte de solennité funèbre; les applaudissements et les murmures sont défendus.

Barbaroux : Nous portons tous dans nos cœurs la haine de la royauté; mais lorsque nous allons juger celui qui s'appelait le roi des Français, n'oublions pas que nous jugeons un homme. Ici nous ne sommes pas les frères, les amis des malheureux citoyens assassinés sur la place du Carrousel; nous sommes les organes de la justice éternelle; les nations qui nous contemplent nous jugeront aussi, et l'histoire écrira toutes nos opinions.

Les défenseurs de Louis Capet ont surtout argumenté de l'inviolabilité que la constitution accordait au roi; ils ont aussi contesté les crimes qui lui sont imputés dans l'acte énonciatif. Je pense que leurs arguments n'ont pas détruit cette vérité, que l'inviolabilité n'était applicable qu'aux actes de la royauté, et non aux attentats de la tyrannie.

L'inviolabilité constitutionnelle ne pouvait s'appliquer qu'aux actes de la royauté; elle n'abrogeait pour le roi ni les lois naturelles, qui lient également tous les hommes, ni les lois civiles, qui sont des conditions consenties par la majorité et imposées à tous les membres de l'association. Loin donc que les défenseurs du roi puissent argumenter de ce que la constitution n'a pas exprimé les limites qu'elle donnait à l'inviolabilité royale, il est incontestable néanmoins que le silence de la constitution laisse subsister dans toute sa force la loi naturelle et la loi civile. Si l'on avait eu le pouvoir d'y déroger, si l'on avait ainsi voulu, il eût fallu que la dérogation fût expresse. La constitution aurait dû prononcer qu'elle reconnaissait dans le roi un être supérieur à l'espèce humaine, et par conséquent injugeable par les lois des hommes, dans les actes mêmes où, s'écartant des limites de la royauté, il aurait agi comme individu. Tant d'absurdités n'entrent pas dans l'idée d'un être raisonnable, et je ne crois pas qu'il soit un seul homme sur la terre qui, examinant de bonne foi cette question, ne reconnaisse que l'inviolabilité d'un roi ne peut s'appliquer qu'aux actes de la royauté.

On lit dans la constitution, au chapitre même de la royauté, qu'il n'y a point en France d'autorité supérieure à celle de la loi; d'où il est facile de conclure que la loi qui défend le meurtre, les conspirations contre l'État, doit frapper le roi comme tout autre citoyen. On y lit encore que la souveraineté de la nation est inaliénable; et certes elle eût été aliénée, si l'un de ses agents pouvait lui contester le droit d'examiner sa conduite. Non, le système de l'inviolabilité ne peut être soutenu par le tyran lui-même.

Si nous remontons maintenant à l'institution de l'inviolabilité, nous trouvons qu'elle fut établie pour préserver le roi des atteintes usurpatrices du Corps législatif et des passions des individus; mais comme l'impeccabilité d'un roi était pour ceux mêmes qui créèrent cette étrange fiction une erreur contre laquelle l'histoire de tous les peuples et l'éducation de tous les rois déposaient fortement; comme ils reconnaissaient qu'un roi pouvait devenir un tyran et opprimer la liberté de son pays, ils imaginèrent de placer à côté du roi constitutionnel de France des agents responsables, sans le concours desquels il ne pouvait agir, et qui devaient payer de leurs têtes ses attentats s'ils concouraient à les faire exécuter. Ce système de gouvernement, quelque bizarre qu'il fût, présentait au moins cet avantage que le roi, s'il avait religieusement observé les formes constitutionnelles auxquelles il s'était soumis, aurait été dans l'impuissance de faire le mal, ou ne l'aurait jamais fait que de concours avec un de ses agents qui en aurait supporté la peine. Or, comme on ne pouvait pas supposer qu'un ministre exposât légèrement sa tête, on espérait diminuer par les précautions la masse des attentats inséparables de la royauté; du moins on supportait plus patiemment l'idée du malheur public, par l'espérance de la punition qui devait frapper le ministre responsable.

Qu'est-il arrivé? Louis XVI s'est soustrait à ces formes embarrassantes, et seul il a marché directement au crime.

Demandez-lui quel était son agent responsable lorsqu'il soulevait les puissances de l'Europe, et les appelait à envahir notre territoire pour y rétablir le despotisme et les brigandages?

Demandez-lui quel était son agent responsable lorsqu'il organisait la guerre civile dans l'intérieur de l'empire, lorsqu'il encourageait les rebelles d'Arles, protégeait les conspirateurs de Jalès, soulevait l'aristocratie d'Avignon et du Comtat, fomentait partout les troubles religieux, et commandait la trahison dans nos armées et dans nos places frontières?

Enfin, demandez-lui (car je veux détourner vos yeux de cette longue suite de crimes) quel était son agent responsable lorsqu'il annonçait à l'évêque de Clermont qu'il travaillait à rétablir son ancienne puissance; ce qui, très-certainement, est un aveu de la conspiration écrite de sa propre main. Ah! qu'il est loin de pouvoir vous répondre! Louis XVI eut constamment deux ministères : l'un était chargé de l'exécution des ordres ostensibles; l'autre donnait et faisait exécuter ses ordres secrets. On en a trouvé la preuve dans le portefeuille de Bertrand et dans une des lettres de Bouillé, qui fait mention d'un sieur Heymann, envoyé en Prusse pour le service du roi, et payé par le roi : or, le dernier ministère n'étant pas avoué, n'était pas responsable. C'était une réunion de conspirateurs, dont le roi était le chef; la loi, si elle les eût atteints, n'aurait pu les frapper que comme ennemis de l'État, et non comme ministres; il est donc vrai que Louis Capet, dans les principaux actes qui ont compromis notre liberté, n'a pas eu d'agent responsable; or, dès qu'un crime est commis, il faut que la loi frappe. Il n'y a pas en France d'autorité supérieure à celle de la loi; si donc elle ne trouve pas les agents qui devaient garantir les actions du roi, parce qu'elles ont été faites sans leur concours, elle doit frapper le roi. Car Louis XVI est nécessairement accusable pour tous les actes dont on ne peut charger ses agents.

Ainsi je trouve, dans l'institution même de l'inviolabilité, la preuve que Louis Capet n'est pas inviolable pour les actes dont il s'agit.

Le défenseur de Louis nous a fait envisager comme le plus grand des crimes de la part de Louis le cas où il serait allé se placer à la tête d'une armée ennemie. Je nie formellement ce principe : le plus grand des crimes, à mes yeux, est de trahir sourdement la chose publique ; c'est d'avoir l'air d'être le défenseur de la patrie, pendant qu'on la livre aux ennemis du dehors ; c'est d'avoir l'air de vouloir la liberté tandis que l'on protége ses destructeurs ; c'est de se disposer en apparence à repousser les hostilités des barbares, et de tout arranger pour qu'ils triomphent ; c'est de paraître s'opposer aux conjurés, et de leur laisser tous les moyens de succès.

On vous a parlé de l'appel au peuple, et l'on vient d'employer des raisonnements fort étendus pour le justifier ; je ne puis refuser justice aux bonnes intentions et aux talents de celui qui les a développés, mais je n'en soutiens pas moins que c'est une erreur ; je vais plus loin encore, et je dis que c'est le piége le plus grossier, dans lequel voudraient vous faire tomber les ennemis de la liberté, les fanatiques et les traîtres, afin d'éterniser cette affaire et d'exciter ensuite partout le trouble et les divisions. L'on sent qu'une pareille mesure mènerait directement à la guerre civile, et c'est ce que veulent ceux qui n'ont pu réussir dans leurs autres moyens, et ce qu'opérerait inévitablement cette marche injuste autant qu'impolitique. Le peuple vous a donné tout pouvoir, il vous a chargés de faire tout ce qui est utile à son salut et à sa liberté : il importe au salut du peuple que le tyran soit promptement jugé ; il importe que vous sauviez le peuple lui-même du précipice où voudraient le jeter ses perfides ennemis, qui sont encore en grand nombre autour de vous, qui fourmillent dans Paris, et qui se trouvent même répandus en tant de lieux, dans la république. (Des applaudissements partent de l'une des extrémités de la salle ; ils sont aussitôt suivis de ceux des tribunes.)

Séance du vendredi 28 décembre.

Présidence de Treilhard.

Lequinio : Vous n'avez pas reçu de pouvoir, dit-on, pour juger le roi. Vous êtes donc bien coupables d'avoir aboli la royauté ! Quoi ! vous avez pu renverser le trône, et vous ne pouvez pas juger le tyran ! Quel étrange abus de la raison ! Vous avez prononcé la peine de mort contre quiconque proposerait le rétablissement de la royauté ; vous ne pourriez pas juger celui qui a prétendu remonter au despotisme sur des monceaux de cadavres et sur les ruines de la liberté !

Osez : faites le bien de la république, et punissez le tyran. — Je conclus à ce que l'on aille aux voix par appel nominal sur ces deux questions : 1° Louis est-il convaincu d'attentat contre la souveraineté nationale? 2° S'il en est convaincu, quelle peine a-t-il méritée?

BUZOT : Je crois Louis XVI coupable d'avoir conspiré contre la nation; j'ai voulu me défendre d'un jugement précipité sur cette grande question ; j'ai médité dans le silence ce que j'ai vu et ce que j'ai entendu ; j'ai formé mon opinion d'après les lumières de ma raison et la voix de ma conscience, et ma concience ne me laisse ni remords ni repentir...

Suivez Louis du moment où la nécessité le força de convoquer les États-Généraux en 1789, jusqu'à ce jour où la force du peuple détruisit la tyrannie. De cette première époque au 10 août, sa conduite fut toujours la même; toujours dans ses discours même affectation de principes démentis par sa conduite ; toujours les mêmes efforts pour enchaîner la volonté nationale; toujours cette éternelle conjuration contre l'intérêt de tous pour l'intérêt de sa personne. Voilà le tissu de quatre années dont le tableau doit faire à jamais détester la royauté. Ennemi déclaré de sa patrie, qu'il épuisa, qu'il voulut continuer d'opprimer, sur qui il voulut attirer le fléau de la guerre, tel a été Louis XVI.

Jamais je n'ai pu voir en lui l'inviolable favori de la constitution. Auteur des maux de la France, il mérite la mort, dès que cette peine existe encore dans le Code pénal.

MAXIMILIEN ROBESPIERRE : Par quelle fatalité la question qui devrait réunir le plus facilement tous les suffrages et tous les intérêts des représentants du peuple, ne paraît-elle que le signal des dissensions et des tempêtes? Je ne répéterai point qu'il est des formes sacrées qui ne sont point celles du barreau, qu'il est des principes indestructibles, supérieurs aux rubriques consacrées par l'habitude et par les préjugés ; que le véritable jugement d'un roi, c'est le mouvement spontané et universel d'un peuple fatigué de la tyrannie, qui brise le sceptre dans les mains du tyran qui l'opprime : c'est le plus sûr, le plus équitable de tous les jugements. Inexorable, quand il s'agit de calculer d'une manière abstraite le degré de sévérité que la justice des lois doit déployer contre les ennemis de l'humanité, j'ai senti chanceler dans mon cœur la vertu républicaine en présence du coupable humilié devant la puissance souveraine. La haine des tyrans et l'amour de l'humanité ont une racine commune dans le cœur de l'homme juste qui aime son pays; mais la dernière preuve de dévouement que les représentants du peuple doivent à la patrie, c'est d'immoler ces premiers mouvements de la sensibilité naturelle au salut d'un grand peuple et de l'humanité opprimée. C'est à l'intérêt suprême du salut public que je vous rappelle.

Quel est le motif qui vous force à vous occuper de Louis? Ce n'est pas le désir d'une vengeance indigne de la nation; c'est la nécessité de cimenter la liberté et la tranquillité publique par la punition d'un tyran. Tout mode de le juger, tout système de lenteur qui compromet la tranquillité publique, contrarie directement votre but; et il vaudrait mieux que vous eussiez absolument oublié le soin de le punir, que de faire de son procès un aliment de troubles et un commencement de guerre civile. Chaque instant de retard amène pour nous un nouveau danger; tous les délais réveillent les espérances coupables, encouragent l'audace des ennemis de la liberté. Ils nourrissent au sein de cette assemblée la sombre défiance, les soupçons cruels.

Fondateurs de la république, selon ces principes, vous pouviez juger, il y a longtemps, en votre âme et conscience, le tyran du peuple français. Quel était le motif d'un nouveau délai? Vouliez-vous acquérir de nouvelles preuves écrites contre l'accusé? vouliez-vous faire entendre des témoins? Cette idée n'est encore entrée dans la tête d'aucun de nous. Doutez-vous du crime? Non, vous auriez douté de la légitimité et de la nécessité de l'insurrection, vous douteriez de ce que la nation croit fermement étranger à notre révolution; et loin de punir le tyran, c'est à la nation elle-même que vous auriez fait le procès.

Plus vous vous laisserez engager dans ce système, plus vous perdrez de votre énergie et de votre sagesse, plus la volonté des représentants du peuple, égarée, même à leur insu peut-être, s'éloignera de la volonté générale qui doit être leur suprême régulatrice. Il faut le dire : tel est le cours naturel des choses, telle est la pente malheureuse du cœur humain. En voici un exemple frappant : quand Louis, au retour de Varennes, fut soumis au jugement des premiers représentants du peuple, un cri général d'indignation s'élevait contre lui dans l'Assemblée constituante; il n'y avait qu'une voix pour le condamner. Peu de temps après toutes les idées changèrent : les sophismes et les intrigues prévalurent sur la liberté et la justice ; c'était un crime de réclamer contre lui la sévérité des lois à la tribune de l'Assemblée nationale ; et ceux qui vous demandent aujourd'hui pour la seconde fois la punition de ses attentats, furent alors persécutés, proscrits, calomniés dans toute l'étendue de la France, précisément parce qu'ils étaient restés, en trop petit nombre, fidèles à la cause publique et aux principes sévères de la liberté ; Louis seul était sacré ; les représentants du peuple qui l'accusaient n'étaient que des factieux, des désorganisateurs, et, qui pis est, des républicains. Que dis-je ! le sang des meilleurs citoyens, le sang des femmes et des enfants coula pour lui sur l'autel de la patrie. Nous sommes des hommes aussi, sachons mettre à profit l'expérience de nos devanciers. Je n'ai pas cru à la nécessité de juger sans désemparer ; il était une raison très-morale, cependant, qui pouvait justifier cette mesure en elle-même. C'est de soustraire les juges à toute influence étrangère ; c'est de garantir leur impartialité et leur incorruptibilité, en les renfermant seuls avec leur conscience et les preuves, jusqu'au moment où ils auront prononcé leur sentence. Tel est le motif de la loi anglaise, qui soumet les jurés à la gêne qu'on voulait vous imposer ; telle était la loi adoptée chez plusieurs peuples célèbres par leur sagesse. Une pareille conduite ne vous eût pas déshonorés plus qu'elle ne déshonore l'Angleterre et les autres nations qui ont adopté les mêmes maximes ; mais moi je la jugeais, je la juge encore superflue.... La gloire de la Convention nationale consiste à déployer un grand caractère, et à immoler les préjugés serviles aux grands principes de la raison et de la philosophie. Je vois sa dignité s'éclipser à mesure que nous oublions cette énergie des maximes républicaines, pour nous égarer dans un dédale de chicanes inutiles et ridicules, et que nos orateurs à cette tribune font faire à la nation un nouveau cours de monarchie.

Votre rigueur sera la mesure aussi de l'audace ou de la souplesse des despotes étrangers avec vous ; elle sera le gage de notre servitude ou de notre liberté. La victoire décidera si vous êtes des rebelles ou les bienfaiteurs de l'humanité ; et c'est la grandeur de votre caractère qui décidera de la victoire.... Je vois le moyen le plus sûr de rallier tous les royalistes. Pourquoi ne viendraient-ils plus défendre leur chef, puisque la loi appellera elle-même tous les citoyens pour venir discuter cette grande question avec une entière liberté? Or, qui est plus disert, plus adroit, plus fécond en ressources, que les intrigants, que les honnêtes gens, c'est-à-dire que les fripons de l'ancien et même du nouveau régime? Avec quel art ils déclameront d'abord contre le roi, pour conclure ensuite en sa faveur! avec quelle éloquence ils proclameront la souveraineté du peuple, les droits de l'humanité, pour ramener le despotisme! Quelle idée, grand Dieu, de vouloir faire juger la cause d'un homme, que dis-je! la moitié de sa cause, par un tribunal composé de quarante-quatre mille tribunaux particuliers! Si l'on voulait persuader au monde qu'un roi est un être au-dessus de l'humanité, si l'on voulait rendre incurable la maladie honteuse du royalisme, quel moyen plus ingénieux pourrait-on imaginer que de convoquer une nation de vingt-cinq millions d'hommes pour le juger? Pas même pour le juger!

Pour vous déterminer à accueillir cet étrange système, on vous a fait un dilemme assez étrange, selon moi : ou bien le peuple veut la mort du tyran, ou il ne la veut pas. S'il la veut, quel inconvénient de recourir à lui? S'il ne la veut pas, de quel droit pouvez-vous l'ordonner? Voici ma réponse. D'abord je ne doute pas, moi, que le peuple la veuille; si vous entendez par ce mot la majorité de la nation, sans en exclure la portion la plus nombreuse, la plus infortunée et la plus pure de la société, celle sur qui pèsent tous les crimes de l'égoïsme et de la tyrannie : cette majorité a exprimé son vœu au moment où elle secoua le joug de votre ci-devant roi; elle a commencé, elle a soutenu la révolution; elle a des mœurs, cette majorité; elle a du courage; mais elle n'a ni finesse, ni éloquence; elle foudroie les tyrans, mais elle est souvent la dupe des fripons. Cette majorité ne doit point être fatiguée par des assemblées continuelles, où une minorité intrigante domine trop souvent; elle ne peut être dans vos assemblées politiques, quand elle est dans ses ateliers; elle ne peut juger Louis XVI, quand elle nourrit, à la sueur de son front, les robustes citoyens qu'elle donne à la patrie. (Quelques applaudissements partent des tribunes. — On remarque qu'un seul signe du président les fait aussitôt cesser.) Je me fie à la volonté générale, surtout dans les moments où elle est éveillée par l'intérêt du salut public; je redoute l'intrigue, surtout dans les troubles qu'elle amène et au milieu des piéges qu'elle a longtemps préparés; je redoute l'intrigue, quand les aristocrates, encouragés, relèvent une tête altière; quand les émigrés reviennent, au mépris des lois; quand l'opinion publique est travaillée par les libelles, dont la France est inondée par un parti tout-puissant, qui ne disent jamais un mot de république; qui n'éclairent jamais les esprits sur le procès de Louis le dernier; qui ne propagent que les opinions favorables à sa cause; qui calomnient tous ceux qui poursuivent sa condamnation avec le plus de zèle.

Je ne vois donc dans votre système que le projet de détruire l'ouvrage du peuple, et de rallier les ennemis qu'il a vaincus. Si vous avez un respect si scrupuleux pour sa volonté souveraine, sachez la respecter; remplissez la mission qu'il vous a confiée. C'est se jouer de la majesté du souverain que de lui renvoyer une affaire qu'il vous a chargés de terminer promptement. Si le peuple avait le temps de s'assembler pour juger des procès ou décider des questions d'État, vous aurait-il confié le soin de ses intérêts?

J'ai prouvé que la proposition de soumettre aux assemblées primaires l'affaire de Louis Capet tendait à la guerre civile. S'il ne m'est pas donné de contribuer à sauver mon pays, je prends acte au moins dans ce moment des efforts que j'ai faits pour prévenir les calamités qui le menacent.

Je demande que la Convention nationale déclare Louis coupable et digne de mort.

PROST : Un roi dont la tête tombe sur un échafaud, quel spectacle! quelle chute! quelle leçon! Eh bien! vous la devez, cette leçon terrible, aux peuples : vous la devez aux milliers de victimes du despotisme entassées dans les tombeaux; vous la devez à vos contemporains; vous la devez aux races futures.

La mort de Charles fut inutile à l'Angleterre, parce que la noblesse lui survécut, et que partout où cette plante vénéneuse existe, on doit s'attendre à voir reparaître bientôt la plante parasite de la royauté.

Séance du lundi 31 décembre.

Présidence de Treilhard.

VERGNIAUD : Qu'est-ce que la souveraineté du peuple, dont on parle sans cesse, à laquelle j'aime à penser que l'on ne veut pas rendre un hommage dérisoire, à laquelle je suis sûr du moins que la Convention nationale rendra un hommage sincère?

C'est le pouvoir de faire les lois, les règlements, en un mot tous les actes qui intéressent la félicité du corps social. Le peuple exerce ce pouvoir ou par lui-même ou par des représentants. Dans ce dernier cas, et c'est le nôtre, les décisions des représentants du peuple sont exécutées comme loi; mais pourquoi? Parce qu'elles sont présumées être l'expression de la volonté générale. De cette présomption seule dérive leur force; de cette présomption dérive le caractère qui les fait respecter.

D'où il résulte que le peuple conserve comme un droit inhérent à sa souveraineté celui d'approuver ou d'improuver; d'où il résulte que si la volonté présumée ne se trouve pas conforme à la volonté générale, le peuple conserve comme un droit inhérent à sa souveraineté celui de manifester son vœu, et qu'à l'instant où cette manifestation a lieu doit disparaître la volonté présumée, c'est-à-dire la décision de la représentation nationale. Enlever au peuple ce droit, ce pouvoir, ce serait le dépouiller de la souveraineté, la transférer par une usurpation criminelle sur la tête des représentants qu'il aurait choisis, ce serait transformer ses représentants en rois ou en tyrans.

Je n'entends point dégrader ma raison en me rendant l'apologiste du dogme absurde de l'inviolabilité. L'inviolabilité, telle qu'il faudrait la supposer pour assurer l'impunité à Louis; l'inviolabilité pleine et entière, qui couvrirait tous les crimes des rois, serait une soustraction de l'individu appelé roi à la souveraineté nationale, et de la part du peuple une renonciation à la souveraineté en faveur du même individu. Or cette soustraction, cette renonciation réprouvées par la nature, ne sauraient être légitimées par aucun décret, par aucune loi. Ce principe, longtemps étouffé sous la masse de nos préjugés, est aujourd'hui universellement reconnu; et le contester, ce serait nier l'existence de la lumière.

Séance du jeudi 3 janvier 1793.

Présidence de Treilhard.

PÉTION : S'il est une discussion qui doive consoler les amis de la liberté, qui donne un grand caractère à la représentation nationale, c'est celle qui nous occupe en cet instant.

L'Assemblée, dans cette circonstance mémorable, a conservé ce calme imposant et repris cette dignité qui lui appartient, qu'elle ne doit jamais perdre, qui imprimera du respect à ses délibérations, en l'environnant de la considération publique.

Louis, je n'examinerai pas si tu es coupable, ce n'est plus un problème à résoudre; les faits se présent autour de toi pour t'accabler. Depuis l'ouverture des Etats-Généraux jusqu'à celle de la Convention, ta vie n'est qu'un long outrage à la liberté; toujours parjure, toujours conspirateur, ton acceptation simulée des lois de ton pays n'est qu'un délit à ajouter à tes délits. La lâcheté et la perfidie ont sans cesse accompagné tes actions; c'est toujours au moment d'une trahison que tu as offert les apparences les plus fortes de la bonne foi, que tu as protesté de ton dévouement à la chose publique; tu as conjuré de mille manières la guerre civile : refus des lois les plus salutaires, choix des hommes les plus corrompus, force d'inertie pour entraver toutes les opérations; protection ouverte accordée aux contre-révolutionnaires; or répandu pour détruire le crédit et ruiner la fortune publique. Tu as appelé la guerre étrangère dans nos murs : nos villes, nos campagnes ont été livrées au pillage; des milliers de Français ont été massacrés.

Le juré répond avec sa conscience. Je dis donc dans la mienne que Louis est coupable. Il est donc évident que ce n'est point un jugement ordinaire que nous avons à porter; la marche que nous avons suivie le prouve : la Convention ne connaîtrait pas des délits de tout autre citoyen. Comme les peuples ont perdu l'usage de juger les rois, il a bien fallu nous faire des règles à nous-mêmes. Si nos formes ont quelque chose de mixte, si elles sont tout à la fois judiciaires et politiques, il n'y a rien là d'étonnant; c'est que le roi, par la constitution, est un être à part; il renferme en lui, s'il est possible de s'exprimer ainsi, deux personnes, l'individu homme et l'individu roi. C'est cette bizarrerie qui a donné, et qui a dû donner aux formes suivies par la Convention, ce mélange de caractères différents; elle n'aurait pu ni expliquer la loi honteuse et tyrannique de l'inviolabilité, ni se déterminer par des considérations politiques et des raisons d'Etat.

La prison ou la mort, c'est entre ces deux peines qu'il faut choisir.

La détention a ses dangers; le plus grand de tous, c'est que cette peine n'est pas juste, et qu'elle n'est pas proportionnée au délit. Celui qui a voulu assassiner tout un peuple, celui qui a voulu assassiner la liberté, celui qui a fait périr des milliers d'hommes, est plus criminel sans doute que celui qui a arraché la vie à un individu. Si ce dernier tombe sous le glaive de la loi, comment soustraire le premier à sa vengeance? La justice et la morale se soulèvent à cette pensée.

Louis, au milieu de nous, pourrait devenir un foyer perpétuel de divisions et de discordes, le centre de tous les complots, de toutes les espérances criminelles, et l'arme la plus terrible entre les mains des factieux.

La mort a aussi ses dangers. Je ne dirai pas que la société n'a pas le droit d'arracher la vie à un individu, que cette peine est aussi inutile que barbare: elle existe encore dans notre code, et jusqu'à ce que la raison et l'humanité l'aient effacée, j'obéis en gémissant à cette loi indigne d'un peuple libre.

Pendant neuf jours, du 4 au 13 janvier, la Convention nationale suspendit toute discussion sur le jugement de Louis XVI. Dans la séance du lundi 14 janvier, après avoir examiné divers projets de décrets concernant les questions relatives au jugement du roi et notamment la proposition de Danton ainsi conçue :

Premier ordre de questions, si c'est une mesure de sûreté générale.

1° L'Assemblée décrétera-t-elle la déportation de Louis Capet?

2° L'exécution de cette mesure sera-t-elle différée jusqu'après la guerre et l'acceptation de la constitution par le peuple?

3° Comme mesure de sûreté générale, la Convention nationale décrétera-t-elle la reclusion perpétuelle de Louis Capet?

4° Ordonnera-t-elle la mort de Louis Capet?

5° La mesure générale adoptée par la Convention sera-t-elle soumise à la sanction du peuple?

Deuxième ordre de questions, si c'est un jugement que la Convention nationale prétend rendre.

1° La Convention veut-elle rapporter le décret qui porte que Louis Capet sera jugé par elle ?

Si ce décret est rapporté,

1° Y a-t-il lieu à accusation contre Louis Capet?

2° Sera-t-il renvoyé par-devant les tribunaux ordinaires?

3° Sera-t-il envoyé devant une haute cour nationale?

Si le décret n'est pas rapporté,

1° La Convention chargera-t-elle le comité de législation de lui faire un rapport en réponse à la défense de Louis?

2° Ira-t-elle à l'appel nominal, ou emploiera-t-elle la forme du scrutin secret?

3° La simple majorité de voix suffira-t-elle, ou les deux tiers de voix seront-elles nécessaires pour prononcer?

4° Louis est-il coupable de haute trahison et de conspiration contre la sûreté intérieure ou extérieure de l'Etat?

5° Après la déclaration que Louis est coupable, la Convention renverra-t-elle la peine aux assemblées primaires, ou la prononcera-t-elle elle-même?

6° Quelle peine prononcera-t elle?

7° La peine prononcée par la Convention nationale sera-t-elle renvoyée aux assemblées primaires?

8° La question sera-t-elle ajournée après la guerre, ou le jugement sera-t-il exécuté sans délai?

La Convention, disons-nous, entendit Boyer-Fonfrède qui s'exprima ainsi :

BOYER-FONFRÈDE : J'observe d'abord, citoyens, qu'argumenter de la possibilité d'un crime, pour motiver son opinion, c'est presque reconnaître la faiblesse de ses moyens; car, en admettant de pareilles suppositions, tout devient proposable; et certes c'est se montrer bien prompt à croire que la grande majorité des habitants de cette ville se laissera dominer par la poignée de scélérats qui s'agitent dans son sein. Rappelez-vous cependant combien cette majorité est enfin lassé de l'anarchie, et veut respecter vos lois. Ne vous l'a-t-elle pas prouvé il y a bien peu de jours? Rejetez donc d'abord toute considération étrangère à la question; je la fixe aux trois points suivants, et j'en détermine ainsi la série :

Première question : Louis est-il coupable?

Seconde question : Votre décision quelconque sera-t-elle soumise à la ratification du peuple?

Troisième question : Quelle peine Louis a-t-il encourue?

Enfin, citoyens, pour prévenir les inquiétudes publiques et particulières, pour faire cesser cette lutte scandaleuse entre toutes les passions, bornez-vous aujourd'hui à arrêter ainsi la série des questions, et renvoyez à demain les appels nominaux; ainsi posées, chacune d'elles ne présage rien pour les autres; les consciences sont parfaitement libres; et ceux qui pensent que les appels nominaux doivent être faits dans la même séance, sont également rassurés.

Les propositions de Boyer-Fonfrède furent adoptées à la fin de la séance, qui fut levée à dix heures du soir.

Séance du mardi 15 janvier.

Présidence de Vergniaud.

BUZOT : Plusieurs membres peuvent se trouver absents précisément au moment où ils seront appelés. Je demande qu'ils soient admis à émettre leur vœu à la fin de l'appel nominal.

Cette proposition est adoptée.

Sur la motion de Saint-André, il est décrété que le nom des membres de la Convention qui ne viendront pas émettre leur opinion sera envoyé aux départements.

On procède à l'appel des voix.

Ce premier appel a donné un résultat presque unanime. Il devenait utile de conserver seulement les noms des membres qui ont motivé leur opinion ou qui l'ont accompagnée de quelques restrictions.

PREMIER APPEL NOMINAL.

Louis Capet, ci-devant roi des Français, est-il coupable de conspiration contre la liberté, et d'attentat contre la sûreté générale de l'Etat? OUI *ou* NON.

Département de la Haute-Garonne. — ROUZET : Mon opinion est indivisible. En conséquence de l'abolition de la royauté et de la déclaration de la république, je suis d'avis de la réclusion, jusqu'à ce que la nation ait prononcé sur le sort de Louis, à moins que les événements, tenant au salut public, n'engagent à prendre à son égard des mesures de sûreté générale avant que la nation ait prononcé.

Département d'Ille-et-Vilaine. — LANJUINAIS : *Oui*, sans être juge.

Département de l'Isère.— BAUDRAN : Je déclare que Louis est convaincu de conspiration contre la liberté et la souveraineté nationale, et que de toute sa conduite il résulte, ou qu'il n'avait pas accepté sincèrement la constitution, ou que depuis il a trahi son serment. En conséquence je vote *oui*.

Département du Loiret. — PELLÉ : *Oui*. Comme juge, *non*.

Département de la Haute-Marne. — WANDELIMONT : Comme législateur, je n'ai pas reçu de mes commettants le droit de prononcer en matière criminelle. La douceur de mœurs dans lesquelles j'ai vécu jusqu'à ce jour ne me permet pas de voter d'une manière ou autre en matière criminelle.

Département de la Meurthe. — LALANDE : Ni *oui*, ni *non*; je ne suis point juge.

L. J. P. ÉGALITÉ : *Oui*. (Un mouvement d'improbation se manifeste dans une partie de la salle.)

OSSELIN : Je réponds *oui*.

Département des Basses-Pyrénées. — CONTE : Je vote *oui*, comme législateur; comme juge, je n'ai rien à dire.

Département des Pyrénées-Orientales. — MONTÉGUT : Je suis convaincu que Louis est coupable ; il a rempli son château d'hommes armés; et, dans sa réponse, il dit qu'il était une autorité constituée, qu'il devait se défendre. Je dis que, quand le peuple s'est levé, ce n'était pas pour assassiner, mais pour redemander ses droits. Cependant Louis a rempli son château de Suisses ou de soi-disant Suisses, de gardes nationales ou soi-disant gardes nationales; il a déchargé ses canons et sa mousqueterie sur les plus purs patriotes; il a versé le sang innocent; il est plus que coupable du crime de lèse-nation ; je vote pour cet objet.

Département de Seine-et-Oise. — DUPUIS : Comme juge, je ne puis voter; comme homme, je suis convaincu ; comme représentant du peuple, également convaincu ; je dis *oui*.

Département de la Seine-Inférieure. — FAVRE : je dis *oui*. — DELAHAYE : Je vote *oui*.

Département du Var. — ANTIBOUL : Je suis convaincu que mes commettants ne m'ont point nommé au tribunal judiciaire, et seulement sous le rapport politique, je vote *oui*.

Département de la Vendée. — GAUDIN : *Oui*; mais non comme juge : si je croyais accomplir une fonction judiciaire, je ne voterais pas. — MORISSON : Je ne veux pas prononcer sur aucune des questions posées; je dirai, si on l'exige, les motifs de mon refus.

Département des Vosges. — NOEL : J'ai l'honneur d'observer que mon fils était grenadier au bataillon des Vosges; il est mort sur les frontières en combattant des ennemis que Louis est accusé d'avoir suscités contre nous. Louis est cause première de la mort de mon fils, la délicatesse me force à ne pas voter.

Département de l'Yonne. — MAURE : En mon âme et conscience, je vote *oui.*

Département des Hautes-Alpes. — CASENEUVE : Comme législateur, *oui;* mais *non*, comme juge.

VALADY : J'ai pensé que Louis n'était pas jugeable, je ne puis voter : je me réserve seulement de prononcer sur la troisième question, mais en homme d'État, et comme sur une mesure de sûreté générale.

Département du Calvados. — FAUCHET : *Oui*, comme citoyen ; *oui*, comme législateur ; comme juge, je n'en ai point la qualité, je ne puis prononcer

DUBOIS-DUBAIS : Le résultat de mes réflexions ne me permet pas d'autre vœu que celui de l'appel au peuple.

LOMONT : Je ne crois pas Louis innocent, je le crois coupable; mais je ne puis prononcer comme juge.

HENRI LARIVIÈRE : Je déclare qu'ayant participé au décret qui porte que Louis sera jugé, mais non à l'amendement qui a décidé qu'il le serait par vous, je ne puis prononcer dans une affaire où je cumulerais tous les pouvoirs. Je déclare ne pouvoir voter que le renvoi au souverain.

DOULCET PONTÉCOULANT : Je pense que, nommé juge par la Convention nationale, et législateur par le peuple, les mesures les plus utiles à prendre sont celles qui peuvent assurer l'établissement de la république et l'abolition de la royauté. Je déclare que je crois Louis coupable de haute trahison, de conspiration et d'attentat contre la liberté française; je vote pour le bannissement à perpétuité de Louis Capet et de sa famille.

TAVEAU : Louis a attiré nos ennemis, ils ont ravagé nos frontières, cinquante mille Français ont perdu la vie, je déclare Louis coupable.

DUMONT : Si je croyais que quelque chose eût pu m'enlever la qualité de législateur, je la réclamerais; mais je ne crois pas devoir en être dépouillé, je vote *oui.*

Département de la Charente-Inférieure. — BERNARD : Quand la loi a parlé, je ne sais que m'y soumettre; elle m'a ordonné de juger Louis, elle m'a ordonné de déclarer si je le crois coupable; sous quelque qualité qu'on me considère, comme je suis certain que jamais on ne m'ôtera celle d'homme de bien, je réponds *oui*.

GARNIER : Je déclare que je ne prononce pas comme juge, mais comme homme d'État; je dis *oui*.

Département de la Corrèze. — LAFONT, *suppléant de* GERMINIAC *mort* : Je ne suis parmi vous que depuis le 9 de ce mois; je n'ai pu assister à la discussion, ni examiner toutes les pièces relatives à l'affaire de Louis Capet. Je déclare ne pouvoir voter.

CHAMBON : Je dis *oui*, mais je n'entends pas me lier de manière que je ne puisse par la suite voter l'appel au peuple.

Département de la Corse. — CHIAPPE : Soit que je regarde Louis comme citoyen, et moi comme juge; soit que je regarde Louis comme roi, et moi comme représentant, je déclare que je le regarde comme coupable.

SALICETTI : Je déclare que c'est comme citoyen, et non comme juge que je prononce sur le sort de Louis; aussi je dis *oui*, sauf à faire connaître en quelle qualité j'appliquerai la peine.

Département de la Côte-d'Or. — RAMEAU : Je distingue deux objets dans Louis XVI : le fonctionnaire public, et Louis Capet. S'il s'agit de prononcer sur Louis, un tribunal doit en connaître; et s'il s'agit d'un fonctionnaire public, je le crois coupable depuis dix mois, et je me réserve de prononcer révolutionnairement sur son sort.

Département de la Creuse. — DEBOURGES : Qu'on définisse en quelle qualité on demande mon vœu, sinon, je ne puis voter.

COULISSON-DUMAS : Je prononce comme homme d'État, et non comme juge, et je vote : *oui*.

BARAILLON : Je n'ai pas été nommé pour voter sur une affaire criminelle, je me récuse.

Département de la Dordogne. — MEYNARD : Je suis de l'avis de l'appel au peuple.

Département de la Drôme. — JULIEN : En vertu du pouvoir indéfini que j'ai reçu de mes commettants, je me crois entièrement compétent pour prononcer souverainement sur le sort de Louis Capet. Mes collègues ayant énoncé leurs opinions comme ils l'ont voulu, je demande à manifester librement la mienne; mon opinion, comme je l'ai dit, et en vertu des pouvoirs que j'ai reçus, je me crois juge très-compétent pour juger définitivement et sans appel; en conséquence, je dis *oui* sur sur cette première question.

Département de l'Eure. — LEMARÉCHAL : Je déclare que je n'entends prononcer qu'une mesure de sûreté générale ; je déclare que Louis est convaincu de haute trahison contre la liberté du peuple. Je déclare en même temps que votre décision doit être soumise à la sanction du peuple.

Même département. — DUBUSC : D'après le décret qui abolit la royauté, d'après celui qui établit la république, je conclus à ce que Louis soit détenu jusqu'après la fin de la guerre. Je n'ai pas d'autre opinion.

Département d'Eure-et-Loir. — GIROUX : Je ne crois prononcer comme juré, ni comme juge ; je n'en ai pas reçu le pouvoir. Je me réserve de prononcer la sûreté générale.

BOURGEOIS : Comme citoyen, je déclare que j'ai toujours cru Louis coupable.

LE PRÉSIDENT : Citoyens, je vais proclamer le résultat de l'appel nominal. J'invite les membres et les citoyens à l'entendre dans le calme qui convient à cette circonstance. Sur 745 membres, il y en a 20 absents par commission, 5 par maladie, un sans motif connu ; 26 ont fait diverses déclarations ; 693 ont voté pour l'affirmative. Ainsi la Convention nationale déclare Louis Capet coupable d'attentats contre la liberté, et de conspiration contre la sûreté générale de l'État.

IIe APPEL NOMINAL.

Le jugement qui sera rendu sur Louis sera-t-il soumis à la ratification du peuple réuni dans ses assemblées primaires? OUI *ou* NON.

Département du Gard. — Bertezel, Aubry, Jac, Balla, Rabaud-Pommier, Chazal : *oui.* — Legris, Henry Voulland : *non.*

Département de la Haute-Garonne. — Perès, Estadens, Ayral, Druthe, Mazade, Rouzet (son opinion indivisible) : *oui.* — Mailhe, Delmas, Projean, Julien, Cales, Desacy : *non.*

Département du Gers. — Gappin, Moysset : *oui.* — Laplaigne, Maribon-Montaut, Barbeau-Dubarran, Laguire, Jehon, Bousquet, Descamps : *non.*

Département de la Gironde. — Vergniaud, Guadet, Gensonné, Grangeneuve : *oui.* — Ducos, Jay, Boyer-Fonfrède, Duplantier, Deleyre : *non.*

Lacaze : Je dis *non.*

Garrau : Je dis *non.*

Département de l'Hérault. — Viennet, Rouyer, Brunel, Castilhon : *oui.* — Fabre, Curée, Bonnier, Cambon : *non.*

Cambacérès : Nous devions aussi renvoyer à la sanction du peuple le décret par lequel nous nous sommes constitués juges de Louis ; nous ne l'avons pas fait, je dis *non.*

Département d'Ille-et-Vilaine. — Obelin : *oui.*

Lanjuinais : Je dis *oui* si vous condamnez Louis à mort : dans le cas contraire, je dis *non*.... J'entends dire que mon suffrage ne sera pas compté : comme je veux qu'il le soit, je dis *oui.*

Fermont : Et moi aussi, j'ai reçu de mes commettants des pouvoirs illimités ; mais je crois devoir les limiter en cette circonstance. Je dis *oui.* — Duval, Chaumont, Lebreton, Dubignon, Baugeard, Maurel : *non.*

Département de l'Indre. — Porcher, Pepin, Boudin, Derazey : *oui.*

Thabaud : Je dis *non.*

Lejeune : Et moi, je me croirais comptable de tout le sang que cette mesure pourrait faire couler : je dis *non.*

Département d'Indre-et-Loire. — Nioche, Jacob Dupont, Potier, Gardien, Ruelle, Champigni, Clément, Isabeau, Bodin : *non.*

Département de l'Isère. — Servonat : *oui.* — Genevoix, Genissieux, Prunelle, Cherrel, Boissieu, Baudran : *non.*

Amar : J'énonce mon opinion, et je la motive. Fidèle à la souveraineté du peuple, je maintiens les principes, et je les maintiendrai de tout mon pouvoir. La souveraineté du peuple consiste à faire des actes généraux ; on ne doit pas confondre les actes délégués avec les actes de législature. Le peuple ne peut être magistrat ; le peuple ne peut remplir aucune des fonctions qu'il a le droit de déléguer. L'Assemblée législative ne crut pas avoir les pouvoirs suffisants que des mesures de sûreté exigeaient. Le décret du 11 août nous a envoyés pour sauver la république, c'est pourquoi je dis *non.*

Réal : On n'a pas voulu que je fusse chargé de la responsabilité ; je l'invoque sur ma tête cette responsabilité, je l'appelle tout entière, et je ne crois pas manquer à mes devoirs. Je suis persuadé que la mort d'un homme de bien n'est jamais perdue pour les vrais républicains. Je me sacrifie donc, s'il le faut, conformément aux principes, et conformément à mes devoirs, pour éviter les brigues et les factions qui vont agiter la république; je vote pour *non*.

Département du Jura. — Vernier, Grenot, Prost, Ammon, Babey, Feroux de Salins, Bonguyode, Denis Vaucher : *oui*.

LAURENCEOT : S'il faut intéresser la nation entière au jugement, quel qu'il soit, de cette affaire, très-certainement la nation soutiendra le jugement que vous allez rendre, je *oui*.

Département des Landes. — Saurin : *oui*. — Dartygoite, Lefranc, Cadroy, Ducos aîné, Dysez : *non*.

Département du Loir-et-Cher. — Chabot, Brisson, Fressine, Leclerc, Venaille, Foussedoire : *non*.

Département de la Haute-Loire. — Bonet fils, Barthelemy : *oui*. — Regnaud, Faure, Delcher, Flageas : *non*.

Département de la Loire-Inférieure. — Lefebvre, Chaillon, Mellinet, Jarry, Coustard : *oui*. — Meaulle, Villers, Fouché : *non*.

Département du Loiret. — Gentil, Garan-Coulon, Lepage, J. B. Louvet : *oui*. — Pellé, Lombard-Lachaux, Guérin, Delagueulle : *non*.

LÉONARD-BOURDON : Louis était dans les fers quand le peuple m'a envoyé avec des pouvoirs illimités. Je ne veux point la guerre civile; je ne crains rien pour moi; je dis *non*.

Département du Lot. — Sallèles, Albouys : *oui*. — Cavaignac, Montmayon, Jean-Bon Saint-André, Cayla, Delbrel, Cledel, Bouguey, Laboissière : *non*.

Département de Lot-et-Garonne. — Boussion, Claverie, Laroche, Laurent, Guyet : *oui*. — Vidalot, Fournel, Noguès, Paganel, *non*.

Département de la Lozère. — Barrot : *oui*. — Chateauneuf-Randon, Monestier, Servière : *non*.

Département de Maine-et-Loire. — Deshouillères : *oui*. — Choudieu, Delaunay (d'Angers), Révellière-Lépaux, Pilastre, Leclerc, Delaunay jeune, Lemaignan, Daudenac aîné, Daudenac jeune, Pérard : *non*.

Département de la Manche. — Gervais Sauvé, Poisson, Letourneur, Ribet, Pinel, Havin, Engerran, Michel Hubert : *oui*.

LAURENCE VILLEDEUIL : Comme le peuple ne sera jamais plus disposé à défendre le jugement porté contre Louis, que quand il aura été prononcé : je dis *oui*.

BONNESOEUR : Dans mon opinion, nous prononçons dans

ette importante question comme législateurs, et non comme ıges; or, encore dans mon opinion, tous nos décrets doivent tre soumis à la sanction expresse ou tacite du peuple souerain, surtout lorsque leur exécution peut produire un effet éfinitif et irrévocable : autrement les mandataires du peuple eraient eux-mêmes des despotes : *oui.* — Lemoine, Bretel, 'arpentier : *non.*

Département de la Marne. — Poulain : *oui.* — Prieur, Thuiot, Ch. Charlier, Deville, Blanc, Batelier : *non.*

ARMONVILLE : Comme un assassin ne doit pas occuper le ouverain, je dis *non.*

DELACROIX DE CONSTANT : Je me regarderais comme lâche i j'hésitais un instant à dire *non.*

Département de la Haute-Marne. — Monnel, Valdruche, Chaudron, Laloi, Guyardin, Roux : *non.*

WADELANCOURT : Je m'en réfère à ma première opinion. Je ne dis *oui* ni *non.*

Département de la Mayenne. — Bissy jeune, Esnue (Joachim), Durocher, Enjubault, Serveau, Villat le jeune : *non.*

Département de la Meurthe. — Zangiacomi fils, Michel, Lalande : *oui.*

SALLES : Comme nous avons limité nos pouvoirs, comme nous ne sommes que mandataires, comme nos décrets doivent être soumis à la sanction du peuple, comme il m'est impossible de méconnaître sa souveraineté, comme nous avons tout à craindre des factieux, comme nous sommes à la veille d'une guerre, je pense que le seul moyen de donner au peuple une attitude vraiment républicaine, c'est de le faire intervenir dans cette cause. Je dis *oui.* — Mallarmé, Bonneval, Levasseur : *non.*

Mollevault : *oui.*

Département de la Meuse. — Moreau, Marquis, Tocquot, Roussel, Bazoche, Humbert : *oui.* — Harmand, Pons : *non.*

Département du Morbihan. — Audrein, Lehardy : *oui.* — Corbel, Gillet, Michel, Rouault, Lequinio, Lemaillaud : *non.*

Département de la Moselle. — Becker, Bar, Blaux, Anthoine, Hentz, Thirion : *non.*

Département de la Nièvre. — Guillerault : *oui.*

JOURDAN : En acceptant ma nomination, je n'ai jamais cru me charger des fonctions de juge; je crois le peuple digne de la liberté, que le renvoi l'éclairera sur ses véritables ennemis, et fera tomber le voile qui couvre ses faux amis; je dis *oui.* — Sautereau, Dameron, Lefiolt, Legendre, Laplanche : *non.*

Département du Nord. — FOCKEDEY : Comme je crois que la majorité de la nation est composée de bons citoyens et non d'intrigants; comme la guerre ne peut avoir lieu qu'entre deux partis qui se choquent, je crois que le recours au souverain est le meilleur parti que vous puissiez prendre, je dis *oui.* — Cochet, Daoust, Boyavald, Senault, Carpentier, Sallengros, Brie, Merlin, Duhem : *non.*

POULTIER : Citoyens, si je voulais ressusciter la royauté, je dirais *oui :* mais je suis républicain, je dis *non.*

Département de l'Oise. — DELAMARRE : Le peuple a seul la souveraineté; il pourra nous contester le droit d'absoudre, il pourra nous contester celui de juger définitivement; je dis *oui.* — Mathieu, Coupé, Calon, Bézard, Isoré, Charles Villette, Portiez, Massieu : *non.*

ANACHARSIS CLOOTS : Je ne reconnais pas d'autre souverain que le genre humain, c'est-à-dire la raison universelle; je dis *non*, et je ne crains pas les amis du tyran.

BOURDON : Il ne s'agit plus que d'appliquer la loi; il est bien ridicule de vouloir reporter au peuple l'expression de sa volonté; je dis *non.*

Département de l'Orne. — Duboé, Tourney : *oui.* — THOMAS : *oui*, si le vœu du peuple est pris par scrutin.

VALAZÉ : J'ai reçu comme vous des pouvoirs illimités, mais j'y ai renoncé; cependant, si cette mesure pouvait exciter la guerre civile, je m'y opposerais ; mais j'ai vu le peuple dans les assemblées primaires voter pour des objets bien autrement importants, et je n'ai pas la bassesse de croire qu'il s'intéressera pour un tyran enchaîné; je réclame donc l'exercice de sa souveraineté, je dis *oui.*

LAHOSDINIÈRE : Comme l'appel au peuple est le seul moyen d'excuser le despotisme qu'a exercé la Convention, par la confusion de tous les pouvoirs, je dis *oui.*

DUGUÉ-DASSÉ : Et moi aussi je suis républicain, car je respecte la souveraineté du peuple, je m'en rapporte à sa sagesse; et, pour lui rendre la justice qui lui est due, je dis *oui.*

DESGROUEY : Je dis *oui.* J'ajoute que qui craint les assemblées primaires, doit les craindre aussi pour la sanction de la constitution. — Dubois, Colombelle : *non.*

Département de Paris. — Robespierre aîné, Fabre-d'Eglantine, Osselin, Robert, Robespierre jeune, David, Boucher-

Saint-Sauveur, Thomas, Beauvais, Lavicomterie, Sergent, Raffront : *non*.

Manuel : Citoyens, je reconnais ici des législateurs, je n'y ai jamais vu des juges; car des juges sont froids comme la loi, des juges ne murmurent pas, des juges ne s'injurient pas, ne se calomnient pas : jamais la Convention n'a ressemblé à un tribunal; si elle l'eût été, certes elle n'aurait pas vu le plus proche parent du coupable n'avoir pas, sinon la conscience, du moins la pudeur de se récuser (On murmure. — *Le président :* Il ne doit point y avoir de personnalité; Manuel, je vous rappelle à l'ordre). C'est autant par délicatesse que par courage, autant pour honorer que pour sauver le peuple, que je demande sa sanction; je dis *oui*.

Billaud-Varennes : Comme Brutus n'hésita pas à envoyer ses enfants au supplice, je dis *non*.

Camille-Desmoulins : Comme le roi de Pologne a été acheté par la Russie, il n'est pas étonnant que beaucoup d'entre nous, qui ne sont pas encore rois, soient vendus. (Il s'élève de violents murmures. — *Un membre :* Il faut respecter les opinions, même absurdes; sans cela il n'y a point de liberté.)

Bréard : Je demande que Desmoulins soit censuré.

Mailhe : J'appuie la motion de la censure.

Gensonné : Il est au-dessous de la censure; je demande l'ordre du jour.

Bréard : Je demande la parole pour motiver ma motion. Je respecte les opinions de mes collègues, je crois qu'on ne peut les empêcher de les motiver; mais je ne crois pas que jamais ils puissent les motiver en insultant la Convention. Camille l'a fait. (Il s'élève quelques rumeurs.) J'entends Camille dire qu'il n'a fait que répondre à Louvet; je suis fâché qu'on n'ait pas demandé contre Louvet ce que je demande contre Camille. — La censure contre Camille est prononcée.

Camille-Desmoulins : Je dis *non*.

Marat : Je rends hommage à la souveraineté du peuple, et je suis le premier qui ai rappelé l'Assemblée constituante à ses devoirs, en lui rappelant tant de fois que, sans la sanction du peuple, sa souveraineté était illusoire; mais le seul cas où le peuple puisse exercer ces actes de souveraineté doit être restreint à la déclaration des droits. Or la seule mesure convenable à prendre pour que le législateur ne puisse jamais y porter atteinte, c'est de statuer pour dernier article de cette déclaration, que tout décret qui blesserait ces droits soit déclaré nul, illégitime, attentatoire et tyrannique, et qu'il sera licite de s'opposer à son exécution, même à main armée. Etendre la sanction du peuple à tous les décrets est chose impossible ; l'appliquer aux décrets importants est chose impraticable. Ce serait arracher le marchand, l'artiste, l'artisan, le laboureur, à leur état pour en faire des législateurs : ce serait renverser l'ordre des choses ; bouleverser l'Etat et en faire un désert. Renvoyer à la ratification des assemblées populaires un jugement criminel qu'ont décidé des raisons politiques bien approfondies, c'est vouloir métamorphoser en hommes d'Etat des artisans, des laboureurs, des ouvriers, des manœuvres ; cette mesure est le comble de l'imbécillité, pour ne pas dire de la démence. Elle n'a pu être proposée que par des complices du tyran, qui ne voyaient d'autre moyen de le soustraire au supplice que d'exciter la guerre civile. Ne voulant point concourir à ces projets désastreux, je prends acte à cette tribune de mes efforts pour m'y opposer ; en conséquence, je vote *non*.

LEGENDRE : Intimement convaincu qu'il reste assez de républicains pour combattre les tyrans ; convaincu qu'il y a assez d'acier en France pour forger des poignards destinés à frapper ceux qui voudraient monter au trône, ou s'y faire porter par une cabale quelconque ; que je me sens assez de courage pour les frapper moi-même ; qu'il est un grand nombre de citoyens qui me ressemblent ; je dis *non*.

RAFFRONT : Convaincu, comme je le suis, je dis, avec assurance et tranquillité : *non*.

PANIS : Aux puissants motifs développés par les meilleurs républicains que je connaisse, j'ajouterai que les Richelieu, les Breteuil, les Sartines, tous ces grands hommes d'Etat, suppôts du despotisme, auraient proposé l'appel au peuple pour désorganiser la république : je dis *non*.

DUSSAULT : Je certifie que je ne me suis jamais vendu, que je n'ai jamais voulu la guerre civile : cependant, du fond de ma conscience, je dis *oui*.

EGALITÉ : Je ne m'occupe que de mon devoir, je dis *non*.

Département du Pas-de-Calais. — Personne, Bollet, Magniez : *oui*. — Varlet, Thomas Payne, Guffroy, Enlard, Duquesnoy, Lebas, Daunou : *non*.

Département du Puy-de-Dôme. — Laloue, Bancal : *oui*.

GIROT-POUZOL : Comme je suis convaincu que les lois ne sont jamais mieux établies que lorsque le peuple les a sanctionnées ; que le meilleur moyen d'anéantir les rois est celui d'appeler les peuples pour prononcer sur leur sort, je demande le renvoi du décret sur Louis à la sanction du peuple. Je connais l'attachement du peuple à la révolution, je ne crains pas que ses ennemis l'égarent sur ses intérêts. Sa conduite passée me rassure sur les événements sinistres que l'on peut craindre ; je dis *oui*.— Gibergues, Maignet, Romme, Soubrany, Blanval, Dulaure : *non*.

COUTHON : Je crois, en mon âme et conscience, que l'appel au peuple est un attentat à la souveraineté ; car, certes, il n'appartient pas aux mandataires de transformer le pouvoir constituant en simple autorité constituée ; c'est une mesure de fédéralisme, une mesure lâche, une mesure désastreuse, qui conduirait infailliblement la république dans un abîme de maux. Je dis *non*.

Rudel, Monestier : *non*.

Département des Hautes-Pyrénées. — Lacrampe, Dupont : *oui*. — Gertoux, Picqué, Féraud : *non*.

BARRÈRE : J'ai prouvé *non*, et je dis *non*.

Département des Basses-Pyrénées. — Sanadon, Meillan, Contes, Caseneuve : *oui*. — Pémartin, Verdollin : *non*.

Département des Pyrénées-Orientales. — Guiter, Biroteau : *oui*. — Montegul, Cassanyès : *non*.

Département du Haut-Rhin. — Albert, Johannot, Ritter, Laporte, Pelieger aîné, Dubois aîné : *non*.

Département du Bas-Rhin. — Rhul, Louis, Hermann, Arbogaste, Christiani : *non*.

LAURENT : J'ai été investi de tous les pouvoirs de mes mandataires en me rendant à la Convention nationale. Le salut du peuple est la suprême loi. Louis XVI a favorisé les aristocrates, les fanatiques, les nobles, les marchands d'apothéose, les émigrés ; et la liste civile, répandue dans les différents quartiers de l'Europe, paraît vouloir réchauffer ce parti : d'un autre côté, il est temps de donner un grand exemple à nos ennemis ; il faut les effrayer. Un ancien a dit : Qui épargne les méchants, nuit aux bons ; et moi je dis : Qui épargne un tyran, nuit aux nations. La justice, la raison et la politique s'accordent à ce que nous jugions définitivement Louis Capet, et qu'il n'y ait point d'appel au peuple ; je dis *non, non*.

BENTABOLE : Quand il ne serait pas démontré, comme il l'a été évidemment, que l'appel au peuple entraînerait sûrement la nation dans des dissensions intestines et la guerre civile, il suffit qu'il soit possible que cette mesure entraîne la nation dans des malheurs, pour que les représentants auxquels la nation a confié ses intérêts n'exposent pas la république à une mesure aussi dangereuse. Un législateur, un représentant du peuple, doit s'exposer à mourir mille fois plutôt que d'exposer la nation à des dangers si évidents; je dis *non.*

Département de Rhône-et-Loire. — Dubouchet, Patrin, Marcelin-Béraud : *oui.*

VITET : Je crois que des mesures de sûreté générale ne doivent point être portées par le peuple. Sauvez la république et échappez aux factions présentes. Je dis *oui*, et je dis *oui* d'autant plus que le peuple pense et agit mieux que nous.

Michet : *oui.* — Dupuy, Javoque, Noel-Pointe, Cusset, Lanthenas, Patrin, Moulin, Chasset, Forest, Pressavin : *non.*

Département de la Haute-Saône. — Gourdan, Vigneron, Siblot, Chauvier, Balivet, Dornier, Bolot : *non.*

Département de Saône-et-Loire. — BERTUCAT : Citoyens, j'entends dire d'un côté : La république est perdue, si Louis meurt ; d'un autre : La république est perdue, si Louis ne périt pas. J'en conclus, avec une raison irrésistible, pour l'appel au peuple; et comme c'est en vain qu'on cherche à m'effrayer par la crainte de la guerre civile.... je dis *oui.* — Gelin, Mazuyer, Guillermin, Reverchon, Guillemardet, Baudot, Mailly, Moreau, Carra : *non.*

Département de la Sarthe. — Lechevalier : *oui.* — Richard, François Primaudière, Salmon, Levasseur, Sieyès, Letourneur, Phélippeaux : *non.*

BOUTROUE : Comme membre d'une autorité révolutionnaire, je dis *non.*

FROGER : Comme homme d'Etat, je ne puis renvoyer aux assemblées primaires, qui ne sont en général composées que de cultivateurs, d'artisans, et ne peuvent pas avoir des connaissances politiques ; je dis *non.*

Département de Seine-et-Oise. — Kersaint, Gorsas : *oui.* — Lecointre, Bassal, Alquier, Audoin, Roi, Tallien, Chénier, Dupuis, Treilhard, Mercier : *non.*

Département de la Seine-Inférieure. — Yger, Hocquet, Vincent, Faure, Blutel, Bailleul, Mariette Doublet, Bourgeois, Delahaye, Lehardi, Duval, Delahaye : *oui.* — Albitte, Porchole, Lefebvre, Ruault : *non.*

Département de Seine-et-Marne. — Vigny, Geoffroy, Berard-des-Sablons, Imbert : *oui.*

BERNIER : Comme je suis convaincu que Louis Capet mérite la mort, et que je n'ai point reçu le pouvoir de juger souverainement; comme il y a au moins beaucoup d'incertitude dans les malheurs dont on nous menace, et qu'il est permis de ne pas croire aux prophètes, je m'attache aux principes invariables de la souveraineté du peuple que j'ai juré de maintenir. Je dis *oui*.

Bailly : *oui*.

Tellier : L'assemblée électorale de mon département a délibéré, à la presque unanimité, qu'il serait fait un canon du calibre de la tête de Louis XVI pour l'envoyer aux ennemis, s'ils pénétraient dans le territoire français. Je maintiens que mes commettants n'ont pas manifesté le vœu de faire juger Louis XVI par un jury, puisque la proposition qui en avait été faite par un électeur n'a pas été arrêtée par l'assemblée. Obligé de choisir entre le salut du peuple et l'exercice momentané de la souveraineté, je dis que je préfère le premier pour lui assurer la jouissance de tous les deux. En conséquence, je dis *non*.

Opoix : Je dis *oui*, si Louis est condamné à mort; et *non*, s'il ne l'est pas.

Département des Deux-Sèvres. — Lecointe-Puyraveau, Jars-Panvillier, Lofficial : *oui*. — Ch. Cochon, Dubreuil-Chambardel, Auguis : *non*.

Département de la Somme. — Gantois, Delecloy, Dufestel, Alexis Sillery, François, J. B. Martin-Louvet, Rivery, Saint-Prix, Dévérité : *oui*. — Asselin, Saladin, André Dumont, Bourrier : *non*

Département du Tarn. — Marvejouls, Gouzy, Rochegude, Meyer : *oui*. — Campmas, Soloniac, Lacombe-Saint-Michel : *non*.

Département du Var. — Escudier, Charbonier, Ricord, Isnard, Despinassy, Roubaud, Antiboul, Barras : *non*.

Département de la Vendée. — Gaudin : *oui*. — Goupilleau (J. F.), Goupilleau (P. C.), Maignen, Musset, Garos : *non*.

Fayau : Citoyens, afin de ne pas faire croire aux nations voisines qu'il faut 25 millions d'hommes pour juger un roi; parce que la responsabilité de Brutus fut une couronne civique, je dis *non*; et quand j'aurais à prononcer sur le sort de Charles Stuart, je dirais encore *non*. Mais mon seul regret, en mourant, serait de ne pas renaître de mes cendres pour offrir à mes concitoyens autant de fois ma vie que de fois ils seraient assez lâches pour se donner un tyran.

GIRARD : Citoyens, nous avons décrété spontanément que le gouvernement français formerait une république; nous avons aboli la royauté pour y substituer la liberté; les départements ont applaudi à cette démarche; nous croyons avoir la confiance. Je dis *non*.

Département de la Vienne — Dutrou-Bornier, Bion, Creuzé-Latouche : *non*. — Piorry, Ingrand, Martineau, Thibeaudeau : *oui*.

CREUZÉ-PASCAL : Je regarde que nous sommes plénipotentiaires, et que les plénipotentiaires sont sujets à la ratification; je dis *oui*.

Département de la Haute-Vienne. — Faye, Rivaud, Soulignac : *oui*. — Boréas, Lesterpt-Beauvais, Guy-Vernon : *non*.

LACROIX : *Oui*, si l'Assemblée prononce la peine de mort; *non*, si l'Assemblée regarde ce décret comme mesure de sûreté générale.

Département des Vosges. — Jullien, Bresson, Couhey, Balland, Poulain : *oui*. — Perrin : *non*.

NOEL : Je me récuse d'après les motifs que j'ai énoncés dans le premier appel nominal.

Département de l'Yonne. — Précy, Hérard, Chastelain : *oui*. — Lepelletier, Turreau, Bourbotte, Finot : *non*.

MAURE : Lorsque mes commettants m'ont envoyé, ils m'ont dit: Va, venge-nous du tyran, fais-nous de bonnes lois; et, si tu nous trahis, ta tête en répond. Jai promis, et je tiendrai ma parole; ainsi je dis *non*.

JACQUES BOILEAU : C'est une erreur, selon moi, de croire que nous ne sommes pas revêtus de pouvoirs suffisants pour prononcer sur le sort de Louis.

Le peuple nous a dit : Allez, sauvez-nous, notre sort est entre vos mains; cela, je crois, veut tout dire. Enfin, nous avons été envoyés pour prendre toutes les mesures nécessaires au salut public. Selon moi, la mort de Louis est nécessaire à la tranquillité de l'État; et, si on en appelait au peuple, son vœu aurait-il un cours libre et naturel? les prêtres ne diraient-ils pas aux bons habitants des campagnes : qu'il ne faut pas la mort du pécheur, que l'Évangile recommande le pardon des injures; et avec ces doléances, Louis échapperait à la mort qui lui est due : alors, je ne vois que des malheurs dans la république.

Tous ceux qui se sont occupés du droit politique ont reconnu que le peuple ne devait jamais rien prononcer ni sur un fait ni sur un homme. C'est l'opinion de Rousseau ; Montesquieu dit : C'est toujours un inconvénient que le peuple juge lui-même ses offenses.

Solon, pour éviter les abus des jugements du peuple sur des faits ou des hommes en particulier, avait fait une loi par laquelle l'Aréopage revoyait encore l'affaire jugée par le peuple, pour la lui renvoyer de nouveau à juger, si l'Aréopage avait trouvé coupable l'homme absous par le peuple. De telles précautions annoncent combien les législateurs trouvaient d'inconvénients à rendre le peuple juge sur un fait ou sur un homme.

Je finis par vous prophétiser que, si l'appel au peuple a lieu, le peuple, travaillé et séduit, exercera une indulgence qui le perdra ; que ce sera prolonger l'anarchie pendant vingt à trente ans de plus. La tour du Temple sera le jardin des Hespérides. — Louis sera la toison d'or ; et tous les aristocrates intérieurs et extérieurs seront autant d'Argonautes, qui entreprendront d'en faire sans cesse la conquête et inquiéteront toujours les citoyens ; je ne suis pas pour l'appel, et je dis *non*.

Département de l'Ain. — Royer, Mollet : *oui*. — Deydier, Gauthier, Merlinot : *non*.

Département de l'Aisne. — Lecarlier, Petit, Belin, Beffroy : *oui*. — Jean Debry, Fiquet, Quinette, Loysel : *non*.

SAINT-JUST. — Si je ne tenais pas du peuple le droit de juger le tyran, je le tiendrais de la nature : *non*.

CONDORCET : Quand l'Assemblée aura prononcé la peine de mort, je voudrais que l'exécution fût suspendue jusqu'à ce que la constitution fût finie et publiée, et que le peuple eût alors prononcé dans ses assemblées primaires, suivant les formes que la constitution aura réglées ; mais étant consulté aujourd'hui en vertu d'un décret, s'il doit y avoir appel au peuple ou non, je dis *non*.

DUPIN *le jeune* : Je rends hommage à la souveraineté du peuple ; je connais mes devoirs, je connais les pouvoirs que mes commettants m'ont donnés, je ne crains pas que la responsabilité pèse sur ma tête ; en conséquence, je dis *non*.

Département de l'Allier. — Giraud, Forestier, Vidalin, Petitjean, Chevalier, Martel : *non*.

Département des Hautes-Alpes. — Borel, Barety, Cazeneuve, Serres : *oui*.

ISOARD : Je vote pour que la Convention fasse juger Louis

par le tribunal criminel des départements. Le décret qu'elle porte ne peut pas m'imposer un devoir que je ne crois pas être dans le cercle de la représentation, ainsi je n'opine pas plus comme juge que comme représentant; et dans cette position, je crois qu'il importe au salut de la république française que Louis demeure, quant à présent, en état de détention; et dans le cas où la majorité de la Convention croirait devoir le condamner à mort, comme je ne pense pas que nous en ayons le droit, je vote, dans ce cas, pour la ratification du peuple.

Département des Basses-Alpes. — Verdolin, Maisse, Peyre, Reguis : *oui.* — Marc, A. Savornin, d'Herbez : *non.*

Département de l'Ardèche. — Boissy-d'Anglas, Saint-Prix, Prival-Garilhe, Saint-Martin, Coren-Fustier, Gamond : *oui.* — Gleizal : *non.*

Département des Ardennes. — Vermont, Thirriet, Blondel, Mennesson, Baudin : *oui.* — Ferry, Dubois-Crancé, Robert : *non.*

Département de l'Ariége. — Clauzel, Champmartin, Vadier, Espert, Lackanal, Gaston : *non.*

Département de l'Aube. — Douge, Pierret, Bonnemain, Perrin, Rabaud Saint-Étienne : *oui.* — Courtois, Robin, Duval, Garnier : *non.*

Département de l'Aveyron. — Saint-Martin-Valogne, Lobinhes, Godefroy, Izarn Valadi : *oui.* — Bo, Bernard Saint-Affrique, Camboulas, Second, Lacombe, Louchet : *non.*

Département de l'Aude. — Ramel, Tournier, Marragon, Periez *jeune*, Morin, Girard : *oui.* — Azéma Bonnet : *non.*

Département des Bouches-du-Rhône. — Durand Maillane, Rebecqui : *oui.*

Duperet : C'est par respect pour le peuple, mon souverain et le vôtre, c'est par la confiance que j'ai en sa sagesse et en sa justice; c'est parce que je croirais l'outrager, si je m'arrêtais un instant aux craintes qu'on veut répandre, que je dis *non.*

Barbaroux : Le serment que j'ai prêté dans l'assemblée électorale du département des Bouches-du-Rhône, de juger Louis Capet, n'exclut pas la sanction du peuple. Je vote donc pour cette sanction, parce qu'il est temps que le peuple des quatre-vingt-quatre départements exerce sa souveraineté, et qu'il écrase, par la manifestation de sa volonté suprême, une faction au milieu de laquelle je vois *Philippe d'Orléans*, et que je dénonce à la république, en me vouant avec tranquillité aux poignards de ses assassins. (On murmure.) J'ajoute que, comme dans des temps orageux l'homme n'est pas sûr de voir le lendemain, je dois à moi-même de déclarer que le tyran m'est odieux, que j'ai fortement coopéré à le renverser du trône, et que je prononcerai contre lui la peine la plus sévère. Je dis *oui*.

Duprat : Je respecte également toutes les opinions. Cependant une considération nouvelle m'a frappé tout à l'heure en faveur du renvoi de notre décision à la sanction du peuple; et je dis *oui* avec d'autant plus de confiance, que *Philippe* (ci-devant duc d'Orléans) a dit *non*. Au reste, ne croyez pas que je redoute d'engager ici ma responsabilité. Lorsqu'il s'agira de prononcer la peine qu'a méritée le traître, je prouverai à l'univers que l'amour de la justice et mon dévouement à la république sont pour moi au-dessus de toutes les considérations.

Pierre Baille, Granet, Gasparin, Pelissier, Laurent : *non*.

Rovère : Je ne veux ni roi, ni triumvirs, ni aucun genre de despotisme. Je veux la république, une, indivisible; l'appel au peuple me paraît le signal de la guerre civile et de la tyrannie; c'est pourquoi je dis *non*.

Moyse Bayle : Je ne veux ni rois, ni protecteurs, ni dictateurs, ni triumvirs, ni aucun genre de despotisme. Je veux la république indivisible. L'appel au peuple est le signal de la guerre civile et du retour de la tyrannie; c'est pourquoi je dis *non*.

Département du Calvados. — Dubois-Dubay, Lomont, Henry-Larivière, Vardon, Jouenne, Cussi, Legot, Fauchet, Taveau : *oui*. — Bonnet, Doulcet : *non*.

Dumont : Citoyens, je suis législateur, et je veux que toutes les lois constitutionnelles soient soumises à la sanction du peuple Cette mesure est surtout utile dans cette affaire. Le tyran puni, je vois derrière lui des traîtres et des prétendants qui m'inquiètent. Je veux que le peuple leur apprenne, en proscrivant lui-même celui qui fut son roi, ce qu'ils doivent craindre en aspirant à la tyrannie; je réponds *oui*.

Département du Cantal. — Thibault, Méjansac, Chabanon, Peuvergue : *oui*. — Lacoste, Carrier : *non*.

Milhaud : On aurait dû écarter de nous toute idée de soumettre à la sanction du peuple le jugement du ci-devant roi. La souveraineté de la nature est au-dessus de la souveraineté du peuple ; les peuples n'ont pas le droit de faire grâce aux tyrans ; et quand même l'impunité de la tyrannie serait autorisée par une déclaration nationale, la nature conserverait à chaque citoyen le droit des Brutus. La voix pusillanime des tribunes ne serait pas entendue ; oser soutenir qu'une faction quelconque peut s'élever sur les débris du trône, c'est insulter à la souveraineté et à la majesté nationale, qui veut la république ou la mort ; oser recourir à la souveraineté du peuple pour le jugement d'un roi, c'est abuser de la souveraineté du peuple ; je suis donc d'avis d'écarter l'appel, et je dis *non*.

Département de la Charente. — Riberault, Devars, Brun. Maulde : *oui*. — Bellegarde, Guimbertau, Chuzaud, Chedaneau, Crévelier : *non*.

Département de la Charente-Inférieure. — Dautriche : *oui*. — Bernard, Bréard, Eschasseriaux, Niou, Ruamps, Garnier, Dechezeau, Lozeau, Giraud, Vinet : *non*.

Département du Cher. — Allasœur, Baucheton, Dugenne, Pelletier : *oui*. — Foucher, Fauvre-Labrunerie : *non*.

Département de la Corrèze. — Lidon, Chambon : *oui*.

Brival : Citoyens, comme Louis n'a pas demandé la sanction du peuple pour se coaliser et livrer la France à nos ennemis ; comme il ne l'a pas demandée quand il a tyrannisé et fait égorger cent mille Français ; comme nous sommes envoyés ici pour venger la nation, et comme nous ne devons mettre aucune différence dans la punition des coupables, et que la plupart de ceux qui ont commis les crimes dont le tyran devait profiter, ont déjà péri sur l'échafaud... ; comme enfin je prends l'engagement de périr et d'exterminer le premier intrigant qui voudrait monter sur le trône, je manifeste mon opinion, et je dis *non*.

Borie, Lanot, Penière : *non*.

Département de la Côte-d'Or. — Lambert, Marey jeune : *oui*. — Bazire, Guitton-Morveau, Prieur, Oudot, Guyot-Florent, Rameau, Berlier : *non*.

Département de la Corse. — Bozio, Andrey : *oui*.

Chiappe : L'on doit respecter sans doute les opinions, mais non pas les personnalités ; on a parlé ici de lâcheté, de vénalité ; est-ce qu'on voudrait attribuer ces bas moyens à tous ceux qui opinent pour l'affirmative dans la question de l'appel au peuple ? Connaissent-ils bien, ces hommes impudents, les sentiments de tous les membres qui sont pour l'affirmative ? Je ne hasarderai jamais de jugements téméraires contre mes collègues. L'expérience nous les fera connaître. Je pense que l'or et l'honneur n'ont jamais été mis dans la même balance par les vrais républicains.

J'espère, et il est important que ces injures cessent parmi nous. Il est temps que la différence des opinions ne soit plus regardée dans cette assemblée comme un crime. (*Quelques voix :* Au fait!) Je suis un de ceux qui pourraient voter contre l'appel au peuple sans commettre d'inconséquence, parce que je ne me trouvais pas parmi vous au moment où vous avez décrété le renvoi de la constitution à la sanction du souverain, mais vous avez bien fait. Eh bien! qu'est-ce qui vous arrête maintenant? Expliquez-vous. Trouverait-on le jugement de Louis XVI moins important pour la république qu'un autre de vos décrets?

On affecte de craindre la guerre civile; c'est bien pour l'éviter, c'est pour prévenir les grands inconvénients que cette affaire présente; c'est enfin pour ne point commettre d'attentats contre la souveraineté du peuple, que votre jugement doit être soumis à sa ratification. Les puissances étrangères trembleront; elles respecteront en silence ce grand jugement, quel qu'il soit, quand elles réfléchiront qu'au lieu d'avoir été rendu souverainement par sept cent quarante-cinq députés, il l'a été par la république entière. On parle de courage; s'il en faut dans cette affaire, c'est bien en prononçant le renvoi au peuple. Je vote pour *oui.* — Salicetti, Casa-Bianca, Moltedo : *non.*

Département des Côtes-du-Nord. — Gondelin, Champeaux, Guyomard, Fleury : *oui.* — Coupé, Gautier jeune, Girault, Loncle : *non.*

Département de la Creuse. — Deburgues, Huguet, Coutisson-Dumas, Guyez, Jauraud, Texier : *oui.*

BARAILON : Je demande que si l'on condamne Louis à mort, la sanction soit renvoyée au peuple.

Département de la Dordogne. — Allaford, Meynard : *oui.* — Lamarque, Pinet aîné, Lacoste, Roux-Fazillac, Peyssard, Cambert, Bouquier aîné, Taillefer : *non.*

Département du Doubs. — Seguin : *oui.* — Quirot, Michaud, Monnot, Vernerey, Besson : *non.*

Département de la Drôme. — Sautaira, Gérente, Marbos, Colaud, Martinel : *oui.* — Jacomin, Fayole, Boisset : *non.*

JULIEN : Je suis infiniment convaincu que la meilleure manière de rendre hommage à la souveraineté du peuple, c'est de l'exercer nous-mêmes pour le salut de la république; je dis *non.*

Département de l'Eure. — Léonard Buzot, Richoux, Lemaréchal, Savary, Dubusc : *oui.*

Vallée : Il n'y a aucune puissance qui puisse m'empêcher de remplir l'étendue de mes mandats. Je crois que le peuple exercerait lui-même sa souveraineté, ferait lui-même ses lois, et prononcerait lui-même sur l'intérêt social, s'il le pouvait. Je crois que d'après ces principes, même lorsque le peuple donne des mandats illimités, son intention, cependant, est de ne déléguer que les pouvoirs qu'il ne peut pas exercer lui-même, et de se réserver ceux dont l'exercice lui est possible.

Le peuple français ne pouvait pas prononcer sur les faits dont Louis Capet était accusé ; car il ne pouvait pas se réunir en masse dans un même lieu, pour l'entendre et examiner les pièces de conviction.

Cette impossibilité imposait à ses mandataires l'obligation de prononcer sur ces faits, et ils ont rempli ces devoirs. Maintenant le peuple français peut prononcer sur l'application de la peine à infliger à Louis Capet. Il peut prononcer sur les mesures à prendre, et pour la sûreté de l'Etat et pour le maintien de la liberté; et je dis que dès lors qu'il le peut, la Convention nationale ne le peut pas.

Je ne suis pas effrayé, moi, par ces prétendues inquiétudes de guerre civile : je sais que ces prétextes ont toujours été ceux des rois, lorsqu'ils ont voulu interdire les assemblées populaires, qui mettaient un frein à leur autorité; je sais que ce langage sera toujours aussi celui des hommes qui voudront faire prédominer leurs opinions privées sur la volonté générale, et mettre leur intérêt personnel à la place de l'intérêt public.

Je dis que la majorité n'a véritablement d'autre intérêt que d'avoir un gouvernement républicain. Je n'ai pas la même confiance dans une assemblée de sept à huit cents hommes, dont les intérêts privés pourraient bien ne pas être conformes à ceux de la nation; je dis que la majorité d'une assemblée de huit cents hommes n'est pas à l'abri de la corruption; et s'il fallait en citer un exemple, je citerais le parlement d'Angleterre.... La majorité du peuple prendra nécessairement des mesures convenables pour assurer le gouvernement républicain. Au contraire, le gouvernement d'un seul peut séduire la majorité d'une assemblée de sept à huit cents personnes, soit par l'attrait des moyens corrupteurs, soit par l'inamovibilité des places, préférable sans doute, dans l'esprit de quelques hommes, à l'instabilité des emplois républicains, dans lesquels on ne peut se perpétuer que quelques instants. Voilà quel est mon vœu, et je n'en ai pas d'autre à émettre ; car je ne veux dire ni *oui* ni *non*. (*Quelques voix* : Au fait, dites *oui* ou *non!*) Je ne veux rien prononcer.

LEMARÉCHAL : Je crois que dans le cas où la Convention nationale porterait un jugement sur Louis, il ne peut être mis à exécution avant d'avoir été ratifié par le peuple réuni en assemblées primaires. — Duroy, Lindet, Bouillerot, Robert, Lindet : *non*.

Département d'Eure-et-Loir. — Brissot, Bourgeois, Pétion, Giroust, Lesage : *oui*.

Loiseau, Charles, Freminger : *non*.

Département du Finistère. — Blad, J. Queinec, Kervelegand, Gommaire, Marec, Bohan : *oui*.

Guesno, Guermeur : *non*.

LE PRÉSIDENT : Voici le résultat de cet appel nominal :

Sur 717 membres présents, 10 ont refusé de voter ; 424 ont voté contre l'appel au peuple; 283 ont voté pour. — La majorité étant de 359, elle excède de 141 voix. En conséquence, je déclare, au nom de la Convention nationale, que le recours au peuple est rejeté.

La séance est levée.

Séance du mercredi 16 janvier.

Présidence de Vergniaud.

Après un incident ayant trait à des troubles qui avaient eu lieu la veille au théâtre de la Nation, la discussion est reprise sur les formes légales que les représentants de la nation doivent adopter dans le jugement de l'accusé.

LE PRÉSIDENT : Je réclame la parole sur la manière de poser la question.

*** : Avant tout, il faut savoir quelle sera la majorité acquise pour faire force de jugement.

LANJUINAIS : Je demande que ce soit les deux tiers des voix.

GARAN-COULON : Il n'est pas possible que dans la Convention nationale il y ait d'autres règles que la majorité absolue. Il faut que les décrets soient également respectés, soit qu'ils aient été votés à une majorité considérable, ou qu'ils n'aient été votés qu'à la majorité d'une seule voix. Je demande l'ordre du jour.

Phélippeaux : Pour parvenir à un but, il faut commencer un appel nominal sur toutes les propositions, et en faire un second sur celle qui obtiendra le plus de suffrages.

Lehardy, *du Morbihan :* Je ne crois pas que la Convention puisse délibérer sans poser la question d'une autre manière. Je suppose en effet qu'il y ait très-peu de voix dans cette majorité, je ne crois pas qu'elle aurait ce caractère que vos commettants attendent de vous, ce caractère qui doit en imposer aux puissances étrangères ; il en est qui, par préjugés, ne croient pas que la mort d'un roi puisse être semblable à celle d'un autre homme. Je demande que la question soit ainsi posée : « Ou la déportation ou la mort. » Et que pour le décret il y ait au moins les deux tiers des voix.

Duquesnoy : Citoyens, je suis trop convaincu des lumières de l'Assemblée, pour croire que les opinions seront divisées. Tout le monde a déclaré que Louis était coupable d'attentat contre la sûreté générale. Eh bien ! ouvrez le Code pénal, et appliquez-lui la loi ; j'ai vu que la loi est une pour tous les citoyens; la peine contre les conspirateurs doit être appliquée à Louis.

Danton : La première question qui se présente est de savoir si le décret que vous devez porter sur Louis sera, comme tous les autres, rendu à la majorité. On a prétendu que telle était l'importance de cette question, qu'il ne suffisait pas qu'on la vidât dans la forme ordinaire. Je demande pourquoi quand c'est par une simple majorité qu'on a prononcé sur le sort de la nation entière; quand on n'a pas même pensé à élever cette question lorsqu'il s'est agi d'abolir la royauté, on veut prononcer sur le sort d'un individu, d'un conspirateur, avec des formes plus sévères et plus solennelles. Nous prononçons comme représentant par provision la souveraineté. Je demande si, quand une loi pénale est portée contre un individu quelconque, vous renvoyez au peuple, ou si vous avez quelque scrupule à lui donner son exécution immédiate. Je demande si vous n'avez pas voté à la majorité absolue seulement la république, la guerre ; et je demande si le sang qui coule au milieu des combats ne coule pas définitivement. Les complices de Louis n'ont-ils pas subi immédiatement la peine sans aucun recours au peuple, et en vertu de l'arrêt d'un tribunal extraordinaire. Celui qui a été l'âme de ces complots mérite-t-il une exception ? Vous êtes envoyés par le peuple pour juger le tyran, non pas comme juges proprement dits, mais comme représentants : vous ne pouvez dénaturer votre caractère; je demande qu'on passe à l'ordre du jour sur la proposition de Lehardy; je me motive et sur les principes, et sur ce que vous avez déjà pris deux délibérations à la simple majorité.

LANJUINAIS : Il ne s'agit pas ici de crainte; vous ne devez craindre que de violer la justice et la raison. La première violation des principes fait toujours marcher de violation en violation. Je pourrais vous en donner plusieurs exemples dans cette affaire même; mais, du moins, soyez conséquents dans cette violation des principes : soyez au moins d'accord avec vous-mêmes. Vous invoquez sans cesse le Code pénal. Vous vous dites sans cesse : Nous sommes jury. Eh bien! c'est le Code pénal que j'invoque ; ce sont ces formes de jury que je demande, et auxquelles je vous supplie de ne pas faire d'exception.

Mais vous dites aussi que les lois se font à la majorité, plus une. Eh bien! vous faites donc un acte mixte, et qui participe de vos deux fonctions. Vous avez rejeté toutes les formes que peut-être la justice et certainement l'humanité réclamaient : la récusation et la forme silencieuse du scrutin, qui seule peut garantir la liberté des suffrages. On paraît délibérer ici dans une Convention libre; mais c'est sous les poignards et les canons des factieux. (On murmure.) Je le pense. Daignez, citoyens, peser toutes ces considérations : c'est pour obtenir l'exécution de la loi que je les présente : c'est en faveur de la justice et de l'humanité que je demande, aux termes de la loi, qu'il faille les trois quarts des suffrages.

L'Assemblée passe à l'ordre du jour, motivé sur ce que tous ses décrets doivent être indistinctement rendus à la majorité absolue seulement.

Un secrétaire commence l'appel nominal. — Il est huit heures du soir.

TROISIÈME APPEL NOMINAL.

La question est posée en ces termes :

Quelle peine Louis, ci-devant roi des Français, a-t-il encourue?

Haute-Garonne. — MAILHE : Par une conséquence qui me paraît naturelle; par une conséquence de l'opinion que j'ai déjà émise sur la première question, je vote pour la mort.

Je ferai une simple observation. Si la mort a a majorité, je crois qu'il serait digne de la Convention nationale d'examiner s'il ne serait pas utile de retarder le moment de l'exécution. Je reviens à la question, et je vote pour la mort.

DELMAS : Avant de monter à la tribune, j'ai consulté ma conscience; elle ne me reproche rien. Je ne connais qu'une peine contre les conspirateurs. Je vote pour la mort.

PROJEAN : Je vote pour la mort.

PERÈS : Je vais en peu de mots motiver mon avis, qui n'est pas celui des préopinants; je vais le faire en homme libre. Je crois que le tyran nous nuira plus par sa mort que par la continuation de sa honteuse existence. D'un autre côté, nous sommes un corps politique, et non un tribunal. Nous ne pouvons juger sans devenir despotes. Nous avons le pouvoir de prendre une mesure de sûreté générale. Je conclus en législateur, en homme d'État, pour la reclusion jusqu'à la paix, et pour le bannissement à cette époque.

JULIEN : S'il fut un moment depuis l'ouverture de la Convention nationale, où nous avons dû faire taire toutes les préventions, imposer silence à toutes les passions, c'est celui où nous sommes appelés à prononcer sur la vie d'un citoyen. Je ferme les yeux sur l'avenir heureux ou malheureux qui nous attend; je ne consulte que ma conscience; j'y puise l'arrêt pénible et douloureux que je dois porter. Je déclare donc sur ma conscience que Louis mérite la mort, et je vote pour cette peine.

CALÈS : Je vote pour la mort, et tout mon regret est de n'avoir pas à prononcer sur tous les tyrans.

DESACY : En déclarant Louis coupable de haute trahison et de conspiration contre la sûreté générale de l'État, j'ai voté pour la mort; mais si la majorité est pour cette peine, je demanderai, comme Mailhe, à présenter des observations sur l'époque de l'exécution.

ROUZET : Citoyens, j'ai remis hier sur le bureau la déclaration que j'ai signée, et dans laquelle on trouvera que je propose la reclusion à temps, non comme peine, l'abolition de la royauté ne me permet pas d'en porter, mais comme mesure de sûreté générale. J'ajoute que je regarde comme une violation l'affranchissement de toutes les lois qu'on s'est une fois imposées.

DRULHE : Dans l'incertitude des événements qui sont réservés à ma patrie, dans un moment où le gouvernement, fondé sur une constitution républicaine, n'existe pas encore; dans un moment où le vaisseau de l'État peut être emporté par un orage, j'ai cherché la mesure la plus propre à prévenir tous les maux, à assurer la tranquillité publique. Si j'ai eu le malheur de me tromper, j'aurai cette consolation que je n'aurai point trahi ma conscience. Toutes les autres craintes sont au-dessous de moi. Comme législateur, je vote pour la reclusion jusqu'au moment où la république française sera reconnue par toutes les puissances; banni à la paix, et puni de mort s'il rentrait en France.

MAZADE : Je déclare que je ne me crois pas le pouvoir de juger. Je vote, comme législateur, la reclusion perpétuelle.

Gers. — LAPLAIGNE : L'Assemblée a déclaré hier, à l'unanimité, que Louis est convaincu d'avoir conspiré contre l'État; j'opine pour la mort.

MARIBON-MONTAUT : Citoyens, je ne crains pas de le dire, sous le masque de la sensibilité, quelques-uns de nos collègues voudraient commuer la peine de mort en une détention perpétuelle ou en bannissement. Mais, je le demande, cette sensibilité, l'ont-ils eue.... (On murmure.)

Plusieurs voix : Vous êtes ici pour motiver votre opinion, et non pour blâmer celle des autres.

MONTAUT : J'ouvre le Code pénal, j'y lis la peine de mort contre les traîtres et les conspirateurs. Louis est coupable de conspiration. Je lis encore, dans la Déclaration des droits de l'homme : « La loi doit être égale pour tous, soit qu'elle protége, soit qu'elle punisse. » Je condamne le tyran à la mort.

DESCAMPS : J'ai développé les motifs de mon opinion; elle est imprimée. Je demande la peine de mort.

CAPPIN : Je crois qu'il suffit d'enlever au condamné les moyens de nuire; je vote pour la reclusion jusqu'à la paix, et pour le bannissement à cette époque.

BARBEAU-DUBARRAN : J'ai consulté la loi : elle me dit que tout conspirateur mérite la mort. La même loi me dit aussi que la même peine doit s'appliquer aux mêmes crimes. Je vote pour la mort.

LAGUIRE : Je vote pour la mort. Nous devons aux rois une grande leçon, aux peuples un grand exemple.

ICHON : Lorsque j'ai voté pour l'affirmative : Louis est coupable, j'ai déclaré que j'en avais la conviction. La loi applique la peine de mort. Les principes réclament ici l'application de la loi. L'intérêt de la république exige que Louis meure. Chargé par mes commettants de veiller à cet intérêt, je vote pour la mort.

Bousquet : Comme représentant du peuple, je vote pour la mort.

Moysset : Je crois que la mesure la plus utile à la tranquillité publique est la reclusion jusqu'à la paix, et le bannissement à cette époque. Je vote donc pour la détention provisoire.

Gironde. — Vergniaud : J'ai voté pour que le décret ou jugement qui serait rendu par la Convention nationale fût soumis à la sanction du peuple. Dans mon opinion, les principes et les considérations politiques de l'intérêt le plus majeur en faisaient un devoir à la Convention. La Convention nationale en a décidé autrement. J'obéis : ma conscience est acquittée. Il s'agit maintenant de statuer sur la peine à infliger à Louis. J'ai déclaré hier que je le reconnaissais coupable de conspiration contre la liberté et la sûreté nationales. Il ne m'est pas permis aujourd'hui d'hésiter sur la peine. La loi parle : c'est la mort; mais en prononçant ce mot terrible, inquiet sur le sort de ma patrie, sur les dangers qui menacent même la liberté, sur tout le sang qui peut être versé, j'exprime le même vœu que Mailhe, et je demande qu'il soit soumis à une délibération de l'Assemblée.

Guadet : C'est comme membre d'un tribunal national que j'ai jusqu'à présent procédé dans l'affaire de Louis ; c'est en la même qualité que je vais procéder dans son jugement. Louis est coupable de conspiration contre la liberté, et d'attentat contre la sûreté générale de l'État ; j'ai posé ainsi la question, et l'Assemblée l'a adoptée. J'avais posé la question sur le Code pénal; je n'ai plus qu'à l'ouvrir, j'y vois la peine de mort; mais en la prononçant, je demande, comme Mailhe, qu'après avoir exercé les fonctions nationales judiciaires, la Convention me permette d'examiner si le jugement peut être exécuté de suite ou retardé. Je vote, quant à présent, pour la mort.

Gensonné : Quels qu'aient été les résultats de mon opinion sur les trois questions, la détermination que vous avez prise sur la seconde ne m'a point fait changer sur la troisième ; j'y persiste. Je me considère comme juge et comme législateur ; je tiens l'une de ces qualités du choix du peuple; vous m'avez donné l'autre. Comme juge, je dois appliquer la loi; comme législateur, comme représentant du peuple souverain, j'ai à examiner si la peine prononcée par la loi ne pourrait pas être commuée en une détention perpétuelle. Lorsque j'ai voté pour l'appel au peuple, je me suis dit qu'il y aurait des opinions contraires sur les questions; que ces opinions pourraient exaspérer les haines et faire naître des troubles. J'ai cru que le moyen d'en prévenir les malheureux effets, était d'avoir recours au souverain; il a été écarté. Dès lors, convaincu que je suis qu'il n'est plus possible d'avoir l'expression réelle de la volonté générale, qui seule, à mon avis, pouvait anéantir les partis et prévenir des troubles, je ne puis plus admettre de modification, dès que je n'ai pas la certitude qu'elle les préviendrait. Je vote donc pour l'application de la peine contre les conspirateurs. Mais, afin de prouver à l'Europe et à l'univers que nous ne sommes pas les instruments factices d'une faction, et que nous ne faisons point d'acception entre les scélérats, je demande qu'après le jugement de Louis vous vous occupiez des mesures à prendre à l'égard de sa famille, et que vous ordonniez au ministre de la justice de faire poursuivre devant les tribunaux les assassins du 2 septembre.

Grangeneuve : S'il m'était démontré que la mort seule de Louis pût rendre la république florissante et libre, je voterais pour la mort; mais comme il est au contraire démontré à mes yeux que cet événement peut amener les plus grands maux, sans produire aucun avantage réel; que jamais la liberté d'un peuple n'a dépendu de la mort d'un homme, mais bien de l'opinion publique et de la volonté d'être libre, je ne voterai pas pour la mort.

Fussé-je même du nombre de ceux qui pensent qu'il y a autant de danger à laisser vivre Louis, qu'à le faire mourir; la prudence me commanderait encore de rejeter les mesures irréparables, pour qu'on puisse, dans toutes les circonstances, opposer aux projets de nos ennemis, ou son existence, ou sa mort. Je suis d'avis de la détention.

Jay : Je vote pour la peine de mort.

Ducos : Au moment de prononcer définitivement sur le sort de Louis (ci-devant roi), je dois à ma conscience et à mes commettants l'exposition des principes qui ont dirigé mon opinion et mon jugement.

Je ne pensais pas que la Convention nationale dût juger Louis; je n'ai jamais douté qu'elle en eût le droit, mais je croyais qu'il ne lui convenait pas d'user de ce droit.

Elle a décrété qu'elle le jugerait : si son décret eût été repoussé par la conscience de mes devoirs et le sentiment de mon incompétence, aucune puissance sur la terre n'eût pu me forcer à l'exécuter; il ne répugnait qu'à mon opinion, elle s'est tue devant l'opinion de la majorité.

J'ai voté contre la sanction du jugement par le peuple, parce qu'elle m'a paru subversive de tous les principes du gouvernement représentatif (sous lequel je veux vivre et mourir; car il m'est démontré que la liberté n'est que là), parce que le peuple ne peut à la fois conserver et déléguer l'exercice de ses pouvoirs, avoir des représentants et n'être pas représenté.

Quant aux formes employées dans l'instruction de cette affaire, je crois qu'elles sortent des règles ordinaires, comme le jugement devait en sortir lui-même par l'état unique de l'accusé et la nature particulière de l'accusation. J'ai dû examiner, non si elles étaient conformes aux lois et aux usages des tribunaux, mais si elles étaient suffisantes pour opérer ma conviction intime. La division des fonctions judiciaires en jury d'accusation, jury de jugement, en juges appliquant la loi, est à la fois une précaution et un moyen pris par la société pour assurer la justice; mais cette division n'est pas la justice. La justice consiste dans l'application exacte du droit au fait; voilà ce que j'ai dû chercher dans l'instruction du procès de Louis.

Je déclare cependant que l'état extraordinaire de l'accusé a pu seul me faire concevoir et approuver la forme extraordinaire du jugement, qui doit être unique comme la cause qu'il va décider. Je déclare de plus que si la Convention voulait en porter un second sur un citoyen ordinaire, en employant les mêmes violations de forme, je la regarderais comme criminelle et tyrannique, et que je la dénoncerais à la nation française.

Citoyens, il résulte évidemment pour moi, 1° de l'examen attentif que j'ai fait de la conduite de Louis pendant le cours de l'Assemblée législative; 2° des pièces trouvées, soit dans son château, soit chez l'intendant de la liste civile, que Louis (ci-devant roi) est convaincu d'avoir conspiré contre la sûreté générale de l'État et contre la liberté de la nation; qu'il doit subir en conséquence la peine portée au Code pénal contre les délits de cette nature.

Citoyens, condamner un homme à la mort, voilà, de tous les sacrifices que j'ai faits à ma patrie, le seul qui mérite d'être compté.

LACASE : Louis a fait verser beaucoup de sang; mais

cette guerre qu'il nous a causée n'en fera-t-elle pas couler beaucoup encore? Ne devons-nous pas faire concourir l'existence de Louis à le ménager? Je descends dans ma conscience, et je vote pour la reclusion jusqu'à la paix, et jusqu'à l'époque où les puissances étrangères auront reconnu la république, ensuite le bannissement.

BERGOING : Après avoir réfléchi à tout ce qui m'entoure, à tout ce que l'histoire peut me faire pressentir de dangereux pour notre république naissante ; enfin à tout ce que la plus scrupuleuse comparaison des hommes au milieu de qui j'opine peut fournir à mon opinion, je m'arrête fermement à celle-ci ; la reclusion de Louis.... et je le dis sans crainte.

GARRAU : Citoyens, je n'examine point si nous devons porter un jugement contre Louis, ou prendre une mesure de sûreté générale. Louis est convaincu d'avoir conspiré contre la sûreté ; dès lors, j'ouvre le livre de la loi, je trouve qu'elle porte la peine de mort contre tout conspirateur; je vote pour la mort.

BOYER-FONFRÈDE : Citoyens, c'est avec le calme de la plus froide impartialité que j'ai examiné les accusations portées contre Louis, et les défenses qu'il a fournies; je me suis dépouillé même de cette haine vertueuse que l'horreur de la royauté inspire à tout républicain contre tous les individus nés auprès du trône ; je respecte même l'homme qui fut roi, alors que je vais le condamner; je ne lui reprocherai plus ses crimes; il est convaincu de haute trahison ; dès lors la loi, ainsi que l'intérêt de l'État, la justice universelle, ainsi que le salut du peuple, le condamnent à mourir. J'appliquerai donc la loi, comme je le ferais à ma dernière heure ; et si, lorsque je retranche un mortel du nombre des vivants, mon cœur est froissé de douleur, ma conscience tranquille n'a point de remords à craindre.

DELEYRE : Pour le maintien de la république, pour le salut du peuple, pour l'instruction du genre humain, je vote pour la mort.

DUPLANTIER : En votant contre l'appel au peuple, je ne me suis pas dissimulé les inconvénients d'un jugement définitif, mais j'ai consulté ma conscience et la loi ; je vote pour la mort, et je demande que l'Assemblée suspende l'exécution.

Hérault. — CAMBON : Le vœu des Français est parfaitement connu, tous veulent la destruction de tous les priviléges et la punition de tous ceux qui résisteraient à l'établissement du régime de l'égalité; déjà j'ai été obligé, dans l'Assemblée législative, pour l'intérêt suprême du salut de ma patrie, de prononcer la déportation d'une caste jadis privilégiée, qui n'avait fait d'autre crime que de refuser le serment de fidélité au nouveau régime. Avec vous, j'ai été obligé de prononcer la peine de mort contre les émigrés, complices de Louis, et contre ceux qui n'ayant pas pris les armes contre leur patrie, rentreraient en France; aujourd'hui j'ai à juger un privilégié convaincu de trahison contre la patrie; la loi est positive; son crime est notoire, je me croirais coupable envers la justice nationale, si je me bornais à la déportation. Je vote pour la mort.

BONNIER : D'après la nature du crime, et pour la sûreté de la république, je vote pour la peine de mort.

CURÉE : Je vote pour la reclusion pendant la guerre, et la déportation à l'époque de la paix.

VIENNET : Si la chute de Louis pouvait entraîner celle de tous les prétendants à la couronne, je voterais pour la mort de Louis; mais comme cela ne se peut, l'intérêt du peuple me paraît repousser cette peine. Je conclus à ce que Louis soit reclus pendant tout le temps de la guerre.

ROUYER : La majorité de l'Assemblée m'a imposé la loi d'appliquer la peine encourue par Louis; je vote pour la peine de mort.

CAMBACÉRÈS : Citoyens, si Louis eût été conduit devant le tribunal que je présidais, j'aurais ouvert le Code pénal, et je l'aurais condamné aux peines établies par la loi contre les conspirateurs; mais ici j'ai d'autres devoirs à remplir. L'intérêt de la France, l'intérêt des nations, ont déterminé la Convention à ne pas renvoyer Louis aux juges ordinaires, et à ne point assujettir son procès aux formes prescrites. Pourquoi cette distinction? C'est qu'il a paru nécessaire de décider de son sort par un grand acte de la justice nationale; c'est que les considérations politiques ont dû prévaloir dans cette cause sur les règles de l'ordre judiciaire; c'est qu'on a reconnu qu'il ne fallait pas s'attacher servilement à l'application de la loi, mais chercher la mesure qui paraissait la plus utile au peuple. La mort de Louis ne nous présenterait aucun de ces avantages; la prolongation de son existence peut au contraire nous servir. Il y aurait de l'imprudence à se dessaisir d'un otage qui doit contenir les ennemis intérieurs et extérieurs.

D'après ces considérations, j'estime que la Convention nationale doit décréter que Louis a encouru les peines établies contre les conspirateurs par le Code pénal, qu'elle doit suspendre l'exécution du décret jusqu'à la cessation des hostilités, époque à laquelle il sera définitivement prononcé par la Convention ou par le Corps législatif sur le sort de Louis, qui demeurera jusqu'alors en état de détention; et néanmoins, en cas d'invasion du territoire français par les ennemis de la République, le décret sera mis à exécution.

Fabre : D'après le Code pénal, je vote la mort.

Brunel : Je me renferme dans une mesure de sûreté générale, et mon avis est que Louis soit renfermé à perpétuité, sauf à le déporter s'il y a lieu.

Castilhon : Si je ne consultais que les crimes de Louis et la peine qu'il mérite, je ne balancerais pas à prononcer la mort, mais la crainte de voir mêler ce sang odieux à celui d'un peuple que je chéris, me détermine à voter pour la reclusion et le bannissement à la paix.

Ille-et-Vilaine. — Lanjuinais : Comme homme, je voterais la mort de Louis; mais comme législateur, considérant uniquement le salut de l'État et l'intérêt de la liberté, je ne connais pas de meilleur moyen pour les conserver et les défendre contre la tyrannie, que l'existence du ci-devant roi. Je vote pour la reclusion jusqu'à la paix, et pour le bannissement ensuite, sous peine de mort en cas qu'il rentrât en France.

Fermon : Si j'étais obligé de donner mon suffrage comme juge, je répondrais : Ouvrez le Code pénal, il prononce la mort; mais, comme homme, je ne pense pas qu'un homme ait le droit d'ôter la vie à son semblable. Comme législateur, je ne voterais jamais la peine de mort; en conséquence, je vote pour la reclusion jusqu'à la paix, et le bannissement ensuite.

Duval : Comme organe de la loi, je prononce la mort.

Sévestre : Je ne connais point cette justice qui fléchirait devant un coupable élevé, tandis que tous doivent fléchir devant elle. Je vote pour la mort.

Chaumont : D'après votre premier décret, qui déclare Louis coupable, et d'après le Code pénal, la peine à appliquer ne peut plus être mise en question; elle est la mort.

Lebreton : Sans doute Louis XVI mérite la mort; ses crimes sont ceux sur lesquels s'appliquent les dispositions les plus sévères du Code pénal. Si donc je prononçais, je voterais pour la mort ; mais alors je voudrais qu'il y eût les deux tiers des voix. Mais, comme législateur, je pense que Louis peut être un otage précieux et un moyen d'arrêter tous les ambitieux. Je vote pour la reclusion à perpétuité.

DUBIGNON : Je vote pour la détention du tyran, jusqu'à ce que l'Assemblée en ait autrement décidé.

MAUREL : Comme mesure de sûreté générale, je vote pour la détention jusqu'à la paix.

OBELIN : Je vote pour la réclusion pendant la guerre, et la déportation à la paix.

BEAUGEARD : Je vote pour la mort.

Indre. — PORCHER : J'adopte la mesure de la détention jusqu'à ce que la paix et la liberté consolidées permettent de le bannir; et je me détermine d'autant plus à cette mesure, que je crois qu'elle aura de l'influence sur le succès de la campagne prochaine.

THABAUD : Je vote pour la peine de mort, parce que je suis intimement convaincu des crimes de Louis; mais je me réserve de motiver mon opinion pour déterminer le moment de l'exécution du jugement.

PEPIN : Comme représentant de la nation, chargé seulement de faire des lois et de prendre des mesures de sûreté générale, je vote pour la déportation, sous peine de mort, et pour la reclusion jusqu'à la fin de la guerre.

BOUDIN : J'ai beaucoup plus de confiance dans les lumières politiques de Thomas Payne que dans les miennes; je demande, avec lui, que Louis Capet soit tenu en prison jusqu'à la fin de la guerre, et qu'à cette époque il soit banni du territoire de la République.

LEJEUNE : La Déclaration des droits dit expressément que la loi doit être égale pour tous, soit qu'elle punisse, soit qu'elle protége. Je vote la mort du tyran, sans craindre les reproches de mes contemporains, ni de la postérité.

DERAZEY : Je vote pour la reclusion, sauf à effectuer la déportation quand les circonstances le permettront.

Indre-et-Loire. — NIOCHE : Je n'ai plus de vœu à émettre, mais une application de la loi à faire. Louis Capet a été déclaré conspirateur : je prononce comme juge, et je dis qu'il est punissable de mort.

J. DUPONT : La mort.

POTTIER : L'humanité souffre d'une condamnation sévère ; mais des raisons de justice me déterminent. Je vote pour la mort.

Gardien : Louis doit être détenu jusqu'à la paix, et ensuite être banni du territoire de la République.

Ruelle : Je consulte la Déclaration des droits de l'homme, j'ouvre le Code pénal; je prononce une peine terrible, mais nécessaire, la peine de mort; mais je suis d'avis de la restriction faite par Mailhe, et je désire que l'Assemblée examine dans sa sagesse si elle ne doit pas suspendre l'exécution du jugement.

Ysabeau : Il répugne autant à mon caractère qu'à mes principes de prononcer la mort, excepté contre un tyran ; car un tyran ne ressemble pas à un homme. Au reste, ce n'est pas moi qui prononce, c'est le Code pénal : c'est la première et la dernière fois que je vote pour la mort.

Bodin : Louis a rompu le contrat social qui l'unissait au peuple : il a parjuré son serment et conspiré contre la liberté. Tels sont les crimes, et tel est le coupable sur le sort duquel il s'agit de prononcer, non en juges, mais en hommes d'État; non en gens passionnés, mais en hommes sages, lisant dans le passé, réfléchissant sur l'avenir, et de manière à faire tourner le sort de Louis au plus grand bien de la République. Donc, comme le monde entier nous contemple, que la postérité nous jugera, et que le salut public dépend de notre détermination; comme on n'est pas grand par de grandes exécutions, mais par de grands exemples de modération et d'humanité; par des actes de prudence, et non par le sentiment de la haine et l'amour de la vengeance; comme enfin jamais un holocauste de sang humain ne put fonder la liberté, je vote pour la reclusion de Louis et de sa famille, pour être déportés à la paix.

Champigny-Clément : Je vote pour la reclusion, et ensuite pour la déportation un an après la paix.

Isère. — Baudran : Louis n'ayant jamais pu être regardé comme roi constitutionnel, je vote pour la mort, d'après le Code pénal.

Génevois : J'ai déclaré que Louis est convaincu de conspiration contre l'État; en conséquence, je vote pour la mort. Je déclare en outre qu'il me paraît absolument nécessaire, pour la sûreté publique, que ce jugement soit exécuté sans aucun retard.

Charrel : Je vote pour la mort, sauf à examiner ensuite la question de savoir s'il ne serait pas utile de différer l'exécution.

Servonat : Que mon opinion m'attire ou non des injures

ou des menaces, je la prononcerai avec courage. Jetez les yeux sur vos armées, sur vos finances; tremblez que de nouvelles chaînes ne s'appesantissent sur vous, et que votre sagesse dirige les élans de la vengeance nationale contre le tyran. Louis est odieux à tous les Français, son existence ne peut être dangereuse : si au contraire il expie la peine de ses forfaits, vous augmentez la puissance d'un autre prétendant, qui aurait pour lui son or et sa popularité. Comme législateur et comme homme d'État, je vote pour que Louis soit reclus quant à présent, et banni après la guerre.

Amar : Louis est convaincu d'attentats contre la sûreté générale de l'État, et de conspiration contre la liberté; sa vie publique, depuis la Révolution, est un long tissu de crimes; son existence est odieuse, sa mort est nécessaire pour consolider une révolution dont il serait l'éternel ennemi. Ainsi le veut la liberté qu'il a outragée, ainsi l'ordonne l'égalité des droits; c'est le seul despotisme qui puisse nous diriger, je le jure par le peuple français. Je conclus à la mort.

Prunelle *de Lierre* : La Convention nationale n'est pas un tribunal ordinaire autour duquel la loi ait tracé un cercle qu'il ne peut dépasser; elle ne doit consulter que la justice. Je demande que Louis soit banni, sans délai, avec sa femme, sa fille, sa sœur et toute sa famille, sous peine de mort, s'ils rentraient dans la République. Ils ne pourront se plaindre de cette condamnation, puisqu'elle est nécessitée par l'intérêt de la tranquillité publique. Cette mesure éloigne du sein de la République toutes les personnes justement suspectes, et ôte aux mauvais citoyens tout moyen d'exciter des troubles; vous imprimerez à perpétuité une flétrissure sur les bannis : en prononçant au contraire la peine de mort, vous exciteriez la compassion en faveur du père, et l'intérêt d'un grand nombre de citoyens en faveur du fils. Si vous les laissez prisonniers au Temple, ils y seront longtemps un sujet d'inquiétude et de division. Comme représentants d'une grande nation, vous devez mettre votre courage en évidence, en renvoyant votre roi détrôné aux tyrans qui vous font la guerre. Je vote donc pour le bannissement sans délai.

Réal : Je pense que je ne dois prononcer sur le sort de Louis qu'en législateur; qu'en cette qualité je ne dois prendre à son égard qu'une mesure de sûreté générale. Je pense encore que l'existence ignominieuse de Louis, déclaré coupable par un jugement national, sera moins nuisible à ma patrie que ne pourrait l'être son supplice. J'aime mieux que les droits dont il fut revêtu reposent sur sa tête flétrie et humiliée, que de les voir se réunir sur celle de tout autre Bourbon.

Je partage l'opinion de ceux qui pensent que la peine de mort doit être effacée de notre Code pénal. Ainsi, fort de ma conscience, et mû par le seul intérêt de ma patrie, je conclus à la détention de Louis, sauf à la commuer en un bannissement perpétuel dans des temps plus calmes.

BOISSIEU : Je vote pour la reclusion et le bannissement.

GÉNISSIEUX : D'après la déclaration que Louis est coupable de conspiration contre la liberté, et d'attentats contre la sûreté générale de l'État, je cherche dans les lois quelle est la peine qui doit lui être infligée, et je lis dans le Code pénal, la mort. Je me demande si Louis Capet peut trouver, dans quelques lois particulières, un moyen d'échapper à la peine. Ici se présente la constitution ; je l'écarte par deux motifs : 1° Je crois que Louis n'a jamais été roi constitutionnel, et que des preuves juridiques et matérielles attestant qu'il a constamment cherché à la détruire, il ne peut aujourd'hui arguer en sa faveur des articles de cette constitution. 2° Je pense que le droit de commettre tous les crimes, et de les commettre impunément, non-seulement n'a pas été donné au ci-devant roi, et que c'eût été de sa part un crime de l'accepter. C'est ainsi que j'écarte toutes les objections tirées de la prétendue inviolabilité ; je me demande ensuite si, selon les règles de la justice, il a mérité la peine de mort, et j'en ai la conviction intime. Je vote, en conséquence, pour la mort.

Jura. — VERNIER : Dans tout le cours de cette affaire, je ne me suis point regardé comme juge. J'ai voté hier pour l'appel au peuple. Par une suite de mon opinion, comme représentant du peuple, je vote pour la détention.

LAURENÇOT : Je vote pour la reclusion actuelle, et le bannissement de Louis et de toute sa famille à l'époque de la paix.

GRENOT : Louis est convaincu de conspiration, je dois prononcer la peine portée contre les conspirateurs. Je vote pour la mort.

PROST : N'ayant jamais appris à transiger avec les rois, je vote pour la mort.

AMYON : Je vote pour la mort.

BABEY : Je vote pour la reclusion de Louis jusqu'à la paix, et pour le bannissement à cette époque.

Ferroux : Nous avons reconnu que Louis était coupable de conspiration ; les raisons d'État ne prédominent pas ma conscience ; je vote pour la mort.

Bonguyode : Pressé par ma conscience, j'ai reconnu Louis coupable de haute trahison. On me demande mon opinion sur la peine ; je crois que c'est la mort ; mais l'intérêt de ma patrie me fait penser qu'il vaut mieux qu'il reste en détention, parce qu'elle peut hâter la paix. N'est-il pas temps que le sang français cesse de couler? Je demande la détention à perpétuité, sauf à ordonner la déportation, si les circonstances le permettent.

Landes. — Dartigoyte : Comme juge, je dois venger le sang des citoyens égorgés par les ordres du tyran. Comme homme d'État, je dois prendre la mesure qui me paraît la plus utile à la république : or, dans mon opinion, je crains le retour de la tyrannie si Louis existe. Je vote pour la mort, et la prompte exécution. Le républicain ne compose jamais avec sa conscience.

Lefranc : Je n'ai jamais cru voter que comme législateur. Je crois que la mesure de sûreté préférable est le bannissement, et préalablement la reclusion jusqu'à la paix.

Cadroy : Un décret a déclaré Louis coupable de conspiration. La peine est la mort ; ce sont les termes du Code pénal. Mais est-ce dans le Code pénal qu'il faut chercher la peine? Il est certain que, comme juge, je ne puis m'écarter de la loi positive ; mais, comme juge-législateur, je puis balancer avec elle l'intérêt national. Je vote pour la détention.

Dyzès : Je vote pour la mort.

Ducos *l'aîné :* Par la première question, j'ai déclaré Louis coupable de conspiration ; j'ai ouvert le Code pénal, il prononce la mort. J'ai vu dans quelques opinions imprimées qu'on le présentait plutôt comme complice que comme auteur des attentats. J'ai encore consulté le Code pénal. J'y ai vu la même peine contre les complices. Je vote donc pour la mort.

Saurin : Je vote pour la mesure de sûreté générale, pour la détention de Louis et de sa famille jusqu'à la paix. Cette mesure me paraît la seule utile, la seule convenable aux intérêts du peuple et aux circonstances.

Loir-et-Cher. — Brisson : Les principes du droit naturel, l'éternelle raison, l'éternelle justice, avec lesquels la déclaration des droits est, en cela, parfaitement d'accord, veulent que la loi soit égale pour tous, soit qu'elle protége, soit qu'elle punisse, et le Code pénal condamne à la mort tout conspirateur contre la sûreté intérieure et extérieure de l'État; d'ailleurs, nous devons un grand exemple et aux peuples qui furent toujours trop idolâtres des rois, et aux rois eux-mêmes qui, de leur côté, furent toujours, mais ne peuvent plus impunément être les tyrans des peuples; je vote donc pour la mort de Louis XVI.

Chabot : Si je voulais modifier mon opinion, l'envelopper de quelques nuages, je pourrais demander aussi que Louis fût tenu de déclarer ses complices, et qu'ils fussent conduits à la même guillotine. Mais je ne mets pas de restriction à mon jugement, et je prononce la mort, parce que Louis a été tyran, parce qu'il l'est encore, parce qu'il peut le redevenir. Je suis loin de partager l'opinion de mes collègues qui croient n'être pas juges. C'est une qualité qui les honore autant que celle de législateur. Le sang du tyran doit cimenter la république. Je vote pour la mort.

Foussedoire, *remplaçant Bernardin Saint-Pierre* : Toujours j'ai eu en horreur l'effusion du sang. Mais la raison et la justice doivent me guider. Louis est coupable de haute trahison; je l'ai reconnu hier. Aujourd'hui, pour être conséquent, je dois prononcer la mort.

Fressine : La mort.

Leclerc : Je suis convaincu que Louis est coupable de conspiration contre la patrie. Dans un État républicain, la haine et l'expulsion me paraissent les seules peines à infliger aux tyrans détrônés. Dans l'état de crise où se trouve la république, nous devons considérer quelles peuvent être les suites funestes de cette mort. Je pense que la détention peut les prévenir. Je vote pour la détention.

Venaille : Trois questions ont été proposées. Sur la première, j'ai répondu *oui*; elle déclare Louis convaincu de trahison; sur la seconde, j'ai répondu *non*, parce que j'ai calculé les inconvénients qu'il y aurait à renvoyer un pareil acte à la source; sur la troisième, législateur, je prends une mesure de sûreté générale; juge, j'applique la loi. Je vote pour la mort.

Haute-Loire. — Regnault : Je vote pour la mort.

Delcher : La mort.

Flageas : La mort.

Faure : Représentant d'un peuple généreux, mais juste, je vote pour la mort. Je demande que l'exécution du jugement soit faite dans les vingt-quatre heures.

Bonet *fils* : La mort.

Barthélemy : La mort.

Loire-Inférieure. — Méaulle : Je ne puis vouloir soustraire le plus grand des coupables à la peine qu'il a méritée, je vote pour la mort.

Lefebvre : La reclusion et la déportation.

Chaillon : Je vote pour la reclusion d'abord, et pour le bannissement après la guerre. Je m'oppose à la mort de Louis, précisément parce que Rome la voudrait pour le béatifier.

Mellinet : Comme législateur, le sort de l'État doit seul déterminer ma conscience ; c'est d'après cela que je vote pour la reclusion pendant la guerre, et le bannissement après la paix.

Villers : Je vote pour une peine terrible, mais que la loi indique, la mort.

Fouché : La mort.

Jarry : Je vote la reclusion et le bannissement lorsque la république sera consolidée.

Coustard : Je vote, par les mêmes motifs, pour le bannissement après la guerre.

Loiret. — Gentil : Sur les deux questions qui ont déjà été soumises à la délibération, je n'ai voté que comme législateur. Un roi détrôné peut être banni sans exciter d'autres sentiments que ceux de l'indignation et du mépris, au lieu que, condamné à mort, il peut exciter la pitié. L'histoire d'Angleterre, en me présentant un cas très-pareil à celui-ci, m'a porté à faire de terribles réflexions. Je ne veux donc pas que mon opinion contribue à donner à la France un Cromwell, ou le retour imprévu de Charles II. Je vote pour la reclusion jusqu'à la paix générale et l'affermissement de la liberté.

Garan-Coulon : Comme représentant du peuple, chargé de prendre une mesure de sûreté générale, je vote pour la reclusion.

Lepage : La nature a mis dans mon cœur une invincible horreur pour l'effusion du sang ; je pense que l'homme n'a pas le droit de condamner l'homme à la mort ; je demande que le tyran soit détenu pendant la guerre, et banni à la paix.

Pellé : Non comme juge, mais comme homme d'État, je demande la détention pendant la guerre, et l'expulsion perpétuelle ensuite.

Lombard-Lachaux : Il en coûte sans doute beaucoup à un

cœur sensible de prononcer la mort de son semblable; mais ici l'homme disparaît, et je ne trouve qu'un grand coupable; j'étouffe en moi le gémissement de la nature pour n'écouter que la voix de la justice et celle des victimes immolées à la rage du tyran. Comme la loi doit être égale pour tous, comme il importe de donner un grand exemple, comme cette troisième question est inséparable de la première, de sorte qu'il ne vous est pas permis de faire grâce à un homme déclaré coupable, je vote pour la peine de mort.

GUÉRIN : Il entre dans mes principes de regarder le dernier tyran comme un ennemi vaincu. Je vote pour la reclusion, et pour l'expulsion après la guerre.

DELAGUEULLE : Un ci-devant roi non coupable serait banni par une république, un roi coupable doit subir la peine de ses forfaits. Je vote pour la mort.

J.-B. LOUVET : Citoyens, je voterai la mort, mais à cette condition, que le jugement ne pourra s'exécuter qu'après que le peuple français aura accepté la constitution que vous êtes chargés de lui présenter.

Je vote pour la mort de Louis, mais à cette condition expresse; et je déclare formellement que mon opinion est indivisible; à cette condition, dis-je, que le jugement ne pourra recevoir son exécution qu'après que le peuple français aura accepté la constitution qu'il vous a chargés de lui présenter.

LÉONARD BOURDON : Pour des raisons de sûreté générale et d'humanité, je vote pour la mort et l'exécution dans les vingt-quatre heures.

Lot. — LABOISSIÈRE : Je suis juge, et je ne puis m'empêcher d'être juge; Louis est convaincu de conspiration contre la liberté, j'ouvre le Code pénal, je prononce la mort, me réservant, cemme Mailhe, d'examiner s'il ne serait pas utile de surseoir à l'exécution du jugement.

GLEDEL : Je vote pour la mort.

SALLÈLES : Je vote pour la reclusion.

JEAN-BON SAINT-ANDRÉ : Tous les peuples qui ont voulu être libres n'ont pu l'être que par la mort des tyrans. Je vote pour la mort.

MONTMAYON : Je cherche dans la loi la peine contre les conspirateurs; j'y trouve la mort, je prononce la mort.

CAVAIGNAC : Un décret de la Convention m'a constitué juge de Louis; je dois m'y soumettre et agir en cette qualité. Hier, Louis a été déclaré, à l'unanimité, convaincu de conspiration et d'attentat contre la liberté et la sûreté de l'État.

En votant pour ce décret, je n'ai dû écouter et n'ai réellement écouté que le cri de ma conscience. Dans ce moment où il s'agit de déterminer la peine à infliger à Louis, je ne dois consulter que la loi; je ne suis que son organe, et ce serait un crime à moi de substituer à sa volonté suprême ma volonté particulière. En conséquence, je déclare qu'en conformité de la loi, qui porte la peine de mort pour les crimes dont Louis est déclaré convaincu, Louis doit subir la mort. Le vœu terrible que je viens d'énoncer ne laisse dans mon âme d'autre amertume que celle qu'éprouve toujours l'homme sensible lorsque son devoir lui impose la cruelle obligation de prononcer la mort de son semblable.

Un décret m'assure que demain la Convention s'occupera du sort du reste des Bourbons : je n'ai donc d'autre vœu à former à cet égard que celui de voir bientôt ma patrie débarrassé de tout ce qui peut faire ombrage à sa liberté.

Bouguey : C'est en législateur que je prononce, et non en juge. Je vote pour la reclusion.

Delbret : Je vote pour la mort, à condition que le jugement ne sera exécuté qu'après que la Convention aura pris des mesures de sûreté générale sur la famille des Bourbons.

Albouys : Je vote pour la reclusion.

Lot-et-Garonne. — Vidalot : Ce n'est que comme législateur que hier j'ai opiné pour déclarer Louis coupable de haute trahison contre l'État. En cette double qualité, je dois déclarer aujourd'hui la peine : la loi prononce la mort contre les conspirateurs; la mort de Louis est nécessaire à l'intérêt de la république. Je vote pour la mort.

Laurent : Comme législateur, et non comme juge, je vote pour la reclusion.

Paganel : Louis est coupable de conspiration contre la sûreté générale et contre la liberté : qu'il expie ses crimes et nos infortunes. L'inviolabilité des rois est la source de toutes les misères publiques. Composer avec elle, ce serait rendre hommage à cette funeste erreur, et retarder l'affranchissement des nations, à qui nous devons la vérité tout entière, comme nous leur devons une entière justice. Les rois ne peuvent plus être utiles que par leur mort. Je désire que le supplice du ci-devant roi soit le dernier qui souille le territoire de notre république.

J'appuie la motion de Mailhe.

Claverie : Je vote pour la reclusion jusqu'à la paix.

Laroche : Je vote pour la détention de Louis pendant la guerre, et le bannissement à la paix.

Boussion : Quel que soit le décret que la Convention va rendre, la solennité de sa discussion l'a mise à l'abri de tout reproche. Vous avez déclaré que Louis était coupable de conspiration. J'aurais désiré que la troisième question fût la seconde. La Convention a déclaré que l'appel au peuple n'aurait pas lieu. Mon vœu était pour l'appel, parce que, dans mon opinion, le peuple seul pouvait juger souverainement; mais je ne compose point avec les principes. La loi prononce la mort; je vote donc pour la mort.

Guyet-Laprade : Je vote pour la détention.

Fournel : Je vote pour la mort de Louis, convaincu du crime de haute trahison.

Noguer : J'ai interrogé ma conscience : elle m'a dit que Louis était coupable. Je l'ai interrogée comme homme d'État; je vote pour la reclusion.

Lozère. — Barrot : Comme je suis parfaitement convaincu qu'il n'existe plus parmi nous de traces de la royauté; comme la mort de Louis ne me paraît pas nécessaire, utile même à l'intérêt de la république, je vote pour la reclusion pendant la guerre.

Chateauneuf-Randon : L'Assemblée a décrété, à l'unanimité, Louis convaincu de conspiration; la loi le condamne à la mort. Les considérations politiques n'ont été invoquées que par le fanatisme et la tyrannie. Heureusement le règne en est passé. On parle d'une faction; je n'y crois pas : si je pouvais y croire, je ne la verrais que du côté de ceux qui mettent tant de méchanceté à supposer des partis. Mais si quelque ambitieux osait attaquer la liberté, les bras du peuple sont levés, et je briguerais l'honneur de porter les premiers coups. Je vote pour la mort de Louis le dernier.

Servière : Je vote pour la mort, en me proposant d'examiner la question du sursis.

Monestier : J'émettrai mon opinion comme juge et comme législateur. Comme juge, je trouve dans le Code pénal la peine de mort contre les conspirateurs : comme législateur, je vote pour la mort, en demandant que la peine ne soit appliquée qu'à la paix.

Maine-et-Loire. — Choudieu : La mort.

Delaunay *l'aîné* : Je vote pour la mort.

Deshoulières : J'ai voté avec confiance que Louis était coupable de conspiration; mais je ne suis pas juge : comme législateur, je m'en tiens à des mesures de sûreté générale; je vote pour la détention pendant la guerre, et la déportation après la paix.

Réveillère-Lepeaux : La mort.

Pilastre : La détention jusqu'à la paix, et le bannissement à cette époque.

Leclerc : Je vote pour la mort.

Daudenac *aîné :* Je déclare que je ne prononce pas comme juge, mais comme législateur. Je vote pour la reclusion jusqu'à la paix.

Delaunay *le jeune :* Je vote pour la reclusion jusqu'à la paix.

Pérard : Je vote pour la mort.

Daudenac *le jeune :* J'ai trouvé dans mon opinion imprimée que ce n'était pas comme juge, mais comme législateur que je votais dans cette affaire : je propose la déportation de tous les prisonniers qui sont au Temple, mais la détention provisoire jusqu'à la paix.

Lemaignan : Je vote pour la reclusion.

Manche. — Gervais-Sauvé : Je propose la détention jusqu'à la paix, et le bannissement à cette époque.

Poisson : Je propose la reclusion pendant la guerre, et le bannissement à la paix.

Lemoine : Une loi de l'État a déclaré Louis coupable de trahison; une autre loi condamne à la mort tout conspirateur contre la sûreté de l'État : comme représentant de la nation, je vote pour le dernier supplice.

Letourneur : Lorsque la Convention a mis en question si le ci-devant roi serait jugé par elle, j'ai voté contre; mais la majorité a prononcé. J'avais pensé ensuite que l'appel au souverain pouvait seul réparer cette faute. La majorité a rejeté cet appel; je me soumets à sa décision, je suis donc obligé de juger souverainement : comme juge, je consulte la loi, toutes les considérations s'évanouissent devant elle; je vote pour la mort.

Ribet : Je prononce la peine de mort, avec cette réserve qu'elle ne sera exécutée que lorsque la race des Bourbons sera expulsée de la France.

Pinel : Je ne puis cumuler les fonctions de juge et de législateur; je vote librement pour la détention.

Carpentier, *de Valogne :* Comme je n'écoute que la voix de l'impérissable justice, que le cri de ma conscience, je vote pour la mort de Louis Capet.

Havin : Je vote pour la mort.

Bonnesoeur : La mort. Je prononce cette peine terrible d'après ma conviction intime; le sang que Louis a fait répandre, l'intérêt de l'État, le cri de ma conscience, m'obligent de voter ainsi; mais parce que la Convention a rejeté l'appel au peuple, comme je vois s'élever contre elle des projets d'avilissement, comme je vois se former une faction désorganisatrice, je demande que le décret n'ait son exécution que vingt-quatre heures après le décret d'accusation contre Marie-Antoinette et le bannissement des Bourbons.

Engerran : Je vote pour la détention.

Laurence-Villedeuil : Je pense que Louis a mérité la mort, mais qu'il doit être sursis à l'exécution tant que l'Espagne ne nous aura pas déclaré la guerre, que l'Autriche ne la continuera pas.

Hubert : Je vote pour la mort.

Bretel : Je vote pour la reclusion.

Marne. — Prieur : Le peuple entier a accusé Louis de conspiration contre sa liberté et sa souveraineté. La Convention nationale l'a déclaré convaincu de conspiration contre la liberté du peuple; la loi a fait le reste; elle a prononcé la mort contre les conspirateurs. Je prononce cette peine à regret; mais, comme organe impassible de la loi, je prononce la mort.

Thuriot : La mort.

Charlier : La mort.

Charles Delacroix de Constant : Comme représentant du peuple, je dois apporter ici moins l'expression de ma volonté particulière, que celle de la volonté générale. La volonté générale a appliqué la peine de mort aux crimes dont Louis est convaincu. Je vote pour la mort.

Deville : La mort.

Poulain : La reclusion et le bannissement.

Drouet : Louis a conspiré contre l'État; par une suite de ses trahisons, il a fait couler, à grands flots, le sang des citoyens. Il a ouvert les portes du royaume aux ennemis, qui ont apporté la misère et la mort dans mon pays. Tant d'outrages faits à la nation, qui le comblait de ses bienfaits, ne peut se laver que dans le sang. Je le condamne à la mort.

Armonville : Je vote pour la mort.

Blanc : La reclusion pendant la guerre, et le bannissement à la paix.

Batelier : Si je n'étais bien convaincu, je le serais en

jetant les yeux sur le territoire entier de mon département ; j'y verrais les campagnes ravagées par des satellites armés au nom de Louis, des filles violées, le sein des femmes arraché, des enfants immolés dans le berceau... Un tel tableau, et il n'est que trop réel, n'est pas fait sans doute pour apitoyer sur le tyran, qui, pour rétablir sa domination absolue, a provoqué tant de crimes. Je vote pour la mort.

Haute-Marne. — GUYARDIN : Louis est déclaré convaincu de haute trahison, et d'attentats contre la sûreté générale de l'État : déjà Laporte, d'Angremont, Backmann, et autres convaincus des mêmes crimes, ont été punis de mort ; c'était pour lui, par lui, et avec lui que ces conjurés subalternes agissaient ; il répugne à ma raison de pardonner au chef, lorsque j'ai condamné les complices. Toutes les considérations politiques sont ici lâcheté ou perfidie : elles peuvent convenir aux despotes ; je les crois indignes d'un peuple libre : tout délai serait une faiblesse. L'avantage qu'on prétend en tirer vis-à-vis des ennemis extérieurs est illusoire ou incertain. En conséquence, je demande que Louis soit condamné à mort, et que le jugement soit exécuté dans les vingt-quatre heures.

MONNEL : Je déclare, au nom du peuple français, que Louis a encouru la mort.

ROUX : Je vote pour la mort. Vengeur de deux peuples libres, je n'aurai qu'un regret à former, c'est que le même coup ne puisse frapper la tête de tous les tyrans.

VALDRUCHE : La mort.

CHAUDRON-ROUSSEAU : Convaincu que son existence ne pourrait cesser d'être funeste à la république, je vote pour la mort.

LALOI : La mort.

WANDELAINCOURT : Je demande que le ci-devant roi soit banni après la guerre.

Mayenne. — BISSY *le jeune :* Je vote pour la mort, mais avec sursis jusqu'au moment où les puissances étrangères voudraient envahir le territoire de la république. Et dans le cas où elles feraient la paix, je vote pour qu'on examine alors s'il n'y a pas lieu à commuer la peine. Mon opinion est indivisible.

ESNUE (Joachim) : La mort.

DUROCHER : Pour sauver ma patrie et punir le tyran, je vote la mort.

ENJUBAULT : Pour la mort ; mais à condition qu'il soit sursis à l'exécution jusqu'au moment où les puissances étrangères envahiraient notre territoire; et dans le cas contraire, que l'on commue la peine; j'entends que mon opinion soit indivisible.

SERVEAU : (Même opinion que le précédent.)

PLAICHARD-CHOTTIÈRE : Je vote pour la reclusion et pour le bannissement après la guerre.

VILLARS : Je suis convaincu que la peine de mort infligée à un criminel quelconque est absolument contraire à la nature et à la raison; je suis convaicu que la stabilité d'une république bien fondée ne dépend ni de la vie ni de la mort d'un individu; que tuer un tyran a toujours été la dernière ressource de la tyrannie. Je vote pour que Louis soit détenu pendant la guerre, et qu'après cette époque il soit banni à perpétuité.

LEJEUNE (René-François) : C'est comme législateur que je propose une musure de sûreté générale. La peine de mort est moins établie pour punir un coupable, que pour effrayer les autres; cette loi n'a pas d'application au cas particulier dont il s'agit. Je conclus à la reclusion perpétuelle.

Meurthe. — SALLES : Je demande que Louis soit détenu jusqu'à la paix.

MALLARMÉ : Louis a été cent fois parjure; le glaive de la justice s'est promené longtemps sur sa tête sans le frapper; il est temps que les représentants de la nation française apprennent aux autres nations que nous ne mettons aucune différence entre un roi et un citoyen. Je vote pour la mort.

LEVASSEUR : Je vote pour la peine de mort, comme la seule qui doive être appliquée aux conspirateurs.

MOLLEVAULT : Je vote pour la détention pendant la guerre, et pour le bannissement à la paix.

BONNEVAL : Je vote pour la mort.

LALANDE : Pour la reclusion.

MICHEL : La détention et le bannissement.

ZANGIACOMI : Je n'aurais jamais accepté une cumulation de pouvoirs telle que celle qu'on suppose nous avoir été donnée par nos commettants. Rappelez-vous de ce mot échappé à Charles Ier : *Rien n'est plus abject qu'un roi détrôné.* La honteuse existence de Louis aura au moins cet avantage de déjouer les complots ambitieux, et de servir d'épouvantail à tous ses pareils. Je vote pour la détention pendant la guerre et le bannissement à la paix.

Meuse. — MOREAU : La sûreté de l'État ne me paraît pas

commander la destruction de Louis Je vote pour le bannissement, qui n'aura lieu qu'à la paix.

MARQUIS : Comme juge, je n'hésiterais pas à prononcer la peine de mort, puisque cette peine barbare souille encore notre code; mais comme législateur, mon avis est que Louis soit détenu provisoirement comme otage, pour répondre à la nation des mouvements intérieurs qui pourraient s'élever pour le rétablissement de la royauté et des nouvelles hostilités et invasions des puissances étrangères.

TOCQUOT : Membre de la Législative, j'ai suspendu Louis Capet; membre de la Convention, je l'ai déclaré convaincu de conspiration, j'ai suivi ma conscience; je ne puis cumuler tous les pouvoirs; je ne puis prononcer qu'en législateur et en homme d'État. Je conclus à la reclusion provisoire et au bannissement après la guerre.

PONS (*de Verdun*) : Je vois dans les crimes de Louis Capet et ceux des conspirateurs ordinaires, qu'entre le meurtre à force ouverte et le poison, l'homme roi a toujours été privilégié dans le sens du crime. Louis a été accusé par la nation entière d'avoir conspiré contre la liberté ; vous l'avez déclaré convaincu de cet attentat, ma conscience me dit d'ouvrir le Code pénal, et de prononcer la peine de mort.

ROUSSEL : Louis n'a aucun moyen physique et moral; les aristocrates même le méprisent. Loin donc qu'il y ait du danger à le laisser vivre, c'est une mesure utile aux yeux de la saine politique. Je vote pour la détention.

BAZOCHE : J'ai été envoyé à une Convention nationale. J'ai été revêtu de pouvoirs illimités ; mais je n'ai jamais pensé que le pouvoir judiciaire en fît partie, à moins qu'il ne m'eût été délégué par un mandat spécial de la nation. Je conclus à ce que Louis soit détenu comme otage jusqu'à l'époque où les représentants ne verront plus d'obstacle à la déportation.

HUMBERT : J'ai déclaré Louis coupable de haute trahison ; j'ai voté pour l'appel au peuple ; je dois respecter le vœu de la majorité. Je propose la reclusion pendant la guerre, et le bannissement à la paix.

HARMAND : Je vote pour le bannissement immédiat.

Morbihan. — LEMAILLAND : J'ai pensé que l'existence honteuse de Louis était moins dangereuse que sa mort. Je vote pour la reclusion provisoire et le bannissement à la paix.

LEHARDY : Je demande que Louis soit mis en état de détention tant que la république courra quelques risques, ou jusqu'au moment où le peuple aura accepté la constitution; alors, et seulement alors, vous décréterez le bannissement.

CORBEL : Je déclare que Louis, convaincu d'attentat contre la sûreté générale de l'État, a mérité la mort; mais dans les circonstances où nous nous trouvons, comme c'est en hommes d'Etat que nous devons prononcer, et qu'une mesure de sûreté générale est préférable à une application rigoureuse de la loi, je demande que Louis et sa famille soient gardés au Temple ou dans toute autre ville jusqu'à la paix.

LEQUINIO : Citoyens, je ne puis pas être généreux quand je suis obligé d'être juste, et je ne dois point m'abandonner à un sentiment qui paraît tenir de la grandeur, mais qui n'est vraiment qu'un reste d'idolâtrie pour les rois. Un seul assassinat est puni de mort; et je vois accumulés sur la tête de Louis, la trahison, les parjures, une longue conspiration, et la mort de vingt mille Français; Louis a donc mérité plus que la mort; cependant la peine de mort est à mes yeux un crime commis au nom de la loi, et je voudrais qu'il fût possible de marquer ce jour mémorable par l'abolition de ce supplice moins propre lui-même à corriger les nations qu'à les rendre cruelles et perverses.

Je voudrais pouvoir condamner Louis à un supplice dont la durée servît longtemps d'exemple, en même temps qu'elle serait une grande leçon d'égalité; l'on doit m'entendre : ce sont les galères perpétuelles; et je suis si intimement persuadé que ce supplice est plus proportionné que la mort aux forfaits du tyran, que son exposition seule va révolter l'imagination des femmes, des aristocrates et de tous ceux que la faiblesse ou la vanité peut asservir encore à d'antiques préjugés. Je le soutiens; au surplus, si la peine de la reclusion emportait la majorité des suffrages, elle ne pourrait pas être ailleurs qu'au bagne, sans quoi vous seriez encore injustes et prévaricateurs contre la déclaration des droits de l'homme et les maximes de l'égalité sociale.

Mais des considérations qui découlent de la faiblesse et de l'imphilosophisme pourraient faire redouter, dans le tyran aux galères, un chef de parti toujours prêt à voir une pitié malentendue rompre ses chaînes et lui donner le moyen de s'en servir pour occasionner de nouveaux troubles à la liberté publique; et le Code pénal, encore subsistant, présente la peine de mort.

Quant aux considérations politiques induites de nos relations à l'égard des puissances étrangères, elles sont absolument nulles pour moi; huit cent mille soldats, des canons, et l'énergie dont la Convention nationale doit se remplir pour l'imprimer à tout le peuple français, voilà les seules raisons qui puissent vous excuser de l'affront que votre révolution a déjà fait à tous les tyrans.

Pour ce qui est de cette crainte que je vois exister ici, d'un nouveau prétendant à la tyrannie, j'avoue que c'est à mes yeux un fantôme que la pusillanimité se fait pour le combattre; et je me réserve, au reste, à donner un moyen sûr de ne le pas craindre, en parlant sur la famille des Bourbons; je réclame à cette fin la parole immédiatement après Gensonné, qui vient de la demander sur le même sujet. Et je vote contre Louis pour la peine de mort.

AUDREIN : Je déclare qu'étranger à tout parti, et ne consultant que ma conscience et la nécessité de consolider la révolution, je vote pour la peine de mort, et je demande que la Convention examine s'il est expédient de surseoir à l'exécution du jugement.

GILLET : Inaccessible à la crainte, je n'ai consulté que l'intérêt de la république. Louis a mérité la mort, puisqu'il a conspiré contre la liberté; mais convaincu que le supplice est inutile et dangereux; que sa mort ferait passer toutes les prétentions de la royauté sur la tête d'un fils dont nul crime n'a encore flétri l'innocence, je vote pour la détention perpétuelle, sauf à la changer en bannissement, si les circonstances le permettent.

MICHEL : Je vote pour la reclusion pendant la guerre et pour le bannissement à la paix.

ROUAULT : Nous sommes ici pour le salut public; c'est le salut public qui doit guider notre détermination; le salut public est-il dans la mort du tyran? Il est grandement coupable sans doute; une mort n'expierait pas ses forfaits, et je ne crois pas que l'intérêt de la patrie exige cette mort. Je vote pour la reclusion.

Moselle. — ANTHOINE : Sur mon honneur, Louis mérite la mort.

HENTZ : La mort.

BAR : Louis mérite la mort.

BLAUX : J'avais trois fils; le premier est mort en Amérique; le second à Francfort; je viens d'offrir le troisième à Custine. Je suis convaincu que Louis a mérité la mort par ses crimes; mais comme je serais récusable si je prononçais, je vote, comme législateur, pour la peine la plus légère, pour la détention jusqu'à la paix et pour le bannissement à cette époque.

THIRION : Je n'ai ni père, ni fils à venger, mais cent mille de mes concitoyens. Je vote pour la mort.

BECKER : Je vote pour la reclusion.

Nièvre. — SAUTEREAU : La peine due aux conspirateurs est dans le Code pénal. Elle ne me laisse rien à dire. Je vote pour la mort.

DAMERON : Un républicain ne consulte que les intérêts de la patrie. Je vote pour la mort.

LEFIOLT : La mort.

GUILLERAULT : J'ai reconnu Louis convaincu du crime de haute trahison : c'est dire que je le juge à mort.

LEGENDRE : Je vote pour la mort.

GOYRE-LAPLANCHE : Je vote pour la mort; et par mesure de sûreté générale, je la vote pour le plus bref délai.

JOURDAN : La peine de mort est contraire à mes principes. Cependant, si le sang de Louis pouvait établir le règne des lois, assurer l'empire de la liberté, je le répandrais plutôt moi-même, dussé-je me poignarder après pour ne pas vivre avec le remords d'avoir fait mourir mon semblable. Je vote pour le bannissement, mais seulement à l'époque de la paix.

Nord. — MERLIN : Je vote pour la mort.

DUHEM : La mort.

COCHET : La mort.

FOCKEDEY : Louis est la cause de la mort de plusieurs milliers de Français, de la dévastation de nos terres, de l'anéantissement de nos relations commerciales ; mais le principe conservateur de la république entière, c'est de ne compromettre, par notre jugement, la sûreté ni la propriété de ceux qui nous envoient. D'après ces motifs, et comme législateur, je vote pour la détention jusqu'à ce que la république ne soit plus en danger.

LESAGE-SENAULT : Un juge national, un citoyen libre, ne peut pas ne pas condamner le tyran à mort. Je demande qu'il soit exécuté dans les vingt-quatre heures.

CARPENTIER : La mort.

BRIEZ : Je vote pour la mort. Si, au contraire, la majorité était pour la reclusion, je fais la motion expresse qu'il soit décrété que si, d'ici au 15 avril prochain, les puissances étrangères n'ont pas renoncé au dessein de détruire notre liberté, on leur envoie sa tête.

Sallengros : Je ne puis capituler ni avec mes devoirs, ni avec la loi. Je suis convaincu de toutes les trahisons de Louis, je ne puis me dispenser de prononcer la mort.

Poultier : La mort dans les vingt-quatre heures.

Daoust : La mort de Louis ou de la république. Louis a trop vécu, sa mort est une justice. Les républicains ne connaissent d'autres principes que d'être justes.

Oise. — Coupé. — Je vote pour la mort.

Callon : La mort.

Massieu : J'ai réfléchi, autant qu'il était en moi, au devoir redoutable et pénible à mon cœur que j'ai à remplir. Je croirais manquer à la justice, à la sûreté présente et future de ma patrie, si, par mon suffrage, je contribuais à prolonger l'existence du plus cruel ennemi de la justice, des lois, de l'humanité ; en conséquence, je vote pour la mort.

Charles Villette : Ma conscience m'a ordonné de déclarer Louis coupable de haute trahison.

Je demande la reclusion du ci-devant roi, et qu'à l'époque de la paix, il soit à perpétuité banni des terres de la république.

Anacharsis Cloots : Louis est coupable de lèse-majesté. Quelle punition ont méritée ses crimes ? Je réponds, au nom du genre humain, la mort.

Portiez : Louis Capet est convaincu de conspiration ; il mérite la mort. Comme homme d'État, je déclare qu'il doit la subir, parce que la première politique d'un peuple qui a le sentiment de sa force et de sa dignité, c'est la justice. Je parle sans passion, parce qu'un individu tombé du trône dans une prison ne peut pas être un objet de vengeance. Je vote pour la mort avec l'amendement de Mailhe, qui consiste à ce que l'assemblée juge ensuite s'il ne serait pas convenable d'examiner la question de l'époque à laquelle le jugement doit être exécuté.

Bezard : Le souverain m'a nommé l'un de ses représentants, la Convention nationale m'a constitué juge de Louis. Ces deux qualités peuvent diviser ma conscience. Six cent quatre-vingt-treize voix ont déclaré Louis coupable. J'ouvre la loi pour appliquer la peine ; comme elle, je dis la mort.

Isoré : La loi est mon guide, et, malgré ma répugnance naturelle, je vote pour la mort.

Delamarre : J'ai voté hier pour la sanction du peuple

souverain; forcé de prononcer aujourd'hui définitivement, dans la double qualité de juge et de représentant du peuple, je dis, comme juge, que je vote pour la mort; mais comme représentant du peuple, chargé de veiller à l'intérêt de ses rapports politiques, je crois que la mort de Louis serait moins utile que son existence. En conséquence, je vote pour sa reclusion jusqu'à six mois après la paix, et pour son bannissement ensuite. Ce qui me détermine surtout, c'est que je considère que si le peuple souverain regardait cette décision comme mauvaise, il serait toujours à temps, malgré votre décret, de demander la mort.

Bourdon : La mort.

Orne. — Dufriche-Valazé : Il y a longtemps que j'ai manifesté mon vœu le plus positif pour la suppression de la peine de mort. Je n'ai point été entendu; la peine de mort subsiste encore; je ne m'attends pas qu'on commence à la supprimer dans l'instant même où il s'agit de juger le plus grand coupable. Je ne me crois pas autorisé à concevoir de la pitié; je ne crains pas que ma raison soit étouffée par la force du sentiment; or, si Louis coupable ne porte pas sa tête sur l'échafaud, vous blessez tous les principes de la justice, de la raison et de l'humanité. Je vote pour la peine de mort. J'ai satisfait à la justice, mais je n'oublie pas que je suis homme d'État, et en cette qualité, je demande un sursis à l'exécution du jugement jusqu'à ce qu'il ait été prononcé sur le sort de la famille de Louis Capet.

Bertrand-Lahosdinière : Si, en 1789, on m'avait demandé quelle peine méritait Louis Capet, j'aurais répondu : La mort. Ses crimes ont toujours augmenté en nombre et en gravité, la peine n'a pas dû diminuer. Hier, en votant pour la sanction du peuple, je croyais devoir rendre un hommage sincère à sa souveraineté; aujourd'hui, je rends le même hommage à sa souveraineté et à l'égalité, en déclarant que Louis doit être puni de mort : car le souverain seul a droit de faire grâce.

Desgrouey : La mort.

Julien-Dubois : La mort.

Plat-Beauprey : En votant pour la mort, j'impose silence au cri de l'humanité pour n'entendre que celui de ma conscience; mais je demande que l'exécution du jugement soit différée jusqu'à ce que la Convention ait pris des mesures certaines pour que la famille de Louis ne puisse être nuisible à la république. Si sa mort a lieu, qu'elle donne un grand exemple, et que son sang rassasie enfin la soif de ces hommes qui ne respirent que mort et carnage.

DUBOE : Convaincu, comme homme d'État, que l'intérêt et la tranquillité publique sont encore liés à l'existence de Louis, j'opine pour la reclusion et le bannissement. Si, au mépris de notre générosité, les puissances étrangères tentaient encore de le rétablir sur le trône, je le condamne dès à présent à subir la mort, aussitôt que la prise d'une de nos villes sera officiellement connue.

DUGUÉ-D'ASSÉ : Louis est un grand coupable; je trouve dans le Code pénal la peine de mort appliquée aux crimes dont il est convaincu, je suis intimement persuadé qu'il la mérite; mais je parle comme législateur; mais je crains que quelque nouveau dictateur, quelque nouveau despote, ne tente de lui succéder. Je vote pour le bannissement, mais pour qu'il n'ait son exécution qu'après la paix.

FOURMY : Je vote pour la détention jusqu'à la paix, et pour la déportation ensuite, sous peine de mort en cas de contravention.

Je voudrais que ce décret fût ratifié par le peuple, avec celui de l'abolition de la royauté.

THOMAS : Je vote pour la mort, dans le cas où les ennemis envahiraient notre territoire.

COLOMBELLE : La mort.

Paris. — ROBESPIERRE : Je n'aime point les longs discours dans les questions évidentes; ils sont d'un sinistre présage pour la liberté; ils ne peuvent suppléer à l'amour de la vérité et au patriotisme qui les rend superflus. Je me pique de ne rien comprendre aux distinctions logomachiques imaginées pour éluder la conséquence évidente d'un principe reconnu. Je n'ai jamais su décomposer mon existence politique, pour trouver en moi deux qualités disparates, celle de juge et celle d'homme d'État: la première, pour déclarer l'accusé coupable; la seconde, pour me dispenser d'appliquer la peine. Tout ce que je sais, c'est que nous sommes des représentants du peuple, envoyés pour cimenter la liberté publique par la condamnation du tyran, et cela me suffit. Je ne sais pas outrager la raison et la justice, en regardant la vie d'un despote comme d'un plus grand prix que celle des simples citoyens, et en me mettant l'esprit à la torture pour soustraire le plus grand des coupables à la peine que la loi prononce contre des délits beaucoup moins graves, et qu'elle a déjà infligée à ses complices. Je suis inflexible pour les oppresseurs, parce que je suis compatissant pour les opprimés; je ne connais point l'humanité qui égorge les peuples et qui pardonne aux despotes.

Le sentiment qui m'a porté à demander, mais en vain, à l'Assemblée constituante l'abolition de la peine de mort, est le même qui me force aujourd'hui à demander qu'elle soit appliquée au tyran de ma patrie et à la royauté elle-même dans sa personne. Je ne sais point prédire ou imaginer des tyrans futurs ou inconnus, pour me dispenser de frapper celui que j'ai déclaré convaincu, avec la presque unanimité de cette assemblée, et que le peuple m'a chargé de juger avec vous. Des factions véritables ou chimériques ne seraient point, à mes yeux, des raisons de l'épargner, parce que je suis convaincu que le moyen de détruire les factions n'est pas de les multiplier, mais de les écraser toutes sous le poids de la raison et de l'intérêt national. Je vous conseille, non de conserver celle du roi, pour l'opposer à celles qui pourraient naître, mais de commencer par abattre celle-là et d'élever ensuite l'édifice de la félicité générale sur la ruine de tous les partis anti-populaires. Je ne cherche point non plus, comme plusieurs autres, des motifs de sauver le ci-devant roi dans les menaces ou dans les efforts des despotes de l'Europe; car je les méprise tous, et mon intention n'est pas d'engager les représentants du peuple à capituler avec eux. Je sais que le seul moyen de les vaincre, c'est d'élever le caractère français à la hauteur des principes républicains, et d'exercer sur les rois et sur les esclaves des rois l'ascendant des âmes fières et libres sur les âmes serviles et insolentes. Je croirai bien moins encore que ces despotes répandent l'or à grands flots pour conduire leur pareil à l'échafaud, comme on l'a intrépidement supposé. Si j'étais soupçonneux, ce serait précisément la proposition contraire qui me paraîtrait vraie. Je ne veux point abjurer ma propre raison, pour me dispenser de remplir mes devoirs; je me garderai bien surtout d'insulter un peuple généreux, en répétant sans cesse que je ne délibère point ici avec liberté, en m'écriant que nous sommes environnés d'ennemis, car je ne veux point protester d'avance contre la condamnation de Louis Capet, ni en appeler aux cours étrangères. J'aurais trop de regrets, si mes opinions ressemblaient à des manifestes de Pitt ou de Guillaume; enfin, je ne sais point opposer des mots vides de sens et des distinctions inintelligibles à des principes certains et à des obligations impérieuses. Je vote pour la mort.

Danton : Je ne suis point de cette foule d'hommes d'État qui ignorent qu'on ne compose point avec les tyrans, qui ignorent qu'on ne frappe les rois qu'à la tête, qui ignorent qu'on ne doit rien attendre de ceux de l'Europe que par la force de nos armes. Je vote pour la mort du tyran.

Collot-d'Herbois : Eloigné de la Convention nationale, j'ai déjà émis le vœu dont j'étais fortement convaincu; ce vœu, c'est la mort. Fidèle à ma conscience, fidèle au vœu de mes commettants, je le répète aujourd'hui. En revenant prendre place dans la Convention, j'ai traversé plusieurs départements; j'ai vu partout le peuple attendre ce grand événement; il est convaincu que la mort du tyran va écraser à la fois tous les partis. Je vote pour la mort.

Manuel : Législateurs, je ne suis pas juge La preuve dernière de la dégradation morale d'un peuple serait de feindre des sentiments qu'il n'a pas, parce qu'il les croit des vertus.

Nous sommes Français, et des Français doivent, avec leurs lumières, être plus que des Romains.

Bons, quand nous étions esclaves, nous ne devons pas moins être bons, parce que nous sommes libres.

Des lois de sang ne sont pas plus dans les mœurs que dans les principes d'une république.

La peine de mort était à supprimer le jour même où une autre puissance que la loi l'a fait subir dans les prisons.

Le droit de mort n'appartient qu'à la nature. Le despotisme le lui avait pris, la liberté le lui rendra.

Si Louis, comme je le voulais, avait été jugé par les tribunaux, il aurait porté cette peine qu'infligent encore les tribunaux, parce que vous n'avez pas encore eu le temps de changer le code de la justice.

Mais Louis s'est jeté lui-même devant les fondateurs d'une république, dont le plus digne moyen, pour se venger de la monarchie, est de la faire oublier.

Louis est un tyran, mais ce tyran est couché par terre. Il est trop facile à tuer, pour que je le frappe. Qu'il se relève, et alors nous nous disputerons l'honneur de lui ôter la vie. Je jure que j'ai le poignard de Brutus, si jamais un César se présente dans le sénat.

Mais, en homme d'Etat qui consulte la morale et la politique, je demande, comme mesure de sûreté générale dans les circonstances où se trouve ma patrie, que le dernier des rois soit conduit avec sa famille prisonnière, d'ici à vingt-quatre heures, dans un de ces forts où les despotes gardaient eux-mêmes leurs victimes, jusqu'à ce qu'il ne manque plus au bonheur public que la déportation d'un tyran, qui alors pourra chercher une terre où les hommes n'aient pas de remords.

BILLAUD-VARENNES : La mort dans les vingt-quatre heures.

CAMILLE DESMOULINS : Manuel, dans son opinion du mois de novembre, a dit : Un roi mort, ce n'est pas un homme de moins. Je vote pour la mort, trop tard peut-être pour l'honneur de la Convention nationale. (Murmures. — Plusieurs membres demandent que Camille soit rappelé à l'ordre.)

MARAT : Dans l'intime conviction où je suis que Louis est le principal auteur des forfaits qui ont fait couler tant de sang le 10 août, et de tous les massacres qui ont souillé la France depuis la révolution, je vote pour la mort du tyran dans les vingt-quatre heures.

LAVICOMTERIE : Tant que le tyran respire, la liberté est en péril; le sang des citoyens crie vengeance; je vote pour la mort.

LEGENDRE : Je me suis voué depuis la révolution à la poursuite des tyrans. Le sang du peuple a coulé. J'étais un de ceux qui, à la journée du 10, dirigeaient les efforts des citoyens contre la tyrannie; je les invitai à respecter les jours de Louis, pour que les représentants donnassent, dans sa personne, un grand exemple. Je vote pour la mort. Je respecte l'opinion de mes collègues qui, par des considérations politiques, ont voté pour une autre peine. Cette même politique me fait voter pour la mort.

RAFFRONT : Je vote pour la mort du tyran dans les vingt-quatre heures. Il faut se hâter de purger le sol de la patrie de ce monstre odieux.

PANIS : La reclusion ou la déportation pourrait égorger la liberté naissante. La loi, la justice, la patrie, voilà mes motifs; je vote pour la mort.

SERGENT : J'ai déjà prononcé la mort contre les ennemis de ma patrie, qui avaient pris les armes contre elle. J'ai fait plus, j'ai prononcé la même peine contre des êtres faibles qui n'avaient commis peut-être d'autre crime que celui de suivre leurs époux ou leurs pères. Depuis longtemps j'étais convaincu des crimes de Louis. Un de mes collègues a dit qu'un roi mort, ce n'est pas un homme de moins. Je ne suis pas de son avis, et je pense que le supplice d'un roi ne peut qu'étonner l'univers. La tête d'un roi ne tombe qu'avec fracas, et son supplice inspire une terreur salutaire. Après avoir balancé tous les dangers, il m'a été démontré dans ma conscience que la mort de Louis était la mesure d'où il en pouvait résulter le moins. Je vote donc pour la mort, et contre le chef et contre ses complices.

Robert : Je condamne le tyran à la mort, et, en prononçant cet arrêt, il ne me reste qu'un regret : c'est que ma compétence ne s'étende pas sur tous les tyrans, pour les condamner tous à la même peine.

Dussault : Mon opinion a été imprimée, elle est l'expression de ma conscience ; je crois qu'on peut être bon patriote sans tuer son ennemi par terre. Je demande que le ci-devant roi soit détenu pendant la guerre, et banni à la paix.

Fréron : Si, après avoir déclaré que Louis Capet est coupable de haute trahison et de conspiration contre l'État, vous ne lui appliquez pas la peine portée par la loi, je demande qu'avant de porter le décret de reclusion, l'image de Brutus soit voilée, et son buste retiré de cette enceinte. J'ai poursuivi le tyran jusque dans son palais ; j'ai demandé sa mort, il y a deux ans, dans des écrits imprimés qui m'ont valu les poignards de Lafayette. Je vote pour la mort.

Beauvais : La mort.

Fabre d'Églantine : Depuis qu'il s'agit ici de la mesure à prendre contre le ci-devant roi, beaucoup d'entre nous se sont demandé : suis-je juge, suis-je législateur, suis-je homme d'État dans cette affaire ? Je n'ai pas encore pu comprendre la subtilité de ces différences. Mon entendement n'a pu s'ajuster encore à cette théorie qui peut modifier de trois façons la voix d'une seule conscience. Vous êtes tous représentants du peuple français, et, en cette qualité, chargés d'exercer en son nom la souveraineté qu'il ne peut exercer lui-même ; je dis plus, c'est que le peuple français ne pourra jamais exercer cette souveraineté. Il faut bien se garder de croire que le pouvoir dont le peuple fait usage dans nos élections soit un acte de souveraineté ; c'est seulement un pouvoir direct et constitué, que le peuple en entier et souverain a cédé à ses diverses parties non souveraines. Ce pouvoir a ses formes et ses limites prescrites, au lieu que le caractère des actes de souveraineté est de vouloir, sans restriction, et sans égard pour les volontés préexistantes.

C'est d'après ce principe que j'ai rejeté l'appel au peuple relativement au sort de Louis Capet. Car la souveraineté du peuple réside dans le vœu de la majorité du peuple entier;

le vœu du peuple français se compose de dix millions de volontés, et six mille assemblées primaires ne produisent que six mille volontés partielles. « Lorsqu'il se forme, dit J.-J. Rousseau, plusieurs associations dans l'État, il ne peut se recueillir de volonté générale; la volonté de chaque assemblée devient générale par rapport à ses membres, mais particulière par rapport à l'État; vous n'avez plus alors autant de volontés que d'hommes, mais autant que d'associations. » Ainsi que J.-J. Rousseau, je mets une différence totale entre les volontés isolées de quelques votants particuliers et la volonté complexe du peuple entier. Dans tout corps délibérant, les pensées des votants sont respectivement dépendantes et tributaires les unes des autres, pour se modifier, se rectifier et se diriger, les unes par les autres, vers l'intérêt général.

Sans ce principe, que tout corps délibérant ne peut être morcelé, que toute majorité réelle et raisonnée ne peut être produite que par une agrégation immédiate du corps délibérant qui la prononce; sans ce principe, dis-je, il n'y a plus de système représentatif.

Prétendre que la majorité d'un peuple est réelle, lorsque cette majorité est divisée en six mille sections, disséminées à de grandes distances, c'est bien me rappeler la majorité de la ligue achéenne ou du corps helvétique; mais lier ce système avec celui de l'unité et de l'indivisibilité de la république française, c'est dire une absurdité.

C'est d'après ces vérités incontestables que j'ai donc regardé l'appel au peuple comme dérisoire et éversif du système de la représentation, le seul qui nous convienne. Arrivé au moment de prononcer au nom du peuple, et pour le peuple, la peine due à Louis, coupable de haute trahison et de conspiration contre la sûreté générale de l'État, j'ai arrêté un instant ma réflexion sur quelques vertus privées, telles que l'humanité, la dignité, la clémence, qu'on a voulu ériger en vertus nationales, et j'ai senti que l'humanité d'une nation consistait dans la défense de ses droits et de son bonheur; j'ai senti que la dignité d'une nation consistait dans sa force et dans l'appareil de ses armes; je me suis rappelé cet aspect de cent mille combattants sortant de terre après le 10 août; et j'ai vu qu'alors la nation avait de la dignité; mais la dignité d'un peuple qui pardonne à son tyran, je ne sais ce que c'est. J'ai senti que la clémence était belle dans un individu, mais inique lorsqu'elle était exercée par une nation. La clémence, dans ce dernier cas, est-elle autre chose que le silence de la justice?

La considération des intérêts politiques ne m'a pas arrêté davantage; je rends hommage à la candeur de ceux qui pensent que les rois sont sensibles aux procédés et capables de résipiscence, que les rois ont d'autre règle de conduite que leur ambition et leur intérêt, que les rois enfin ne font aux nations d'autre mal que celui qu'elles s'attirent; mais moi, qui les juge autrement, je pense que la mort de leurs complices ne leur inspirera pas moins de terreur que de clairvoyance, et d'audace aux peuples qu'ils oppriment.

Enfin, j'ai balancé les trois genres de peines votées contre Louis : Que résultera-t-il de la déportation? Fureur, rage, vengeance, efforts éternels de nous nuire de la part de Louis; de notre part, signe évident de faiblesse et de pusillanimité, qui enhardira les rois, comprimera leurs esclaves; et nulle espèce d'avantage, je défie qu'on m'en cite un seul réel.

La reclusion de Louis vaudrait-elle mieux que son bannissement? Nous préserve à jamais le sort d'un tel tyran dans le sein de la république! N'offrons pas continuellement un appât aux conspirateurs; n'offrons pas aux intrigues la personne d'un ci-devant roi à négocier, ni sa liberté à mettre à prix.

Il n'est donc qu'une peine qui convienne au tyran; la patrie, la justice et la politique me font un devoir de la prononcer; je vote pour la peine de mort.

OSSELIN : Un décret a jugé Louis coupable de conspiration; l'appel au peuple a été rejeté. Il s'agit de déterminer la peine : j'obéis à la loi, je vote pour la mort.

ROBESPIERRE *jeune* : Je ne parlerai point de courage, il n'y en a pas à remplir son devoir. C'est parce que j'abhorre les hommes sanguinaires que je veux que le plus sanguinaire de tous subisse la mort. J'ai peine à concilier l'opinion de ceux qui demandent un sursis : c'est substituer à l'appel au peuple un appel aux tyrans. Je ne vote point pour la détention jusqu'à la paix, parce que je crois que demain nous aurions la paix, et qu'après-demain Capet commanderait les armées ennemies.

DAVID : La mort.

BOUCHER : Je vote pour la mort.

LAIGNELOT : La mort.

THOMAS : La détention jusqu'à la paix, mais avec cette

condition, que Louis subira la mort au moment où les puissances envahiraient notre territoire.

ÉGALITÉ (*ci-devant d'Orléans*) : Uniquement occupé de mon devoir, convaincu que tous ceux qui ont attenté, ou attenteront à la souveraineté du peuple, méritent la mort, je vote pour la mort. (Quelques murmures s'élèvent dans une partie de la salle.)

Pas-de-Calais. — CARNOT : Dans mon opinion, la justice veut que Louis meure, et la politique le veut également. Jamais, je l'avoue, devoir ne pesa davantage sur mon cœur que celui qui m'est imposé; mais je pense que, pour prouver votre attachement aux lois de l'égalité, pour prouver que les ambitieux ne vous effrayent point, vous devez frapper de mort le tyran. Je vote pour la mort.

DUQUESNOY : Intimement convaincu des crimes et des forfaits du tyran, je vote pour la mort.

VARLET : Je vais prononcer un jugement dont la conséquence ne peut être indifférente au salut de l'État. J'ai pensé que la nation ne devait se déterminer par aucun sentiment de vengeance, et que la mesure la plus salutaire pour le repos de l'État, la plus propre à prévenir les factions intestines, et la plus conforme à nos intérêts politiques, était que Louis fût condamné à la reclusion pendant la guerre, ensuite au bannissement perpétuel.

LEBAS : Et moi aussi, je suis l'ami des lois. Quand elles prononcent la peine de mort contre un conspirateur, je ne sais pas, sous prétexte que ce conspirateur fut roi, parler de reclusion et de bannissement.... On a parlé de politique; je n'en connais pas d'autre que la justice pour un peuple fort et libre. On parle des puissances étrangères; nos armées sont là. On parle d'ambitieux; le peuple est là. Je vote pour la mort.

THOMAS-PAYNE : Je vote pour la reclusion de Louis jusqu'à la fin de la guerre, et pour son bannissement perpétuel après la guerre.

PERSONNE : Je vote pour la détention pendant la guerre, et le bannissement à la paix.

GUFFROY : La vie de Louis est une longue chaîne de crimes; la nation, la loi me font un devoir de voter pour la mort.

ENLARD : Je demande que Louis soit enfermé dans une ville ou château quelconque pendant la guerre, et banni à la paix.

BOLLET : Convaincu que la liberté et l'égalité ne peuvent se consolider qu'autant que la tête du tyran tombera, je vote pour la mort.

MAGNIEZ : Je vote pour la reclusion et le bannissement.

DAUNOU : Je vote pour la déportation et la reclusion provisoire jusqu'à la paix.

Puy-de-Dôme. — COUTHON : Citoyens, Louis a été déclaré par la Convention nationale coupable d'attentat contre la liberté publique et de conspiration contre la sûreté générale de l'État; il est convaincu, dans ma conscience, de ces crimes. Comme un de ses juges, j'ouvre le livre de la loi, j'y trouve écrite la peine de mort; mon devoir est d'appliquer cette peine; je le remplis : je vote pour la mort.

GIBERGUES : Je vote pour la mort.

MAIGNET : La mort.

ROMME : Ce n'est que comme représentant du peuple que je prononce aujourd'hui. Le peuple ne peut juger Louis; il en aurait le droit. La Convention nationale, au contraire, le peut et le doit; et c'est comme membre de la Convention que je viens remplir ce devoir. Si je votais comme citoyen, l'humanité et la philosophie me feraient répugner à prononcer la mort; mais, comme représentant de la nation, je dois puiser mon suffrage dans la loi même; elle punit tous les coupables sans distinction, et je ne vois plus dans Louis qu'un grand coupable. Je demande qu'il soit condamné à mort. Cette peine est la seule qui puisse expier ses crimes.

SOUBRANY : Je vote pour la mort.

BANCAL : La peine de mort est absurde, barbare et propre à rendre les mœurs féroces, et est une des grandes causes des maux dont gémit la société. Cependant, comme la peine de mort n'est point encore abolie, je pourrais peut-être me déterminer à voter cette peine après la guerre, parce que je crois que Louis Capet a mérité la mort, et qu'alors les plus grands dangers seront passés; mais, dans le moment présent, obligé de porter un suffrage positif, mon devoir me prescrit de préférer le bannissement, comme la mesure la plus grande, la plus efficace contre les factions, et la plus sûre pour maintenir en France la liberté, l'égalité et la forme du gouvernement républicain, parce que, quoi qu'il arrive, je vivrai et mourrai républicain; je vote pour que Louis Capet continue à rester emprisonné et en otage, qu'après la guerre il soit banni à perpétuité du territoire de la république.

RUDEL : Je n'ai jamais pu concevoir la distinction qu'on prétend établir entre ceux qui appliquent la loi comme juges d'un tribunal, et ceux qui l'appliquent comme représentants du souverain. La loi veut que les conspirateurs soient punis de mort. Je vote pour la mort.

BLANVAL : La mort.

MONESTIER : Mon désir eût été que Louis ne fût pas coupable, mon plaisir serait de lui pardonner. Mon devoir est d'être juste et d'obéir à la loi. Je vote pour la mort.

LALOUE : Pour la mort.

DULAURE : Pour la mort.

GIROD-POUZOL : Je vote pour la reclusion de Louis jusqu'à la paix, et pour le bannissement ensuite à perpétuité de toute la famille.

Hautes-Pyrénées. — BARÈRE : Si les mœurs des Français étaient assez douces, et l'éducation publique assez perfectionnée pour recevoir de grandes institutions sociales, et des lois humaines, je voterais dans cette circonstance unique pour l'abolition de la peine de mort, et je porterais ici une opinion moins barbare. Mais nous sommes encore loin de cet état de moralité; je suis obligé d'examiner avec une justice sévère la question qui m'est proposée. La reclusion jusqu'à la paix ne me présente aucun avantage solide : un roi détrôné par une nation me paraît un mauvais moyen diplomatique. Le bannissement me semble un appel aux puissances étrangères, et un motif d'intérêt de plus en faveur du banni. J'ai vu que la peine de mort était prononcée par toutes les lois, et je dois sacrifier ma répugnance naturelle pour leur obéir. Au tribunal du droit naturel, celui qui fait couler injustement le sang humain doit périr; au tribunal de notre droit positif, le Code pénal frappe de mort le conspirateur contre sa patrie et celui qui a attenté à la sûreté intérieure et extérieure de l'Etat; au tribunal de la justice des nations, je trouve la loi suprême du salut public. Cette loi me dit qu'entre les tyrans et les peuples, il n'y a que des combats à mort. Elle me dit aussi que la punition de Louis, qui sera la leçon des rois, sera encore la terrible leçon des factieux, des anarchistes, des prétendants à la dictature ou à tout autre pouvoir semblable à la royauté. Il faut que les lois soient sourdes et inexorables pour tous les scélérats et ambitieux modernes. L'arbre de la liberté, a dit un auteur ancien, croît lorsqu'il est arrosé du sang de toute espèce de tyrans.

La loi dit la mort, et je ne suis ici que son organe.

Dupont : Je vote pour la reclusion de Louis jusqu'à ce que le territoire de la république soit purgé des Bourbons, et ensuite pour sa mort.

Gertoux : Je vote pour la reclusion pendant la guerre, et pour le bannissement à la paix.

Picqué : Je vote pour la mort, après les hostilités cessées.

Féraud : Fidèle à la déclaration des droits, je vote pour la mort.

Lacrampe : Je vote pour la mort.

Basses-Pyrénées. — Sanadon : Je vote pour la reclusion pendant la guerre ; et à la paix, déportation.

Conte : La reclusion pendant la guerre, et le bannissement à la paix, sous peine de mort.

Pémartin : Je vote pour la reclusion jusqu'à la paix, et le bannissement ensuite.

Meillant : Je vote pour la reclusion, et le bannissement après la guerre.

Casenave : Je conclus, 1° à la reclusion de Louis et de sa famille jusqu'après la paix, et à leur exil perpétuel à cette époque; 2° à ce que les suffrages des membres qui n'ont point été à l'instruction de cette affaire ne comptent point pour le jugement; 3° à ce que, pour suppléer au défaut de récusation des membres qui sont suspects pour cette décision, la majorité des voix soit fixée aux deux tiers au moins. Je demande acte de mes propositions.

Neveux : Je vote pour la reclusion pendant la guerre et le bannissement ensuite.

Pyrénées-Orientales. — Guyter : Je demande la reclusion pendant la guerre, et le bannissement à la paix.

Biroteau : Je vote pour que ce ne soit qu'après la paix et l'expulsion des Bourbons qu'on exerce la peine de mort que je prononce contre Louis.

Montégut : Je vote la mort.

Cassanges : Je prononce la mort.

Haut-Rhin. — Ritter : Je vote la mort.

Laporte : La mort.

Johannot : La mort, avec la restriction de Mailhe.

Pfieger : Je vote pour la mort.

Albert : La reclusion jusqu'à la paix.

Dubois : Je vote pour la reclusion jusqu'à la paix.

Bas-Rhin. — LAURENT : Je vote pour la mort.

BENTABOLE : Je vote la mort.

LOUIS : Je vote pour la mort.

ARBOGASTE : La détention jusqu'à la paix.

CHRISTIANI : Je m'appuie de l'opinion de Thomas Payne, et je vote comme lui pour la reclusion.

Rhône-et-Loire. — CHASSET : Je vote pour la détention jusqu'à la paix.

DUPUY *fils* : Je dis la mort.

VITET : Je vote pour la reclusion de Louis et l'expulsion de la race des Bourbons.

FOURNIER : La reclusion.

DUBOUCHET : Je vote pour la mort du tyran.

BÉRAUD : La reclusion et le bannissement à la paix.

PRESSAVIN : Je condamne Louis à mort.

MOULIN : Je vote pour la mort, mais seulement après l'expulsion de tous les Bourbons.

MICHET : Je vote pour la détention à perpétuité.

PATRIN : Je vote pour la reclusion.

FOREST : Mon opinion est pour la détention jusqu'à la paix, et ensuite pour le bannissement.

NOEL-POINTE : Un républicain ne veut souffrir ni rois, ni images de la royauté. Je vote pour la mort ; je la demande dans les vingt-quatre heures.

CUSSET : Je ne crains pas de cumuler sur ma tête les fonctions de juge et de législateur. Je demande la mort dans les vingt-quatre heures.

JAVOQUE : Pour préserver les âmes pusillanimes de l'amour de la tyrannie, je vote pour la mort dans les vingt-quatre heures.

LANTHENAS : Si l'éducation pouvait excuser les crimes des despotes, combien de criminels qui ont péri sur l'échafaud pourraient avec plus de raison encore se prévaloir du même principe pour écarter d'eux le glaive de la loi? Voici mon opinion :

1° Prononcer que Louis a mérité la mort.

2° Suspendre ce décret, et détenir Louis d'une manière sûre, à l'abri d'évasion.

3° Décréter que, si nos ennemis nous laissent en paix, Louis sera seulement exilé hors du territoire de la république, quand la constitution sera parfaitement assise.

4° Proclamer par toute l'Europe les présents décrets, et

les faire connaître aux peuples, que l'on égare par l'hypocrisie la plus révoltante.

5° Proclamer avec appareil ce sursis et ses motifs dans toute la république.

6° Le jour qui suivra la décision de la Convention, abolir la peine de mort, par un appel nominal, en exceptant Louis, si ses parents, ses prétendus amis envahissent notre territoire.

Haute-Saône. — GOURDAN : Si la peine de mort n'était plus en usage parmi nous, sans doute il serait barbare de la ramener pour lui. Des hommes éclairés ont aperçu de grands dangers dans une mesure de rigueur. Je ne nie pas qu'ils aient raison; mais aussi des hommes de bonne foi ont vu de plus grands dangers encore dans une mesure d'indulgence. On a dit que la Convention ne pouvait prononcer comme juge; je pense le contraire; la loi me l'ordonne, je vote pour la mort.

VIGNERON : Je vote pour la reclusion pendant la guerre, et le bannissement à la paix.

SIBLOT : La loi doit être égale pour tous. Je vote pour la mort. J'invite la Convention à examiner dans sa sagesse si l'intérêt de la patrie n'exige pas qu'on en suspende l'exécution.

CHAUVIER : Je vote pour la détention actuelle, et le bannissement à la paix.

BALIVET : Je demande la détention provisoire, et le bannissement à la paix.

BOLOT : La justice, le salut de la république, la loi, la politique commandent que Louis périsse. La pitié ne doit pas même être écoutée. Je condamne Louis à la mort.

DORNIER : Ma conscience ne me permettant pas de transiger avec les principes de la loi et de la justice éternelle, qui sont les bases fondamentales des droits de l'homme;

J'ouvre ce livre sacré; je trouve que Louis Capet, conspirateur, traître et parjure, a mérité la peine de mort; et c'est avec regret pour l'humanité que j'y conclus, et pour la dernière fois de ma vie.

Saône-et-Loire. — GELIN : Je vote pour la mort.

MASUYER : Je vote pour le bannissement.

J. CARRA : En vertu de la déclaration faite par la Convention, que Louis Capet est convaincu de conspiration contre la liberté et d'attentat contre la sûreté générale de l'État; en vertu de la loi qui applique la peine de mort à ce genre de crime : pour satisfaire aux principes qui sont la vraie politique des nations; pour l'instruction des peuples dans tous les temps et dans tous les lieux, et pour l'effroi des tyrans, je vote la mort.

GUILLERMIN : Je vote pour la mort.

REVERCHON : La mort.

GUILLEMARDET : Comme juge, je vote pour la peine de mort; comme homme d'Etat, le salut du peuple, le maintien de la liberté me forcent de prononcer la même peine : je vote encore pour la mort.

BAUDOT : J'attends avec impatience les circonstances qui vous permettent d'abolir la peine de mort; mais je réserverai toujours cette peine pour les traîtres. Je prononce donc la peine de mort contre Louis, et que le jugement soit exécuté dans les vingt-quatre heures.

BERTUCAT : Je vote pour la détention perpétuelle.

MAILLY : La mort.

MOREAU : Celui-là raisonnerait mal qui dirait : j'ai dans mon jardin une plante vénéneuse; mais je ne veux pas l'arracher, de peur qu'une autre ne revienne à sa place. Vous voulez anéantir la tyrannie; le moyen, ce n'est pas de conserver le tyran, sous le prétexte de l'opposer à ceux qui voudraient le remplacer; c'est au contraire de les détruire tous successivement. Je vote pour la mort.

MONTGILBERT : Je vote pour que Louis reste prisonnier du peuple français, sous la responsabilité des corps administratifs de la ville où il sera détenu; et que dans le cas d'une nouvelle invasion sur notre territoire des ennemis qu'il a suscités à la république, le décret de mort porté contre lui soit exécuté, à la réquisition et sur la responsabilité du pouvoir exécutif. Mon opinion est indivisible.

Sarthe. — RICHARD : Louis est convaincu d'avoir conspiré; toutes les considérations disparaissent devant la justice. Je vote pour la mort.

PRIMAUDIÈRE : La mort.

SALMON : Je vote pour la reclusion pendant la guerre, et pour le bannissement à la paix.

PHÉLIPPEAUX : Comme juge, comme organe des lois, j'ai eu souvent la douleur de prononcer la peine de mort contre des malheureux qui n'étaient coupables que d'un seul crime que l'on pouvait attribuer aux vices de l'ancien régime. Les crimes de Louis sont beaucoup plus atroces que tous ceux contre lesquels la loi prononce la peine de mort. La seule politique des peuples libres, c'est la justice, c'est l'égalité parmi les hommes; elle consiste, dans les circonstances actuelles, à effrayer les rois par un grand coup. Je vote pour la mort.

Boutroue : La mort.

Levasseur : La mort.

Lechevalier : Je vote pour la détention pendant la guerre, et le bannissement à la paix.

Froger : La mort.

Sieyès : La mort.

Letourneur : La mort.

Seine-et-Oise. — Lecointre : Louis est atteint et convaincu d'avoir conspiré contre l'Etat; la république doit le condamner. Je vote pour la mort.

Bassal : Je ne suis pas du nombre de ceux qui pensent que la conservation du tyran est nécessaire au maintien de la république, à la répression des factions. Louis est le fatal auteur de tous les massacres qui ont eut lieu pendant la révolution. S'il restait chez nous, il ne cesserait d'exciter toutes les factions; au dehors il irriterait toutes les puissances : je vote donc pour la mort.

Alquier : Je vote pour la mort : mais je demande que l'exécution du jugement soit différée jusqu'après la signature de la paix, et qu'elle ait lieu en cas d'une invasion des puissances étrangères.

Gorsas : Je conclus à ce que vous ordonniez la détention de Louis pendant la guerre, et son bannissement perpétuel à la paix sous peine de mort.

Audouin : Les hommes d'État qui viennent de se multiplier ne m'ont pas fait changer d'opinion. Je persiste à croire que je mériterais moi-même la mort si je ne la demandais pour le tyran. Je vote pour la mort.

Treilhard : En consultant le plus grand intérêt de la république, que nous ne pouvons ni ne devons jamais perdre de vue, je pense, en mon âme et conscience, que la mesure la plus sage et la plus politique est, en déclarant que Louis a mérité la mort, de décréter un sursis qui laisse à la nation la faculté d'ordonner de sa personne suivant les circonstances et les intérêts du peuple français. Je vote la mort avec sursis.

Roi : Louis est digne de mort; je vote pour la mort, mais avec cette réserve, que le jugement ne puisse être exécuté qu'après que le peuple aura ratifié la constitution qui lui sera présentée.

TALLIEN : Louis a fait couler le sang français; Montauban, Nîmes, Jalès, Nancy, le Champ de Mars et la journée du 10 août sont les témoins irrécusables de ses trahisons. La loi a parlé, l'intérêt de l'Etat, l'intérêt du peuple exige qu'elle soit appliquée : je vote pour la mort.

MERCIER : Comme juge national, je dis que Louis a mérité la mort; comme législateur, l'intérêt national parle ici plus haut que ses forfaits, et je dois, pour l'intérêt du peuple, voter une peine moins sévère. Qu'est-ce ici que commande la justice? C'est la tranquillité de la nation. Or je dis qu'un arrêt de mort, qui aurait son exécution immédiate, serait impolitique et dangereux. Louis est un otage; il est plus, il sert à empêcher tout autre prétendant de monter sur le trône; il protége, il défend votre jeune république, il lui donne le temps de se former. Si sa tête tombe, tremblez! une faction étrangère lui trouvera un successeur. Louis n'est plus roi, il n'a pas plus que son fils et ses frères de droits à la couronne; mais le fantôme nous sert ici merveilleusement; oui, nous devons marcher avec ce fantôme, avec le temps qui est aussi un législateur : ne précipitons pas une mesure irrévocable. Je vote pour la détention de Louis à perpétuité.

KERSAINT : Je crois que Louis est coupable; je vote pour la reclusion jusqu'à la paix.

DUPUIS : Je ne concourrai pas de mon vœu à priver le peuple d'un otage important qu'il aura le droit de vous demander un jour. Je vote pour la détention.

CHÉNIER : J'aurais vivement désiré, je l'avoue, de ne prononcer jamais la mort de mon semblable; et si je pouvais m'isoler un moment du devoir pénible qui m'est imposé, je voterais pour la loi la moins sévère. Mais la justice, qui est la raison d'Etat, l'intérêt du peuple, me prescrivent de vaincre mon extrême répugnance. Je prononce la peine qu'a prononcée avant moi le Code pénal. Je vote pour la mort.

Seine-Inférieure. — ALBITTE : Je vote pour la mort.

PORCHOLE : Je vote pour la mort de Louis; et puisse sa tombe enfermer toutes nos divisions et nos haines!

LEHARDY : Je vote pour la détention et le bannissement.

YGER : La reclusion pendant la guerre, et le bannissement après.

HOCQUET : La reclusion et le bannissement.

Duval : La détention et le bannissement.

Vincent : Je vote pour la reclusion pendant la guerre, et le bannissement à la paix.

Faure : La déclaration des droits traite tous les hommes également, la loi prononce la peine de mort contre les conspirateurs; c'est par ce moyen que beaucoup d'entre nous ont condamné Louis à mort. Ils prennent pour la base de leur opinion l'article de la loi qui regarde les conspirateurs généraux, et moi je prends pour la base de la mienne l'article de la constitution qui concerne les conspirateurs rois; je vote pour la détention de Louis pendant toute la durée de la guerre.

Lefebvre : Je vote pour la détention pendant la guerre, et le bannissement à la paix.

Blutel : La détention et le bannissement.

Bailleul : Si l'esprit de vengeance vous anime, songez que devant la postérité l'illusion cessera, et les passions disparaîtront. Le but de la Convention nationale est de faire le bonheur du peuple; avec une armée formidable et la tête de Louis, vous aurez la paix. Ne vous privez donc point d'un otage qui peut concourir à l'affermissement de la république. Je vote pour la détention, et je dépose mes motifs sur le bureau.

Mariette : Je vois en Louis un grand coupable, digne du dernier supplice; mais l'expérience des peuples me fait craindre que sa mort n'ait des dangers. Je vote donc pour la détention pendant la guerre, et le bannissement ensuite.

Doublet : Je vote pour la reclusion et le bannissement à à la paix.

Ruault : Je vote pour la reclusion de Louis jusqu'à la paix, auquel temps il sera définitivement statué sur son sort.

Bourgeois : Pour la détention pendant la guerre, et la déportation ensuite.

Delahaye : Louis est couvert du sang de nos frères, mais ces terribles et fâcheux événements sont irréparables, et l'intérêt de satisfaire à la justice par sa mort ne peut compenser les flots de sang que sa mort pourrait faire couler. Je vote donc pour sa détention, quant à présent, et le bannissement après la guerre.

Seine-et-Marne. — Mauduyt : Je vote pour la mort.

Bailly de Juilly : Louis mérite la mort. Je le regarde comme un otage nécessaire à la tranquillité publique. J'adopte comme mesure de sûreté générale, la reclusion provisoire, et le bannissement perpétuel deux ans après la paix.

TELLIER : Vous avez déclaré Louis coupable de conspiration. Je vote pour la mort.

CORDIER : Louis est un grand coupable ; il mérite la mort. Je vote pour la mort.

VIGNY : Je vote, pour mesure de sûreté générale, la prison jusqu'à la paix, et le bannissement à cette époque.

GEOFFROY *l'aîné* : Intimement convaincu des crimes de Louis, je n'hésite pas, comme juge, à voter la peine de mort. Mais, comme législateur, je prononce, pour mesure de sûreté générale, la reclusion.

BERNARD : Louis mérite la mort, mais j'en demande la suspension jusqu'après l'acceptation de la constitution.

IMBERT : Je vote pour la reclusion pendant la guerre, et le bannissement après la paix.

OPOIX : La reclusion jusqu'à la paix, et ensuite le bannissement.

DEFRANCE : Ma conscience m'oblige de voter pour la reclusion et le bannissement.

BERNIER : Je le déclarai hier, et je le répète : puisque la peine de mort souille encore notre code, Louis la mérite, parce que je ne connais pas de plus grand crime que celui de conspirer contre le peuple ; parce qu'il m'a toujours paru hors de raison qu'il existât sur la terre un être impunissable. Je me borne à demander que Louis continue à garder la prison jusqu'à ce que la constitution soit acceptée. Alors le peuple prononcera sur le sort de ce monstre d'ingratitude, qui employait à le faire égorger l'or que ce peuple lui avait prodigué. Ce jugement, quel qu'il soit, sera respecté du peuple, parce qu'il sera l'expression de la volonté générale ; il sera respecté enfin des puissances étrangères, et admiré de la postérité.

Deux-Sèvres. — LECOINTE-PUYRAVEAU : Je représente le peuple, le peuple a été assassiné par le tyran. Je vote pour la mort du tyran.

JARS-PANVILLIER : Quoiqu'il soit contraire à mes principes de prononcer la peine de mort, je n'hésiterais pas à la voter si la tête du dernier conspirateur pouvait tomber avec celle de Louis. Je vote pour la détention jusqu'à la paix, et le bannissement à cette époque.

AUGUIS : J'obéis au décret qui m'a rendu juge. Le tyran mérite la mort ; mais ne serait-il pas plus utile de le garder pendant la guerre, et de le dépoiter à la paix? Je vote pour ce dernier parti.

DUBREUIL : Si je ne consultais que mon cœur, je ferais grâce; mais, comme législateur, je consulte la loi; la loi a parlé, je prononce la mort.

LOFFICIAL : Je vote pour la détention et le bannissement.

COCHON : J'ouvre la déclaration des droits, j'y lis : La loi doit être égale pour tous; comme juge, je dois appliquer la loi; la loi prononce la mort, je vote pour la mort.

Somme. — SALADIN : Je vote pour la mort.

RIVERY : Je vote pour la détention.

GANTOIS : Comme législateur, et non comme juge, je vote pour la détention et le bannissement.

DUMONT : C'est faire beaucoup d'honneur à Louis de le regarder comme citoyen. Les citoyens conspirateurs sont punis de mort. Je vote pour la mort.

ASSELIN : Je vote pour la détention..

BOURRIER : La mort.

PIERRE-FLORANT-LOUVET : Je vote pour la reclusion pendant la guerre, et pour le bannissement à perpétuité après la paix.

DUFESTEL : Je prononce la reclusion et le bannissement.

JEAN-BAPTISTE-MARTIN SAINT-PRIX : Je vote pour la reclusion.

DÉVÉRITÉ : Je vote, comme mesure de sûreté générale, pour la reclusion et le bannissement du Tarquin moderne, quand la patrie sera en sûreté.

DELECLOY : Je prononce la mort contre Louis, et le sursis jusqu'à la signature de la paix, sauf à faire exécuter la peine, si l'ennemi paraît sur les frontières.

SILLERY : Je demande que Louis et sa famille soient bannis à perpétuité, mais que cette mesure n'ait lieu qu'à la paix.

Tarn. — LASOURCE : Mon opinion vous est connue. Je l'ai manifestée par écrit. Je vais la reproduire. Dans ma manière de voir, il n'y a pas de milieu, il faut que Louis règne ou qu'il aille à l'échafaud. Mais j'ai une observation à faire. La mesure que vous prenez suppose que vous êtes à une grande hauteur. Si la Convention s'y maintient, elle écrasera les factieux et établira la liberté. Mais si les partis, si les haines continuent, si la Convention n'a pas le courage de les étouffer, alors on dira qu'elle n'était composée que des plus vils et des plus lâches de tous les hommes; elle ne passera à la postérité qu'avec l'exécration universelle. Après cette réflexion, je prononce la mort.

LACOMBE-SAINT-MICHEL : Je vote la mort.

SOLONIAC : La détention et le bannissement.

CAMPMAS : Comme représentant d'une nation qui veut être libre, je dis : La république, plus de rois, et la mort du tyran.

MARVEJOULS : La détention et le bannissement.

GOUZY : Comme représentant du souverain, j'exprime ce que je crois être sa volonté. Je vote pour la mort, mais sursise jusqu'au prononcé sur les Bourbons.

ROCHÉGUDE : La détention et le bannissement.

MEYER : La mort.

Var. — ESCUDIER : La mort.

CHARBONIER : Si j'étais sûr que demain les puissances de l'Europe reconnussent de bonne foi la république française, je voterais, à cette condition, la grâce de Louis; mais si elles font des préparatifs, ne vous y trompez pas, c'est uniquement pour le remettre sur le trône. Non, ce n'est pas assez d'avoir renversé l'idole, il faut la briser, pour la ravir tout à fait à ses stupides adorateurs. Il reste encore des préjugés; il existe dans quelques esprits une vieille idolâtrie pour la royauté. Le roi que vous avez à juger fut un tyran, un assassin; ses forfaits sont sans nombre; il a mérité la mort; le salut de la patrie exige qu'il la subisse, l'intérêt public le demande : je vote pour la mort.

RICORD : Je vote pour la mort.

ISNARD : Dans l'Assemblée législative, j'ai dit à cette tribune que, si le feu du ciel était dans mes mains, j'en frapperais tous ceux qui attenteraient à la souveraineté du peuple. Fidèle à mes principes, je vote pour la mort.

DESPINASSY : La mort.

ROUBAUD : Je crois que la Convention nationale est le centre, le chaos des pouvoirs; qu'elle peut faire sortir de son sein le pouvoir judiciaire, législatif, exécutif, révolutionnaire, etc. Vous voulez, méconnaissant vous-mêmes votre autorité, vous borner à bannir le ci-devant roi; mais ne vous a-t-il pas déjà prouvé qu'il ne désirait pas mieux que de s'évader et d'aller joindre les collaborateurs de contre-révolution? A peine l'auriez-vous envoyé à vos ennemis, qu'ils le feraient généralissime de leurs armées. Je vote pour la mort

ANTIBOUL : La détention.

BARRAS : La peine de mort.

Vendée. — J. F. GOUPILLEAU : Avant d'infliger une peine à Louis, il faut que je le déclare coupable. Comme je ne fais que d'arriver de l'armée du Var, je n'ai pas encore opiné sur cette première question. Je le déclare atteint et convaincu de conspiration contre l'État. Sur la seconde question, j'ai consulté mes pouvoirs; j'ai vu que non-seulement nous avons le droit, mais que nous avons le devoir de juger Louis sans appel, puisque nos commettants nous ont déclaré qu'ils nous donnaient plein pouvoir pour sauver la liberté. Quant à la peine à infliger, j'ouvre le livre de la nature, le guide le plus certain, j'y vois que la loi doit être la même pour tous; j'ouvre le Code pénal, j'y vois la peine des conspirateurs; j'entends la voix de la liberté, la voix des victimes du tyran, dont le sang arrose les plaines de tous nos départements frontières : toutes me demandent justice, je la leur dois; je vote pour la mort.

P. C. GOUPILLEAU : Je vote pour la mort.

GAUDIN : Je vote pour une mesure de sûreté générale, puisque je suis législateur; c'est pour la détention pendant la guerre, et l'exil à la paix.

MAIGNEN : Je vote pour la mort.

FAYAU : Je ne vois dans cette affaire que Louis Capet, qu'un homme coupable, qu'un conspirateur. Je vote pour la peine de mort.

MUSSET : La peine de mort.

MORISSON : J'opinerais sur la question, s'il ne s'agissait que de prendre une mesure de sûreté générale; mais l'assemblée a décrété qu'elle porterait un jugement, et moi je ne crois pas que Louis soit justiciable. Je m'abstiens donc de prononcer.

GIRARD : La reclusion et le bannissement.

GAROS : La mort.

Vienne. — PIORRY : La reclusion, ce serait une peine non proportionnée au délit. Pour satisfaire à la justice, au texte de la loi, je vote pour la mort.

INGRAND : La mort.

DUTROU-BORNIER : La reclusion et l'exil.

MARTINEAU : La mort.

BION : La détention et le bannissement.

CREUZÉ-LATOUCHE : Je vote pour la reclusion jusqu'à la paix et le bannissement ensuite.

THIBAUDEAU : Je vote pour la mort.

Creuzé-Pascal : Je ne suis pas juge. Je vote simplement pour la reclusion.

Haute-Vienne. — Lacroix : Je vote pour la reclusion et le bannissement.

Lesterpt-Beauvais : Le vœu de ma conscience est de concilier la punition d'un grand coupable avec l'affermissement et l'intérêt de la république. Ainsi j'opine à la mort de Louis Capet, mais à condition que l'exécution sera suspendue jusqu'à l'époque où les ennemis qu'il a suscités contre le peuple français feraient une incursion sur son territoire, et, en cas de paix, jusqu'à telle autre époque qui sera fixée par la Convention nationale ou le Corps législatif.... Cette condition est inséparable de mon opinion à la mort.

Boréas : Je vote pour la reclusion.

Guy-Vernon : Louis a mérité la mort : je vote pour la mort.

Faye : Je vote le bannissement, après que la république aura été reconnue.

Rivaud : Je vote pour la reclusion.

Soulignac : Je demande la détention pendant la guerre, et le bannissement à la paix.

Vosges. — Poulain-Granpré : Je dis : Louis étant déclaré coupable mérite la mort; mais je demande qu'il soit sursis à l'exécution jusqu'à l'acceptation de la constitution, ou jusqu'au moment où les ennemis envahiraient notre territoire.

Balland : L'intérêt public commande que le tyran n'ait jamais de successeur. Ainsi je vote, quant à présent, pour sa détention, sauf à le bannir ou à le faire mourir, si le peuple le veut.

Perrin : Je prononce la peine de mort.

Souhait : Je vote pour la mort; mais je demande qu'elle soit suspendue jusqu'à la ratification de la constitution. En attendant cette époque, je demande la détention.

Couhey : Je vote pour la détention, et je demande que Louis soit banni trois ans après la paix.

Bresson : Je demande que Louis soit détenu jusqu'à l'époque où la tranquillité publique permettra de le bannir.

Yonne. — Maure : Louis est coupable; quand il aurait mille vies, elles ne suffiraient pas pour expier ses forfaits. Je vote pour la mort.

Lepelletier : Je vote pour la mort.

Jacques Boilleau : J'ai été envoyé ici pour concourir avec

vous au salut de la patrie, pour faire usage de toutes les mesures que je croirais propres à sauver le peuple.

Si donc les lumières de ma raison et de ma conscience me disent que la mort de Louis est, de ces mesures, l'une des plus importantes, en prononçant sa condamnation je ne fais que mon devoir, et je ne vais pas au delà de mes pouvoirs.

Ce n'est pas moi qui me suis constitué juge : c'est la souveraineté du peuple, ce sont les circonstances, ce sont les principes qui m'ont créé tel.

Où il existe un crime, je veux une punition, non par vengeance, car la vengeance ne fut jamais une vertu, et par cela seul elle doit être étrangère à des républicains, qui ne doivent être que généreux ; mais je la veux, cette punition, par respect pour la justice, et aussi pour l'utilité de la morale.

Un roi détrôné intéresse l'espèce d'honneur des autres rois ; il peut même intéresser les peuples à sa cause par une conduite adroite dans son exil.

Mais s'il expie ses crimes sous le glaive des lois d'un peuple libre, cet acte de vigueur étonne tous les potentats ; ils restent effrayés, consternés ; ils tremblent d'éprouver son sort ; ils sont moins entreprenants, surtout lorsque tous les peuples sont prêts à sonner contre eux le tocsin de l'insurrection, et à faire retentir le canon d'alarme.

On ne fait pas assez d'attention à cette dernière circonstance lorsqu'on semble craindre les suites de la mort de Louis par rapport aux étrangers.

Les peuples accoutumés à considérer les rois comme des objets sacrés, se diront nécessairement : « Mais, il faut pourtant bien que ces têtes de rois ne soient pas si sacrées, puisque la hache en approche, et que le bras vengeur de la justice sait les frapper ; » et c'est ainsi que vous les poussez dans la carrière de la liberté.

Citoyens, on parle de factions, de projets liberticides : eh bien ! s'il en existe, cette mesure fera tomber les masques ; elle mettra les lâches à découvert : moi, je suis las de marcher dans les ténèbres ; je veux voir mon ennemi en face.

Rassurez-vous, citoyens, si des fourbes et des ambitieux osent manifester quelques intentions liberticides..., nous sommes là... ; nous les anéantirons, car nous nous réunirons tous pour les combattre : alors nous aurons doublement mérité de la patrie.

Je suis humain, j'abhorre le sang; ainsi, je crois déjà bien mériter d'elle en votant pour la mort.

TURREAU. Je vote, dans l'intime conviction et de ma liberté et de ma conscience, pour la mort du dernier de nos rois.

BOURBOTTE : Quand les armées prussiennes étaient aux portes de cette ville, quand le Carrousel fumait encore du sang que le tyran des Tuileries venait d'y faire couler; quand un cri général, sorti de toutes les extrémités de l'empire, appelait la vengeance nationale sur la tête de Louis, fidèle à un serment que je venais de prêter, encore tout plein d'un sentiment d'une juste horreur contre la tyrannie, entouré des mânes plaintifs de toutes les victimes immolées pour la défense de la liberté, le premier j'invoquai révolutionnairement une sentence de mort contre les prisonniers du Temple. Mon opinion n'est susceptible d'aucune versatilité, et je n'aurai jamais l'art de l'exprimer d'une manière évasive. Au lieu de nous former en tribunal révolutionnaire, comme je le désirais à cette époque, vous crûtes qu'il fallait donner une plus grande solennité à ce procès, et vous l'avez enveloppé des formes judiciaires les plus imposantes. Le résultat de ce procédé vient de vous faire déclarer unanimement Louis convaincu de haute trahison et d'attentat contre la liberté et la sûreté générale de l'État : laisser vivre un tyran quand la loi le condamne et qu'on doit le frapper, est un crime aux yeux des peuples libres. Je vote pour sa mort.

PRÉCY : Je vote pour la mort, avec le sursis jusqu'à la ratification de la constitution.

HÉRARD : La mort.

FINOT : La mort.

CHASTELAIN : Je vote pour la détention pendant la guerre, et le bannissement à cette époque.

Ain. — DEYDIER : Je vote pour la mort.

GAUTHIER : La mort.

ROYER : Je vote pour la reclusion de Louis pendant la guerre, et pour le bannissement à la paix.

MOLLET : Je vote pour la détention.

MERLINOT : Fidèle à mes devoirs, fidèle à ma conscience, ami de mes commettants, je vote pour la mort.

Aisne. — QUINETTE : Au moment où je vais prononcer avec rigueur, mais avec justice, sur le sort de Louis, je prends l'engagement solennel de juger avec la même sévérité ceux qui, comme Louis, usurperaient ou voudraient usurper les droits du peuple. Au nom de la déclaration des droits, qui veut que la loi soit égale pour tous, soit qu'elle protége, soit qu'elle punisse; en conséquence de la déclaration unanime de la Convention nationale, portant que Louis Capet est coupable; conformément à la section Ire du titre Ier de la IIe partie du Code pénal, qui établit la peine de mort pour les crimes et attentats contre la chose publique, je reconnais que Louis Capet a encouru la peine de mort.

JEAN DEBRY : Je dis avec la loi, la mort.

BEFFROY : Par respect pour les principes, par amour pour la liberté, j'invoque contre Louis la loi qui prononce la peine de mort contre les conspirateurs.

SAINT-JUST : Puisque Louis XVI fut l'ennemi du peuple, de sa liberté et de son bonheur, je conclus à la mort.

BELIN : Je demande la détention jusqu'à la paix, et si les puissances étrangères entrent en France, la mort.

PETIT : Je vote pour la mort.

CONDORCET : Toute différence de peine pour les mêmes crimes est un attentat contre l'égalité. La peine contre les conspirateurs est la mort. Mais cette peine est contre mes principes. Je ne la voterai jamais. Je ne puis voter la reclusion, car nulle loi ne m'autorise à la porter. Je vote pour la peine la plus grave dans le Code pénal, et qui ne soit pas la mort.

FIQUET : Je conclus à la mort.

LOYSEL : Je vote pour la mort.

BOUCHEREAU : Je vote pour la mort avec l'amendement de Mailhe.

DUPIN *jeune* : Je vote pour la peine la plus grave après la mort.

Allier. — VIDALIN : La mort.

PETIT-JEAN : La mort dans les vingt-quatre heures.

FORESTIER : La mort dans les vingt-quatre heures.

CHEVALIER : Je crois devoir m'abstenir de voter.

MARTEL : La mort dans les vingt-quatre heures.

BEAUCHAMP : Je demande la mort avec l'amendement de Mailhe.

Hautes-Alpes. — BARETY : Je demande la détention pendant la guerre, et l'exil à la paix.

BOREL : La détention et le bannissement.

SERRES : La peine de la détention pendant la guerre, et le bannissement à la paix.

CASENEUVE : La détention et le bannissement.

Isoard : Je vote pour la reclusion pendant la guerre, et pour le bannissement à la paix.

Basses-Alpes. — Verdolin : Je vote pour la reclusion et le bannissement.

Maïsse : La mort.

D'Herbez-Latour : La mort.

Savornin : La mort avec la proposition de Mailhe.

Réguis : Je vote pour la reclusion pendant la guerre, et l'exil à la paix.

Peyre : Je vote pour la mort, sauf à examiner ensuite la question du sursis.

Ardèche. — Boissy-d'Anglas : Je vote pour la détention, jusqu'à ce que les représentants de la nation aient jugé la déportation conciliable avec les intérêts de l'État.

Soubeyran (Saint-Prix) : Je vote pour la mort avec sursis jusqu'après l'expulsion de tous les Bourbons.

Gamon : Nous votons ici à la fois en juges et en hommes d'État; comme juge, je prononce la mort; mais, comme représentants de la nation, tremblons de faire périr l'arbre de la liberté, en l'inondant du sang du peuple. La mort de Louis peut rendre la campagne prochaine deux fois plus sanglante. Je vote donc pour un sursis jusqu'à ce que les ennemis reparaissent sur le territoire de la république.

Saint-Martin : Je vote pour la détention.

Garilhe : La reclusion.

Gleizal : Citoyens, je prononce la peine de mort contre Louis Capet, convaincu d'avoir conspiré contre la liberté et la souveraineté de la nation française, et je demande que la Convention statue de suite sur le sort de la famille du condamné; qu'elle ordonne la prompte exécution du décret du 16 décembre contre le reste de la race des Bourbons, après en avoir excepté les femmes, et fixé la durée de l'exil à quatre années. Je demande que la Convention prenne les mesures nécessaires pour assurer la tranquillité publique, et qu'après toutes ces précautions, qui peuvent être prises dans cette séance, l'on exécute demain la condamnation de Louis Capet.

Corin-Fustier : Je demande que Louis soit banni à perpétuité, avec défense de rentrer dans la république, sous peine de mort; et que cependant il demeure reclus dans une maison de la république, jusqu'à ce que le gouvernement républicain de la France ait été solennellement reconnu par les gouvernements de l'Europe.

Ardennes. — BLONDEL : Comme juge, je déclarerais que Louis a mérité la mort; comme législateur, et comme homme d'État, je vote pour la reclusion, sous la condition expresse qu'il soit puni de mort si les ennemis de l'État mettent le pied sur le territoire de la république.

FERRY : Je vote pour la mort.

MENESSON : Je vote pour la mort de Louis; mais à la condition expresse de l'expulsion actuelle de toute la famille. Mon opinion est indivisible.

DUBOIS-CRANCÉ : Si je croyais ne remplir en ce moment que les fonctions de législateur, je ne monterais pas à cette tribune; mais l'assemblée a décidé qu'elle jugerait définitivement. D'après ce décret, auquel je dois obéissance, je ne puis me considérer que comme juge dans cette affaire; je pense même que l'opinion de ceux qui, malgré ce décret, refusent de prononcer, ne doit pas être comptée. Je vote pour la mort.

VERMONT : Je vote pour la détention jusqu'à la paix, mais pour la mort en cas d'invasion du territoire de la république.

ROBERT : Je vote pour la mort, sans sursis ni restriction.

BAUDIN : Je vote pour la reclusion pendant la guerre, et pour le bannissement à la paix.

THIRRIET : Je vote pour la détention perpétuelle.

Ariège. — VADIER : Je vote pour la mort; je ne suis ici qu'applicateur passif de la loi.

CLAUZEL : Mandataire du peuple, revêtu de l'entier exercice de ses pouvoirs, je vote pour la mort de Louis.

CAMPMARTIN : Je vote pour la mort.

ESPERT : Je vote pour la mort.

LACKANAL : Un vrai républicain parle peu. Les motifs de ma décision sont là (dirigeant sa main vers son cœur); je vote pour la mort.

GASTON : D'après mon opinion, la raison, la justice, l'humanité, les lois, le ciel et la terre condamnent Louis à mort.

Aube. — COURTOIS : Je vote pour la mort.

ROBIN : Convaincu que Louis ne peut être jugé que par la Convention, je vote pour la mort.

PERRIN : Je prononce la peine de détention jusqu'à la paix, et le bannissement à cette époque.

Bonnemain : La reclusion pendant la guerre, et la déportation à la paix.

Pierret : De même.

Douge : De même.

Garnier : Louis XVI est un conspirateur. Je le condamne à la mort.

Duval : A l'exemple de Thomas Payne, dont le vote n'est pas suspect ; à l'exemple de cet illustre étranger, ami du peuple, ennemi des rois et de la royauté, et zélé défenseur de la liberté républicaine, je vote pour la reclusion pendant la guerre, et le bannissement à la paix.

Rabaud-Saint-Étienne : Le roi en otage est le plus fort de nos remparts contre les rois, ses frères et nos ennemis. Je conclus à la reclusion.

Aude. — Azéma : Louis a été déclaré convaincu du crime de conspiration. Il est question d'appliquer une peine. La peine contre les conspirateurs est la peine de mort ; je vote pour la mort.

Bonnet : Je vote pour la mort.

Ramel : Louis est convaincu de conspiration contre la liberté. Dans tous les temps un pareil crime mérita la mort ; je la prononce.

Girard : Représentants de la république, le règne de la justice est arrivé ; la justice m'ordonne de prononcer la mort.

Morin : Je vote pour la reclusion pendant la guerre, et le bannissement à la paix.

Tournier : Fort de ma conscience qui ne m'a jamais trompé, n'envisageant que l'intérêt de la patrie, le salut du peuple, le maintien et la sûreté de la république, je vote, comme mesure de sûreté générale, pour la reclusion de Louis pendant tout le temps de la guerre, et pour le bannissement à perpétuité à la paix.

Maragnon : Louis a été convaincu de conspiration contre la liberté et la sûreté de la nation française. Ce crime chez tous les peuples est puni de la peine capitale ; fidèle à mon devoir de mandataire ; persuadé qu'il n'appartient qu'au souverain de commuer la peine ou de faire grâce, je vote pour la mort.

Périès : J'opine, comme législateur, pour une mesure de sûreté générale, et non comme juge, à la reclusion de Louis Capet et de sa famille pendant tout le temps de la guerre, et à leur déportation, à la paix, hors le territoire de la république.

Aveyron. — Bo : La mort.

SAINT-MARTIN-VALOGNE : La reclusion et le bannissement.

LOBINHES : La détention et l'exil.

CAMBOULAS : La mort.

JOSEPH LACOMBE : La mort.

BERNARD-SAINT-AFFRIQUE : Je demande que Louis soit enfermé dans un lieu sûr pendant la durée de la guerre, pour être banni ensuite.

SECOND : Citoyens législateurs, comme homme, comme citoyen, comme juge, comme législateur, pour le salut de ma patrie, pour la liberté du monde et le bonheur des hommes, je vote pour la mort, et la mort la plus prompte de Louis. Il est ridicule, il est absurde de vouloir être libre, d'oser seulement en concevoir la pensée, quand on ne sait pas, quand on ne veut pas punir les tyrans. Je n'en dirai pas ici davantage ; le surplus de mes motifs est imprimé sous mon nom pour répondre à la nation, à l'Europe, à l'univers de mon jugement.

LOUCHET : Nous avons unanimement déclaré Louis XVI convaincu de haute trahison.

Quelle peine doit-il subir ? La même que ceux de ses complices qui sont déjà tombés sous la hache de la justice nationale. Je me croirais indigne de concourir à la fondation d'une république, si j'étais assez lâche pour voter une exception à la loi commune envers un roi parjure, traître et assassin de la nation française.

J'acquitte ce que je dois à ma conscience ; j'acquitte ce que je dois à la justice et à l'humanité ; j'acquitte ce que je dois à l'égalité des droits et à l'intérêt du peuple dont je suis mandataire, en votant pour la mort du tyran, et en demandant qu'il la subisse dans les vingt-quatre heures.

GODEFROI-YZARN, *dit* VALADI : Il y a quarante-deux mois que Louis XVI me condamna à mort dans son conseil secret, pour avoir coopéré à l'insurrection des gardes-françaises.

Je demande que Louis, sa femme et ses enfants soient transférés demain, sous bonne et sûre garde, au château de Saumur, et qu'ils y soient gardés en otages jusqu'à ce que François d'Autriche ait reconnu la souveraineté de la république française et l'indépendance des Belges, et jusqu'à ce que l'Espagne ait renouvelé les traités avec nous.

Bouches-du-Rhône. — DUPRAT : En donnant mon opinion pour la mort du coupable, je demande que la Convention nationale s'occupe sans délai de la question de savoir s'il doit rester encore sur le sol français un seul rejeton de la famille royale.

REBECQUI : Comme convaincu du crime de lèse-nation, je condamne Louis à la mort.

BARBAROUX : Je déclare que je vote librement, car jamais les assassins n'ont eu d'influence sur mes opinions. Louis est convaincu d'avoir conspiré contre la liberté. Les lois de toute société prononcent contre les conspirateurs la peine de mort. Je vote donc pour la mort de Louis ; dans quelques heures je voterai pour l'expulsion de toute la race des Bourbons.

GRANET : Louis est coupable, je le condamne ; il ne reste plus qu'à exécuter le jugement dans les vingt-quatre heures.

DURAND-MAILLANNE : J'opine pour la reclusion de Louis jusqu'à la paix, et le bannissement à cette époque.

GASPARIN : Je vote pour la mort.

MOYSE BAYLE : Le seul moyen d'anéantir la tyrannie est d'anéantir les tyrans. Donnons cet exemple à l'univers ; je vote pour la mort, et je demande l'exécution dans les vingt-quatre heures.

BAILLE : La mort.

ROVÈRE : La mort.

PÉLISSIER : Le grand homme dont je vois d'ici l'effigie, terrassa le tyran de Rome ; il ne donna point de motifs. Je condamne Louis à la mort.

LAURENT : Je vote pour la mort.

DUPERET : Je ne puis que voter la reclusion de Louis pendant la guerre, et la déportation à la paix, sous peine de mort s'il rentrait.

Calvados. — FAUCHET : Je vote, comme législateur, une mesure de sûreté générale. Je demande donc la reclusion.

DUBOIS-DUBAIS : Je demande la peine de mort, mais à condition qu'il sera sursis à l'exécution jusqu'à ce que les puissances ennemies mettent le pieds sur notre territoire, ou que d'autres se joignent à elles pour nous faire la guerre.

HENRY LARIVIÈRE : Je déclare d'après ma conscience, qui m'élève au-dessus de tous les dangers, que l'intérêt de la patrie exige que Louis soit détenu pendant la guerre, et exilé à la paix.

LOMONT : Je vote pour la reclusion.

BONNET : Je vote pour la mort, avec l'amendement de Mailhe.

VARDON : Je vote pour la détention.

DOULCET-PONTÉCOULANT : J'ai manifesté mon opinion, il y a deux jours. Tout ce que j'ai entendu depuis m'y fait persister. Je prononce la détention provisoire et l'expulsion à la paix.

TAVEAU : Il faut prouver aux rois qui règnent encore pour le malheur des peuples, que leurs têtes peuvent tomber sous la hache des lois comme sous la faux de la mort. Nous avons déclaré à l'unanimité Louis convaincu du crime de haute trahison. Ce crime mérite la mort; mais, après l'avoir prononcée, gardons-le comme un otage, et suspendons l'exécution jusqu'au moment où les ennemis tenteraient une invasion sur notre territoire. Mon opinion n'a de force que parce qu'elle est indivisible.

JOUENNE : Je demande la peine de mort, sauf à statuer l'époque où l'exécution aura lieu.

DUMONT : Je vote pour la reclusion et l'exil.

CUSSI : Je vote pour la reclusion et le bannissement.

LEGOT : Je crois que Louis mérite la mort, mais je la crois contraire à l'intérêt de ma patrie. Je vote pour la détention.

PHILIPPE-BELLEVILLE : La détention pendant la guerre, et le bannissement à la paix.

Cantal. — THIBAULT : Je déclare que, quel que soit le vœu de la majorité, je m'y soumettrai. Je vote pour la reclusion pendant la guerre, et l'expulsion à la paix.

MILHAUD : Je le dis à regret, Louis ne peut expier ses forfaits que sur l'échafaud. Sans doute des législateurs philanthropes ne souillent point le code d'une nation par l'établissement de la peine de mort; mais pour un tyran, si elle n'existait pas, il faudrait l'inventer.... Je déclare que quiconque ne pense pas comme Caton n'est pas digne d'être républicain. Je condamne Louis à la mort; je demande qu'il la subisse dans les vingt-quatre heures.

MÉJANSAC : Je vote pour la reclusion pendant la guerre, et le bannissement à la paix.

J.-B. LACOSTE : Le tyran vivant est le canal de nos ennemis du dedans et du dehors. Mort, il sera l'effroi des rois ligués et de leurs satellites. Son ombre déconcertera les projets des traîtres, mettra un terme aux troubles, aux factions, donnera la paix à la république, et détruira enfin les préjugés qui ont trop longtemps égaré les hommes.

Le tyran est déclaré convaincu du plus grand des crimes,

de celui d'avoir voulu asservir la nation. La loi prononce la peine de mort contre un pareil attentat. Soumis à la loi, je vote pour la mort.

CARRIER : Les preuves que j'ai sous les yeux démontrent que Louis est un conspirateur; je le condamne à la mort.

CHABANON : Je vote pour que Louis soit détenu jusqu'à la paix, et à cette époque banni à perpétuité.

PEUVERGUE : J'ai examiné si la mort de Louis pouvait être utile à la république ; ma conscience me dit qu'elle lui serait nuisible. Je vote pour la détention.

Charente. — BELLEGARDE : Je prononce la peine de mort contre le tyran.

GUIMBERTAU : La mort.

CHUZAUD : Je condamne Louis à la mort.

CHEDANEAU : Je vote pour la mort, avec l'amendement de Mailhe.

BIBERAULT : Louis est un conspirateur; je ne connais d'autre peine contre les conspirateurs que la peine de mort : je prononce la mort.

DEVARS : Le délit dont Louis est coupable doit être puni de mort, d'après les règles de la justice éternelle : je le déclare digne de mort. Cependant nous devons consulter le salut de l'Etat. Or, je crois que, pour le bonheur de la patrie, Louis doit être seulement chassé du sein d'une nation qu'il a si lâchement trahie. En attendant qu'il puisse être banni, je demande qu'il soit détenu.

MAULDE : Je vois dans Capet un tyran, un factieux, un traître à la nation ; je l'ai déclaré coupable. Si aujourd'hui j'avais à émettre mon vœu comme citoyen privé, je voterais la mort. Mais, prononçant comme législateur, je vote pour la détention perpétuelle, sauf à prendre d'autres précautions lorsque la constitution sera présentée à l'acceptation du peuple.

BRUN : Les pièces communiquées à Louis, et sa conduite, ne me permettent pas de douter qu'il ne soit coupable de conspiration. Je crois que, comme législateur et comme juge, je dois le condamner à la mort.

CRÉVELIER : Les attentats du tyran, voilà mes motifs. Je vote pour la mort, et l'exécution du jugement dans vingt-quatre heures.

Charente-Inférieure. — BERNARD : Comme je ne crois pas que la conservation d'un ex-roi soit propre à faire oublier la royauté; comme je suis intimement convaincu que le plus grand service à rendre au genre humain, c'est de délivrer la terre des monstres qui la dévorent: je vote pour la mort du tyran dans le plus bref délai.

BRÉARD : Je demande, sans craindre les reproches de mes commettants, sans craindre le jugement de la postérité, qui ne peut blâmer celui qui fait son devoir, je demande la peine de mort contre Louis.

ESCHASSERIAUX : Je vote pour la mort.

NIOU : Je vote pour la mort.

RUAMPS : Louis est coupable, il est convaincu de conspiration; je le condamne à la mort.

DECHEZEAU : Je déclare que Louis mérite la mort; mais, prononçant comme législateur et non comme juge, de grandes considérations politiques, auxquelles sont essentiellement liées peut-être les destinées de la république, me font voter pour la détention jusqu'à ce que les circonstances permettent d'y substituer le bannissement.

LOZEAU : Si je considère les crimes de Louis, il mérite la mort; si j'examine mes pouvoirs, je puis le condamner à la mort. Que Louis subisse donc la peine de mort.

GIRAUD : D'après ma conscience, je crois Louis coupable; d'après le Code pénal, il doit être puni de mort; mais, comme législateur, je crois qu'il est plus utile de le laisser vivre. Je vote pour la détention.

VINET : Je vote pour la mort.

DAUTRICHE : Je vote pour la détention jusqu'à la paix, et alors la législature prendra les mesures qu'elle jugera convenables. Je demande à déposer sur le bureau cet écrit qui contient mes sentiments, et qu'expédition du procès-verbal me soit délivrée.

GARNIER : Je vote pour la mort de Louis.

Cher. — ALASSOEUR : Je pense que, pour établir la liberté, Louis doit être enfermé jusqu'à la paix, et à cette époque, banni.

FOUCHER : La mort.

BAUCHETON : Je vote pour la détention.

LABRUNERIE : Louis est un conspirateur, il doit subir la peine due au crime de conspiration.

DUGENNE : Je vote pour la reclusion.

PELLETIER : Je vote pour la mort.

Corrèze. — BRIVAL : Si on ne condamnait pas Louis à la mort, ce serait dire qu'il est d'une autre espèce d'hommes. On a dit que Louis servirait d'otage, mais il était déjà en otage lorsqu'on a pris Longwy et Verdun, lorsque Lille a été bombardé. Être indulgent envers Louis, ce serait se rendre complice de ses crimes. La Convention se couvrirait d'infamie si elle ne condamnait Louis à la mort. Je le condamne à la mort.

BORIE : La Convention a décrété qu'elle jugerait Louis Capet. Elle a décrété qu'elle le jugerait définitivement. C'était mon opinion, que je ne dois pas développer en ce moment. Elle a reconnu, à l'unanimité, que Louis Capet est coupable d'attentat contre la sûreté et la liberté du peuple français. Ce crime est puni de mort d'après le Code pénal. Je suis esclave de la loi. Je vote pour la mort.

CHAMBON : Je vote pour la mort du tyran; mais je demande qu'aussitôt on délibère sur les mesures à prendre relativement aux Bourbons.

LIDON : Vous avez décrété que vous jugeriez Louis XVI; les pièces trouvées au château des Tuileries prouvent ses crimes. Vous voulez aujourd'hui prononcer sur la peine qu'il mérite, je crois qu'il mérite la mort; mais j'engage la Convention à prendre en considération l'amendement de Mailhe.

LANOT : Il n'existe pas, dans la nature, d'individu qui soit au-dessus de la loi. Elle est la même pour tous. J'ouvre le Code pénal, j'y vois la peine de mort contre les conspirateurs. Je vote pour la mort; je demande, par humanité, que le jugement soit exécuté dans le délai prescrit par la loi.

PENIÈRE : Mon opinion n'était pas que la Convention jugeât Louis XVI, mais vous en avez décidé autrement; je me soumets à la loi. Je prononce contre Louis la peine portée par le Code pénal contre les coupables de haute trahison; mais, après l'exécution de ce jugement, je demande la suppression de la peine de mort.

Corse. — SALICETTI : Vous avez déclaré Louis coupable de conspiration. Le Code pénal prononce la mort contre les conspirateurs. Je condamne Louis Capet à la mort.

CHIAPPE : Je vote la détention de Louis pendant la guerre, et sa déportation après.

PERALDI : Je ne prononce point comme juge, mais comme législateur. Je vote pour la détention jusqu'à la paix, et à cette époque le bannissement.

CASABIANCA : Je ne crois pas la mort nécessaire au salut du peuple français. Je vote pour la détention, sauf les mesures que la Convention pourra prendre suivant l'exigence des circonstances.

ANDREY : Je vote pour la détention.

BOZIO : Je crois bien faire pour la patrie en opinant pour la reclusion jusqu'à la paix, et à cette époque, le bannissement.

MOLTEDO : Je vote pour la reclusion.

Côte-d'Or. — BAZIRE : Consultez l'histoire, vous verrez que les despotes ne pardonnent jamais à leur patrie. La politique des hommes libres, c'est la justice, c'est leur conscience. Je n'en connais pas d'autre. Je vote pour la mort.

GUITTON-MORVEAU : J'ai déclaré avec vous Louis coupable de conspiration. Aujourd'hui vous me demandez quelle peine il mérite. Quand la loi n'en indiquerait point, la nature y suppléerait, parce qu'il est absurde qu'un attentat tel que des conspirations contre la patrie reste impuni. J'ai aussi considéré cette question sous le rapport politique, j'ai vu que ce serait donner un funeste exemple aux rois. Je vote pour la mort.

PRIEUR : Je condamne Louis à la mort.

OUDOT : J'ai trouvé des preuves évidentes du crime de Louis dans sa conduite publique, des preuves matérielles dans les pièces qui nous ont été mises sous les yeux; et parmi celles qui m'ont le plus frappé, je dois rappeler notamment les ordonnances données par Louis pour le payement de ses gardes à Coblentz, signées de lui, le 28 janvier 1792, postérieurement à la lettre ostensible du mois de novembre précédent, invoquée en sa faveur; j'ai enfin trouvé la conviction de Louis dans ses réponses et ses aveux.

Citoyens, vous devez un grand exemple aux peuples et aux rois. Je pense que la justice éternelle, les raisons d'Etat, l'intérêt de la nation française, celui de l'humanité, me commandent également la mort de Louis.

LAMBERT : Je vote pour la détention de Louis Capet pendant la guerre, et ensuite la déportation hors du territoire français.

MAREY : Je vote, comme mesure de sûreté générale, pour la détention du ci-devant roi pendant tout le temps de la guerre, et l'expulsion un an après que les despotes coalisés contre la France auront posé les armes, et reconnu la république.

GUYOT : J'ai déclaré Louis Capet coupable de conspiration; celui qui conspire contre sa patrie mérite la mort: je condamne Louis à la mort.

Truchard : Je vote pour la mort du tyran.

Rameau : Je vote pour le bannissement actuel et à perpétuité.

Berlier : Louis est coupable; j'ouvre le livre de la loi, j'y lis la peine à infliger à Louis. En exerçant ce pénible ministère, l'humanité gémit; mais le cri de ma conscience doit l'emporter. Je vote pour la mort.

Côtes-du-Nord. — Couppé : Deux peines ont été prononcées contre Louis. Les opinions pour et contre se balancent. Je choisis la plus douce. Je vote pour la reclusion.

Champeaux : La reclusion détruit les espérances des intrigants, les tentatives des factieux, et sert de barrière sur les frontières; c'est sur ces considérations qu'est appuyé mon avis pour la reclusion, et à la paix la déportation.

Gautier *le jeune* : Je vote pour la détention perpétuelle.

Fleury : Je vote pour la détention.

Girault : Je vote pour la détention.

Guyomard : Je vote pour la détention provisoire de Louis pendant la guerre, et son bannissement à la paix.

Loncle : J'ai déclaré que Louis était jugeable par la Convention, qu'il est coupable; je le condamne aujourd'hui à la mort.

Gondelin : D'après ma conscience, je vote pour la reclusion, et le bannissement à la paix.

Creuse. — Huguet : Louis est coupable de haute trahison; je vais au fait, je vote pour la mort, avec l'amendement de Mailhe. Je demande ensuite que vous portiez la peine de mort contre ceux qui insulteront les non votants pour la peine capitale.

Deburgues : Je déclare qu'à défaut de pouvoirs de la part de mes commettants pour juger, qu'attendu l'incompatibilité des fonctions de législateur et de juge, et eu égard à la nature de cette affaire qui ne peut finir que par un jugement, moi, législateur, je ne délibère point sur la question de la peine à infliger à Louis Capet.

Coutisson-Dumas : Je vote pour la reclusion, sauf au souverain, lorsqu'il sanctionnera la constitution, à statuer en définitive sur le sort du tyran ainsi qu'il avisera.

Guyez : Je vote pour la mort sans restriction.

Jauraud : Prononçant comme législateur, je vote pour une mesure de sûreté générale, la détention.

Barailon : Je demande que Louis Capet soit d'abord condamné à la détention, et sauf à prendre par la suite telle autre mesure que la sûreté générale exigera à son égard. Mais, pour prouver en même temps à toutes les altesses possibles, que je les regarde comme une surcharge, comme une souillure dans le pays de l'égalité, je demande que l'on décrète, dans cette séance à jamais mémorable, la peine de l'ostracisme contre tous les Bourbons sans exception et contre tout ce qui porte ou a porté le titre de prince en France.

TEXIER : J'étais pour l'appel au peuple, la majorité en a décidé autrement; je me soumets. Aujourd'hui il faut prononcer sur la peine. Je ne banlancerais pas à voter pour la mort, si le salut du peuple devait s'ensuivre; mais l'histoire apprend que des cendres d'un roi en renaît un autre ; et je vote pour la détention, et le bannissement à la paix.

Dordogne. — LAMARQUE : Louis est coupable de conspiration, il fut parjure, il fut traître. Son existence soutient les espérances des intrigants, les efforts des aristocrates. La loi a prononcé la peine de mort; je la prononce aussi en désirant que cet acte de justice, qui fixe le sort de la France, soit le dernier exemple d'un homicide légal.

PINET *aîné :* Comme je n'ai point deux consciences, je vote pour la mort.

LACOSTE : Je vote pour la mort.

ROUX-FAZILLAC : Le Code pénal prononce la peine de mort contre les conspirateurs, je la prononce contre Louis.

TAILLEFER : Louis est coupable de conspiration; je l'applique en frémissant, cette loi qui fait mourir mon semblable. Je prononce la mort.

PEYSSARD : Je trouve dans ma conscience que Louis a mérité la mort; je la prononce.

CAMBERT : Je prononce la mort.

ALLAFORD : Louis, tu es convaincu d'avoir fait verser le sang de nos frères. Tu rivais les fers de l'esclavage. Ma conscience me dit que tu as mérité la mort; je la prononce.

MEYNARD : Je persiste dans la déclaration que j'ai faite, et que je remis hier, signée de moi, sur le bureau.

Elle consiste à décréter, comme mesure de sûreté générale, que Louis sera détenu pendant tout le temps que durera la guerre, sauf à déterminer à la paix, par la Convention ou la législature, les mesures ultérieures qui pourraient être prises sans inconvénient pour la tranquillité et le salut de la république.

BOUQUIER *aîné* : Louis a commis un assassinat.... il en a commis mille.... je le condamne à la mort.

Doubs. — QUIROT : J'ai voté contre l'appel au peuple, parce qu'il m'a paru avoir des effets dangereux pour la liberté. J'ai déclaré Louis coupable : je ne le condamne pas à la mort qu'il a méritée, parce qu'en ouvrant le Code pénal je vois qu'il aurait fallu d'autres formes, d'autres juges, d'autres principes. Je vote pour la reclusion.

MICHAUD : Un tyran n'est à mes yeux qu'un monstre. Louis a attenté à la sûreté générale de l'État; qu'il périsse sous le glaive de la loi.

P. C. F. SEGUIN : Louis Capet, incontestablement, s'est rendu coupable de haute trahison et de conspiration contre l'État. Obligé de répondre à la question : Quelle est la peine que Louis doit subir? je réponds d'abord que je ne partage point l'opinion de ceux qui croient devoir condamner à la mort. Je sais que c'est la peine prononcée par la loi contre tous les conspirateurs, et que de bien moins coupables que Louis y ont été condamnés. Mais, cette loi est-elle applicable à Louis? Et devons-nous ici, pouvons-nous même prononcer comme juges? Je ne le pense pas.

Je vote pour la reclusion de Louis Capet pendant tout le temps de la guerre, et au bannissement après le rétablissement de la paix.

MONNOT : Louis, conspirateur, a mérité la mort; et comme il est évident pour moi que les prétendants ont toujours eu plus d'obstacles à surmonter que ceux qui sont en titre, je pense que l'intérêt du peuple est ici d'accord avec la justice; et en conséquence, je vote pour la peine de mort.

VERNEREY : Je prononce la mort.

BESSON : Toute raison d'État me paraît inutile au moins, et même dangereuse; nos armées seules peuvent imposer à nos ennemis extérieurs, et notre fermeté à ceux du dedans. La loi et la politique condamnent Louis à la mort, je vote pour la mort.

Drôme. — JULLIEN : J'ai toujours haï les rois, et mon humanité éclairée a écouté la voix de la justice éternelle; c'est elle qui m'ordonne de prononcer la peine de mort contre Louis Capet.

Sautayra : Louis est coupable de conspiration. Je vote pour la mort.

Gérente : J'ai déjà dit que je ne croyais pouvoir prononcer que comme législateur. Je vote donc pour la détention.

Martinel : Je vote pour la détention.

Marbos : Je vote pour la détention.

Boisset : C'est dans les lois immuables de la nature que j'ai lu mon devoir. Louis a conspiré contre la patrie ; il mérite la mort : j'y conclus.

Colaud de la Salcète : Je prononce la détention jusqu'à la paix ; mais je vote pour la mort, dans le cas où les ennemis envahiraient le territoire de la république.

Jacomin : Je vote pour que la peine portée par le Code pénal contre les conspirateurs soit appliquée à Louis Capet.

Fayolle : Je vote, comme législateur, pour la détention.

Eure. — Buzot : Mon opinion sur la peine à infliger à Louis XVI est celle-ci : Je condamne Louis XVI à la mort : ce jugement ne me laissera jamais aucun remords, aucun repentir ; mais je vous réitère la demande que je vous ai faite de fixer un intervalle entre le jugement que vous allez rendre et son exécution. Qu'on calomnie encore, si l'on veut, mes intentions ; je déclare que l'avis de Louvet me paraît renfermer des mesures très-raisonnables, très-sages. Mais comme je pense que la Convention discutera cette question, que je regarde comme très-importante, je me réserve d'émettre alors mon opinion, et dans cette dernière espérance, je prononce la mort de Louis.

Duroy : Par justice, je vote pour la mort ; et par humanité, je demande que le jugement soit promptement exécuté.

Lindet : J'éprouve ce sentiment pénible, naturel à un homme sensible, qui est obligé de condamner son semblable ; mais je crois qu'il serait imprudent de vouloir exciter la compassion en faveur de Louis. L'expérience n'a-t-elle pas prouvé que l'impunité ne fait qu'enhardir les tyrans ? Je vote pour la mort.

Richoux : Citoyens, je suis persuadé, je suis convaincu que la mort de Louis XVI sera la source des plus grands malheurs pour ma patrie. D'après cette opinion, je me regarderais comme indigne du nom de citoyen si je votais pour son supplice. Je vote donc pour la détention de Louis pendant la guerre, et son bannissement à la paix.

LEMARÉCHAL : Je demande que Louis et sa famille soient mis en lieu de sûreté; qu'ils y soient gardés jusqu'après la conclusion de la paix entre la France et les puissances ennemies; qu'ensuite ils soient déportés hors du territoire de la république.

BOUILLEROT : La mort.

VALLÉE : Je vote pour la détention jusqu'au moment où les puissances étrangères reconnaîtront la république française, et pour la mort si elles envahissent notre territoire.

SAVARY : Je vote pour la détention, sauf les mesures à prendre en cas d'invasion du territoire de la république.

ROBERT LINDET : Je ne puis voir des républicains dans ceux qui hésitent à frapper un tyran. Je vote pour la mort.

Eure-et Loir. — DELACROIX : Je crois avoir le droit de prononcer sur le sort de Louis Capet; car lorsque mes commettants se réunirent, Louis était en prison. Non-seulement la nation n'a pas réclamé contre son emprisonnement, mais tout entière elle le regardait comme un traître, et par conséquent elle n'a pas voulu que ses crimes restassent impunis. Je ne conçois pas la différence qu'on a entendu mettre entre un conspirateur roi et un conspirateur ordinaire. Tout conspirateur mérite la mort. Je vote pour la mort.

BRISSOT : Dans l'opinion que j'ai présentée, j'ai déclaré que Louis paraissait coupable du crime de haute trahison, qu'il méritait la mort.

Je vote pour la mort, en suspendant son exécution jusqu'après la ratification de la constitution par le peuple.

PÉTION : Je vote pour la peine de mort.

Il est un amendement qu'on a proposé, c'est celui du sursis. J'avoue que je n'ai pas d'opinion faite sur cet amendement. Je demande qu'il soit discuté. Mais dans ce moment, mon vœu est pur et simple pour la mort.

GIROUST : Louis était sur le trône, les armées étrangères s'avançaient pour le soutenir, lorsque je ne craignis point de demander sa déchéance; mais alors je votais comme législateur. Je ne puis prononcer aujourd'hui qu'en la même qualité. Je vote pour la reclusion pendant la guerre, et le bannissement à la paix.

LESAGE : Comme ceux de mes collègues qui m'ont précédé à cette tribune, je demandais aussi l'appel au peuple ; mais ne croyez pas que ce fût par l'effet d'un sentiment de crainte pour moi-même, ou par faiblesse; d'autres dangers me déterminaient. J'aurais vu avec plaisir le peuple entier associé au jugement de Louis. Mais, obligé maintenant par votre décret de prononcer entre la mort et la reclusion, je condamne Louis à mort, après la conviction intime qu'il a encouru cette peine. Mais je demande que l'on examine ensuite la question du sursis.

LOISEAU : Je vote pour la mort et pour la prompte exécution du jugement.

CHASLES : Je ne crains pas de dire, en face de la patrie, en présence de l'image de Brutus, devant ma propre conscience, que le moment où l'assemblée a écarté la proposition de l'appel aux assemblées primaires m'a paru un jour de triomphe pour la république. Quant à la crainte de ce que vous appelez mal à propos les puissances étrangères, je l'écarte par cette seule pensée : c'est en présence de leurs armées que vous avez décrété l'abolition de la royauté. Je vote pour la peine de mort et pour l'exécution dans le plus bref délai.

FREMINGER : Je vote pour la mort.

Finistère. — BOHAN : Je vote pour la mort.

BLAD : Je déclare voter en liberté pleine et entière, et n'être mû par aucun sentiment de crainte ni de haine. Je déclare me croire revêtu de pouvoirs suffisants, et même d'un mandat tacite pour juger Louis. Je suis persuadé qu'il a mérité la mort; mais, dit-on, toutes les puissances de l'Europe vont nous faire une guerre terrible. Je réponds que dans toutes les hypothèses, leurs efforts seront les mêmes, puisqu'elles combattent, non pour le roi, mais pour la royauté. Je vote donc pour la mort.

Mais si, à l'exemple des Anglais, vous faites tomber la tête d'un roi conspirateur sur l'échafaud, vous devez, à l'exemple de Rome, chasser la famille des Tarquins. En conséquence, je vote pour que la mort de Louis soit le signal de l'expulsion de toute sa famille.

GUESNO : Citoyens, je ne viens pas sans effroi concourir au jugement d'un roi conspirateur, et prononcer ainsi sur le sort d'une patrie qui m'est plus chère que mon existence; mais quelque graves que soient les inconvénients d'un pareil jugement, je ne puis me refuser d'obéir au cri impérieux de ma conscience, ni prendre sur moi de composer avec la justice.

Je vote donc pour la mort de Louis ; et en prononçant ce vœu terrible, je renouvelle, dans le sein des représentants de la nation, le serment de ne jamais exister sous un nouveau tyran, et de ne vivre désormais que pour combattre celui qui voudrait succéder au tyran que je condamne.

Marec : Je vote pour la reclusion de Louis pendant la guerre, et pour son exil perpétuel après.

Queinec : Je ne suis pas juge, je ne puis donc voter que pour la détention pendant la guerre, et la déportation à la paix.

Kervelegan. Même opinion que la précédente.

Guermeur : Si vous me demandez seulement quelle peine Louis a encourue, je réponds la mort.

Gomaire : Je vote, comme mesure de sûreté générale, pour la reclusion pendant la guerre, et le bannissement à la paix.

Gard. — Legris : J'étais ici, au Corps législatif, lorsqu'on assassinait le peuple au nom de Louis. J'ai pris l'engagement de le venger, je vote pour la mort.

Bertezène : Je vote pour la mort; mais je pense que l'exécution du jugement doit être suspendue jusqu'à l'époque où la constitution sera présentée à l'acceptation du peuple.

Voulland : Il n'a tenu qu'à Louis d'empêcher le sang de couler : il en a au contraire partout ordonné l'effusion. A Nîmes, les patriotes ont été égorgés en son nom, et au nom d'un dieu de paix. Les délibérations prises par les fanatiques furent directement adressées à Louis; il pouvait les empêcher: les communes les lui dénoncèrent ; il se tut, et les auteurs de ces délibérations suscitèrent enfin la guerre civile dans ma malheureuse patrie. Le sang coula à grands flots. Il crie vengeance. Je demande pour lui le même supplice qui fut infligé par Brutus à son fils. C'est la troisième fois que le salut de la patrie me force de prononcer la peine de mort. Je souhaite que ce soit la dernière.

Jac : Je vote pour la mort; mais je demande que l'on discute ensuite la question du sursis.

Aubry : J'ai déclaré hier Louis coupable de conspiration contre la liberté, et d'attentats contre la sûreté générale de l'État. Je vote pour la mort et je renvoie l'exécution après les assemblées primaires qui auront lieu pour la ratification de la constitution. Mon opinion est indivisible.

Balla : Je vote pour la reclusion pendant la guerre et le bannissement à la paix.

Je déclare que je crois que Louis mérite la mort, mais que l'intérêt politique ne la demande pas. Si cependant vous la prononcez, et quel que soit votre jugement, je crois que l'exécution doit en être renvoyée après que les décrets constitutionnels, que vous avez déjà faits, auront été présentés à la ratification des assemblées primaires, et mon opinion est indivisible.

CHAZAL *fils* : Mes commettants m'ont envoyé pour prononcer sur le sort de Louis. Je n'ai jamais douté de cette mission. Je suis convaincu que Louis est coupable. Mais sa mort, quoique juste, me paraît avoir des dangers que n'a pas sa conservation. Ces dangers, qui grondent dans l'avenir, et qui sont déjà prêts à s'élancer sur ma patrie, me font un devoir de soumettre à mes commettants une décision éventuellement funeste, ou à en prendre une qui ne soit pas irrévocable. Je vote pour la mort, mais en adhérant à la réserve proposée par Mailhe, relative au sursis.

Séance du jeudi 17 janvier, à huit heures du soir.

Présidence de Vergniaud.

Après une discussion dans laquelle Danton, Gensonné et Robespierre prennent la parole et qui a trait à une dépêche du ministre d'Espagne, dépêche dont la Convention refuse de prendre connaissance, Vergniaud qui occupe le fauteuil présidentiel proclame le résultat du scrutin.

LE PRÉSIDENT : Citoyens, je vais proclamer le résultat du scrutin. Vous allez exercer un grand acte de justice; j'espère que l'humanité vous engagera à garder le plus profond silence. Quand la justice a parlé, l'humanité doit avoir son tour.

Sur 745 membres qui composent la Convention, un est mort, six sont malades, deux sont absents sans cause et ont été censurés au procès-verbal; onze sont absents par commission; quatre se sont dispensés de voter : ce qui réduit le nombre des votants à 721.

La majorité est de 361.

Un membre vote pour la mort, en réservant au peuple la faculté de commuer la peine.

Vingt-trois votent pour la mort, en demandant qu'on examine s'il est convenable d'accélérer ou de retarder l'exécution.

Huit votent pour la mort, en demandant qu'il soit sursis à l'exécution jusqu'après l'expulsion de la race entière des Bourbons.

Deux votent pour la peine des fers.

Deux votent pour la mort, en demandant qu'il soit sursis à l'exécution jusqu'à la paix, époque à laquelle la peine de mort pourrait être commuée, et réservant le droit de la faire exécuter avant ce temps, en cas d'invasion du territoire français par aucune puissance étrangère, dans les vingt-quatre heures de l'irruption.

Trois cent dix-neuf votent pour la détention jusqu'à la fin de la guerre, et le bannissement aussitôt la conclusion de la paix.

Trois cent soixante-six votent pour la mort.

Je déclare, au nom de la Convention nationale, que la peine qu'elle prononce contre Louis Capet est celle de mort[1].

(Il règne pendant toute cette proclamation le plus profond silence.)

Les trois défenseurs de Louis sont admis à la barre.

1. Ce résultat fut rectifié ainsi qu'il suit, dans la séance du vendredi 18 janvier:

L'assemblée est composée de sept cent quarante-neuf membres.

Quinze membres se sont trouvés absents par commission;

Sept par maladie;

Un sans cause, et censuré;

Cinq non votants;

Total, 28.

Reste à 721.

La majorité absolue est de 361.

Sur quoi deux ont voté pour les fers;

Trois cent dix-neuf pour la détention, et le bannissement à la paix, ou pour le bannissement immédiat, ou pour la reclusion, et quelques-uns y ont ajouté la peine de mort conditionnelle, si le territoire était envahi;

Treize pour la mort, avec sursis, soit après l'expulsion des Bourbons, soit à la paix, soit à la ratification de la constitution;

Trois cent soixante-un pour la mort.

Vingt-six pour la mort, en demandant, conformément à la motion de Mailhe, une discussion sur le point de savoir s'il conviendrait à l'intérêt public qu'elle fût ou non différée, et en déclarant leur vœu indépendant de cette demande.

Résumé.

Pour la mort, sans condition..................	387
Pour la détention ou la mort conditionnelle....	334
Absents et non votants........................	28
Total........................	749

Desèze porte la parole :

Citoyens représentants de la nation, la loi et vos décrets nous ont confié la défense de Louis ; nous venons avec douleur aujourd'hui en exercer le dernier acte. Louis nous a donné une mission expresse ; il a chargé notre fidélité du devoir de vous transmettre un écrit de sa main et signé de lui : permettez que j'aie l'honneur de vous en faire lecture.

« Je dois à mon honneur, je dois à ma famille de ne point souscrire à un jugement qui m'inculpe d'un crime que je ne puis me reprocher ; en conséquence je déclare que j'interjette appel à la nation elle-même du jugement de ses représentants ; je donne, par ces présentes, pouvoir spécial à mes défenseurs officieux, et charge expressément leur fidélité de faire connaître à la Convention nationale cet appel par tous les moyens qui seront en leur pouvoir, et de demander qu'il en soit fait mention dans le procès-verbal de la séance de la Convention. « *Signé :* LOUIS CAPET. »

Citoyens, nous vous supplions d'examiner dans votre justice s'il n'existe pas une grande différence entre le renvoi, spontané de votre part, du jugement de Louis à la ratification du peuple français, et l'exercice du droit naturel et sacré qui appartient à tout accusé, qui appartient à tous les individus, oui, à tous, et par conséquent à Louis. Si nous n'avons pas élevé nous-mêmes cette question dans la défense de Louis, c'est qu'il ne nous appartenait pas de prévoir que la Convention nationale se déterminerait à le juger ; ou qu'en le jugeant, elle le condamnerait.

Nous vous la proposons aujourd'hui pour remplir envers Louis ce dernier devoir ; vous-mêmes nous en avez chargés, et nous vous conjurons de la balancer avec cette sainte impartialité que la loi demande.... Citoyens, telle était la mission fatale dont Louis nous avait chargés. Maintenant que nous venons d'apprendre que le décret fatal qui a condamné Louis à la mort n'a obtenu la majorité sur les suffrages de la Convention que de cinq voix, et encore, peut-être, pourrions-nous réclamer toutes les voix des membres absents, et penser qu'elles auraient pu être en sa faveur, permettez-nous, soit comme défenseurs de Louis, soit comme citoyens, soit comme pétitionnaires, de vous observer, au nom de l'humanité, au nom de ce principe sacré qui veut que tout soit adouci, que tout soit mitigé en faveur de l'accusé ; permettez-nous de vous dire que, puisqu'il s'est élevé des doutes si considérables parmi les membres de la Convention pour la ratification de ce jugement par le peuple, une circonstance si extraordinaire mérite bien de votre profond dévouement pour ses intérêts, de votre amour pour lui, de votre respect pour ses droits, que vous vous déterminiez volontairement à lui demander cette ratification, encore que vous sachiez que les principes ne commandent pas cette mesure.

Citoyens, nous n'ignorons pas que c'est par un décret rendu ce matin que vous avez jugé que la majorité de plus d'une voix suffirait pour la validité du jugement que vous avez rendu ; mais je vous le demande encore ici au nom de la justice, au nom de la patrie, au nom de l'humanité, usez de votre extrême puissance, mais n'étonnez pas la France du spectacle d'un jugement qui lui paraîtra terrible, quand elle considérera son étonnante minorité.

Citoyens, nous remplissons ici, pour la dernière fois, un ministère religieux, un ministère que nous tenons de vous-mêmes; et vous jugez combien, à ce titre seul, nous devons y être attachés. Permettez donc que je vous adjure encore, au nom de ce Louis XVI, que je vous supplie de songer que presque tous les membres de la Convention qui avaient voté parmi vous pour la ratification de votre jugement par le peuple; que tous les membres de la Convention ont fondé leur opinion sur le salut de la république. Citoyens, vous qui combattez pour le salut de la nation, pour ses véritables intérêts, je vous le demande, ne tremblerez-vous pas, quand vous songerez que le salut de la république, que le salut de l'empire entier, que le salut de vingt-cinq millions d'hommes peut dépendre de cinq voix!...

TRONCHET : Citoyens, il a échappé à mon collègue, dans les observations improvisées que les circonstances nous ont déterminés à vous présenter, une observation que je crois de la plus grande importance. Nous n'aurions pas été seulement dans le cas de réclamer votre humanité et votre amour pour le salut de la patrie, sans le décret que vous avez rendu ce matin, et d'après lequel le calcul des voix a été fait.

Nous pourrions vous dire qu'il paraîtra peut-être inconcevable à quelques personnes, que le plus grand nombre de ceux qui ont prononcé la peine terrible de la mort aient pris pour base le Code pénal, et qu'on ait invoqué contre l'accusé ce qu'il y a de plus rigoureux dans la loi, tandis que l'on écartait tout ce que l'humanité de cette même loi avait établi en faveur de l'accusé. Vous concevez, vous entendez que je dois vous parler de ce calcul rigoureux par lequel la loi exige les deux tiers des voix pour que l'accusé puisse être condamné. Mais je vous prie d'observer que le décret que vous avez rendu ce matin n'est pas un véritable décret ; que vous n'avez fait que passer à l'ordre du jour sur des observations très-légères qui ont été faites, et que nous vous croyons devoir nous permettre, par les sentiments qui sont dans nos cœurs, par l'obligation sacrée dont nous sommes chargés, et que nous sommes obligés de remplir ; nous osons nous croire autorisés à vous observer que quand il s'agissait de déterminer quelle devait être la majorité et la force du calcul des voix, une affaire aussi importante que celle-là méritait d'être traitée par un appel nominal, et non par un simple passé à l'ordre du jour ; et c'est ainsi qu'en qualité de citoyens, de pétitionnaires, nous osons vous demander, comme on l'a fait quelquefois quand on se croyait lésé par quelqu'un de vos décrets, nous osons vous demander de rapporter ce décret, sur lequel vous avez passé à l'*ordre du jour* sur la manière de prononcer touchant le jugement de Louis.

LAMOIGNON-MALESHERBES : Citoyens, je n'ai pas, comme mes collègues, l'habitude de la parole ; je n'ai point, comme eux, l'habitude du plaidoyer.

Nous parlons sur-le-champ sur une matière qui demande la plus grande réflexion. Je ne suis point en état d'improviser sur-le-champ ; je ne suis point capable d'improviser tout de suite.... Je vois avec douleur que je n'ai pas eu un moment pour vous présenter des réflexions capables de toucher une assemblée.... Oui, citoyens, sur cette question, comment les voix doivent-elles être comptées? j'avais des observations à vous présenter ;... mais j'ai, sur cet objet, tant d'idées.... qui ne me sont suggérées ni par l'individu, ni par la circonstance.... Citoyens, pardonnez à mon trouble.... Oui, citoyens, quand j'étais encore magistrat, et depuis, j'ai réfléchi spéculativement sur l'objet dont vous a entretenu Tronchet. J'ai eu occasion, dans le temps que j'appartenais au corps de la législation, de préparer, de réfléchir ces idées. Aurais-je le malheur de les perdre, si vous ne me permettez pas de les présenter d'ici à demain?

Le président invite les trois défenseurs de Louis aux honneurs de la séance.

ROBESPIERRE : Les demandes qui viennent de vous être faites méritent toute votre attention, et sont dignes de toute votre sagesse.

Vous avez donné aux sentiments de l'humanité tout ce que ne lui refusent jamais des hommes animés de son pur amour. Sous le rapport du salut public, je pardonne aux défenseurs de Louis les réflexions qu'ils se sont permises; je leur pardonne leurs observations touchant un décret qu'il était nécessaire de rendre, qu'il est maintenant dangereux d'attaquer; je leur pardonne de vous avoir proposé la révocation de ce décret préliminaire, fondé sur les principes que vous avez adoptés pour le salut public; je leur pardonne encore d'avoir fait une démarche qui tend à consacrer la demande qui a été faite de l'appel au peuple de votre jugement. Mais, citoyens, tous ces actes doivent être ensevelis dans l'enceinte de la Convention nationale. Je leur pardonne enfin ces sentiments d'affection qui les unissaient à celui dont ils avaient embrassé la cause; il n'appartient pas aux législateurs, aux représentants du peuple, de permettre qu'on vienne ici pour donner le signal de discorde et de trouble dans la république.

Il n'est pas possible de casser le décret que vous avez rendu : il doit être regardé comme le vœu de la nation elle-même, ou bien il ne sera qu'un remède pire que le mal que vous avez voulu étouffer. Vous ne pouvez pas donner acte de l'appel devant vous sans occasionner des calamités que nous avons voulu prévenir. La nation n'a pas condamné le roi qui l'opprima, pour exercer seulement un grand acte de vengeance; elle l'a condamné pour donner un grand exemple au monde, pour affermir la liberté française, pour appeler la liberté de l'Europe, et pour affermir, surtout parmi vous, la tranquillité publique. Le décret que vous avez rendu, vous ne pouvez pas le suspendre, sans cela vous auriez mis la république, par votre décret, dans une position plus fâcheuse. Le décret est irrévocable, le décret a été promulgué pour l'intérêt pressant du salut public; il ne peut être révoqué; il ne peut être mis en question même sans offenser les premiers principes.

Et moi qui ai éprouvé aussi les sentiments qui vous animent, je vous rappelle dans ce moment à votre caractère de représentants du peuple, aux grands principes qui doivent vous guider, si vous ne voulez pas que le grand acte de justice que vous avez accordé à la nation elle-même ne devienne une nouvelle source de peines et de malheurs.

Oui, citoyens, il serait possible que l'événement le plus juste, le plus nécessaire pour le bien public, entraînât des inconvénients; mais s'il a des inconvénients, ce ne sera point la faute de la fidélité avec laquelle la Convention a rempli ses devoirs; ils viendraient de l'oubli des principes dont elle pourrait se rendre coupable; ils viendraient de tout autres que des bons citoyens qui ont cru remplir un devoir sacré, en condamnant celui que la nation entière accusait de ses maux. La démarche qui vient d'être faite ne peut point être considérée comme indifférente: elle jetterait la nation dans une position plus fâcheuse que celle où elle était auparavant; car il y aurait encore incertitude si le roi est définitivement condamné. Il en résulterait que cet appel que vous avez rejeté, que les formes dilatoires que vous avez refusé d'admettre, seraient reproduites de fait: ce serait là l'écueil le plus dangereux pour la liberté, et la source des maux que vous avez voulu lui épargner par le décret sévère que vous venez de rendre.

Les défenseurs de Louis n'ont pas le droit d'attaquer les grandes mesures prises pour la sûreté générale, adoptées par les représentants de la nation; ils n'ont pas le droit de produire des mesures dangereuses à la puissance des représentants et à la mission qu'ils ont reçue, enfin, à tous les principes de la liberté publique. Cet acte doit être regardé comme nul, et il doit être interdit à tout citoyen d'y donner aucune suite, sous les peines qui doivent être décernées contre les perturbateurs du repos public et les ennemis de la liberté. Cette mesure est indispensable, puisque, si vous ne l'adoptez pas, vous semblez consacrer l'appel, et que vous laissez, pour ainsi dire, un ferment de discorde au milieu de la nation, ou plutôt que vous donnez la permission de faire un véritable acte de rébellion contre l'autorité publique, désigné sous des couleurs spécieuses.

Je finis par une simple réflexion. Il ne suffit point d'avoir rendu le décret provoqué par la nation : il faut, citoyens, prendre les mesures nécessaires pour que ce décret soit réellement utile; or, pour qu'il soit utile, il ne faut pas qu'il soit un prétexte d'apitoyer les citoyens sur le sort du tyran, de réveiller des sentiments personnels aux dépens des sentiments généreux et d'amour de l'humanité qui caractérisent les vrais républicains. Il ne faut pas que cet appel puisse attacher à ce décret aucun signe de mépris, aucune espérance de trouble, de désordre, de rébellion, de division, et d'insurrection de la part de la tyrannie et de la royauté. Je demande donc que vous déclariez, citoyens, que le prétendu appel qui vient de vous être signifié doit être rejeté comme contraire aux principes de l'autorité publique, aux droits de la nation, aux autorités des représentants, et que vous interdisiez à qui que ce soit d'y donner aucune suite, à peine d'être poursuivi comme perturbateur du repos public.

GUADET : Me considérant comme membre d'un tribunal, après avoir déclaré le fait dont la preuve était dans ma conviction intime, je n'ai vu que la loi à appliquer.

Dès lors il est évident que ce tribunal ne peut avoir de supérieur dans la hiérarchie de l'ordre judiciaire. Cette évidence me paraît conséquente, soit par les principes, soit qu'on consulte l'impossibilité de l'exécution du système présenté par les défenseurs de Louis.

Il n'y a donc plus lieu à aucune ratification.

Vous avez une autre question à faire, qui est celle s'il convient que le jugement soit exécuté immédiatement, ou que l'exécution en soit retardée, au prix de la liberté publique. Ce ne serait pas venger la nation, ce serait la punir. Je demande donc l'ajournement à demain.

L'Assemblée rejette l'appel interjeté par Louis ; passe à l'ordre du jour sur la demande faite par Malesherbes du rapport du décret de ce matin, et ajourne au lendemain la discussion sur la question de savoir s'il y aura sursis à l'exécution du décret de mort contre Louis.

La séance est levée à dix heures et demie.

La question du sursis proposé par quelques membres à l'exécution du jugement à mort contre Louis Capet fut discutée dans la séance du samedi 19 et le sursis rejeté à une majorité de trois cent quatre-vingt-dix votants contre trois cent dix.

Le conseil exécutif fut chargé de notifier à Louis le décret suivant :

Extrait des procès-verbaux de la Convention nationale des 15, 17, 19 *et* 20 *janvier* 1793, *l'an* II *de la République française.*

« Art. Ier. La Convention nationale déclare Louis Capet, dernier roi des Français, coupable de conspiration contre la liberté de la nation, et d'attentat contre la sûreté de l'État.

« II. La Convention nationale décrète que Louis Capet subira la peine de mort.

« III. La Convention nationale déclare nul l'acte de Louis Capet, apporté à la barre par ses conseils, qualifié d'appel à la nation du jugement contre lui rendu par la Convention; défend à qui que ce soit d'y donner aucune suite, à peine d'être poursuivi et puni comme coupable d'attentat contre la sûreté générale de l'État.

« IV. Le conseil exécutif provisoire notifiera le présent dans le jour à Louis Capet, et prendra les mesures de police et de sûreté nécessaires pour en assurer l'exécution dans les vingt-quatre heures, à compter de la notification, et rendra compte à la Convention nationale immédiatement après qu'il aura été exécuté. »

Dans la séance de dimanche 20 janvier, le ministre de la justice rendit compte de la notification à Louis de son jugement, prononcé par la Convention.

Il lut une lettre de Louis, par laquelle il demande un sursis de trois jours pour se préparer à paraître devant Dieu ; il demande en outre à être délivré de la surveillance de la municipalité, à communiquer avec sa famille. Il recommande à la bienfaisance de la nation les pensionnaires attachés à sa personne, la plupart avancés en âge, et qui n'avaient d'autres ressources que leurs pensions. Il demande pour confesseur Edgeworth ou Defermont.

Le sursis ne fut pas accordé; toutes les autres demandes le furent par un *ordre du jour motivé*.

Proclamation du conseil exécutif provisoire du 20 janvier.

« Le conseil exécutif provisoire, délibérant sur les mesures à prendre pour l'exécution des décrets de la Convention nationale, des 15, 17, 19 et 20 janvier 1793, arrête les dispositions suivantes :

« 1° L'exécution du jugement de Louis Capet se fera demain lundi 21.

« 2° Le lieu de l'exécution sera la *place de la Révolution*, ci-devant *Louis XV*, entre le piédestal et les Champs-Élysées.

« 3° Louis Capet partira du Temple à huit heures du matin, de manière que l'exécution puisse être faite à midi.

« 4° Des commissaires du département de Paris, des commissaires de la municipalité, deux membres du tribunal criminel assisteront à l'exécution. Le secrétaire-greffier de ce tribunal en dressera procès-verbal ; et lesdits commissaires et membres du tribunal, aussitôt après l'exécution consommée, viendront en rendre compte au conseil, lequel restera en séance permanente pendant toute cette journée.

« *Le conseil exécutif provisoire.* »

Procès-verbal de la mort de Louis XVI, dressé par les commissaires nommés par le conseil exécutif pour assister à son exécution.

« L'an 1793, deuxième de la République française, et le 21 janvier, nous soussignés Jean-Antoine Lefebvre, suppléant du procureur général syndic du département de Paris, et Antoine-François Momoro, tous deux membres du directoire dudit département, nommés aux effets ci-après par le conseil général du département; et François-Pierre Sallais, François-Germain Isabeau, tous deux commissaires, nommés par le conseil exécutif provisoire, aux effets également ci-après énoncés; nous nous sommes transportés à l'hôtel de la Marine, rue et place de la Révolution, lieu à nous indiqué par nos commissaires, à neuf heures du matin de ce jour, où étant, nous avons attendu, jusqu'à dix heures précises, les commissaires nommés par la municipalité de Paris, ainsi que les juges et le greffier du tribunal criminel du département de Paris, en l'absence desquels l'un de nous a dressé le présent procès-verbal.

« Nous nous sommes rassemblés à l'effet d'assister, du lieu où nous sommes, à l'exécution des décrets de la Convention nationale, des 15, 17, 19 et 20 janvier, présent mois, dont les expéditions sont jointes au présent procès-verbal.

« Et à dix heures un quart précis du matin, sont arrivés les citoyens Jacques Claude-Bernard et Jacques Roux, tous deux officiers municipaux et commissaires de la municipalité, munis de leurs pouvoirs; lesquels ont, conjointement avec nous, assisté aux opérations constatées par le présent procès-verbal.

« Et à la même heure est arrivé, dans la rue et place de la Révolution, le cortége commandé par Santerre, commandant général, conduisant Louis dans une voiture à quatre roues, et approchant de l'échafaud dressé dans ladite place de la Révolution, entre le piédestal de la statue du ci-devant Louis XV et l'avenue des Champs-Élysées.

« A dix heures vingt minutes, Louis, arrivé auprès de l'échafaud, est descendu de voiture.

« Et à dix heures vingt-deux minutes, il a monté sur l'échafaud. L'exécution a été à l'instant consommée, et sa tête a été montrée au peuple; et avons signé, *Lefebvre, Momoro, Sallais, Bernard, Isabeau, Jacques Roux.* »

Jacques Roux, l'un des commissaires nommés par la commune pour assister à la mort de Louis XVI, a rendu ainsi compte de sa mission :

« Nous venons vous rendre compte de la mission dont nous étions chargés. Nous nous sommes transportés au Temple; là, nous avons annoncé au tyran que l'heure de son supplice était arrivée.

« Il a demandé à être quelques minutes avec son confesseur. Il a voulu nous charger d'un paquet pour vous remettre; nous lui avons observé que nous n'étions chargés que de le conduire à l'échafaud; il a répondu : C'est juste. Il a remis ce paquet à un de nos collègues. Il a recommandé sa famille, et demandé que Cléry, son valet de chambre, soit celui de la reine, avec précipitation il a dit sa *femme*. De plus, il a demandé que ses anciens serviteurs de Versailles ne fussent pas oubliés. Il a dit à Santerre : Marchons; il a traversé une cour à pied, et est monté en voiture dans la seconde : pendant la route, le plus profond silence a régné.

« Il n'est arrivé aucun événement. Nous sommes montés dans les bureaux de la Marine pour dresser le procès-verbal de l'exécution. Nous n'avons pas quitté Capet des yeux, jusqu'à la guillotine. Il est arrivé à dix heures dix minutes; il a été trois minutes à descendre de la voiture. Il a voulu parler au peuple. Santerre s'y est opposé; sa tête est tombée : les citoyens ont trempé leurs piques et leurs mouchoirs dans son sang.

« Après la rédaction du procès-verbal, nous nous sommes rendus au conseil exécutif provisoire, qui maintenant s'occupe de la recherche de l'assassin de Saint Fargeau. Notre unique empressement a été de vous en rendre compte. »

Voici comment le *Moniteur universel* portant la date du 23 janvier 1793 rend compte de l'exécution de Louis XVI :

Lundi, 21 janvier, était le jour fixé pour l'exécution du décret de mort prononcé contre Louis Capet. A peine lui avait-on signifié la proclamation du conseil exécutif provisoire, relative à son supplice, qu'il a demandé à parler à sa famille; les commissaires lui ayant montré leur embarras, lui proposèrent de faire venir sa famille dans son appartement, ce qu'il accepta. Sa femme, ses enfants et sa sœur vinrent le voir ; ils conférèrent ensemble dans la chambre où il avait coutume de manger ; l'entrevue a été de deux heures et demie ; la conversation fut très-chaude.... Après que sa famille se fut retirée, il dit au commissaire qu'il avait fait une bonne mercuriale à sa femme.

Sa famille l'avait prié de lui permettre de le voir le matin ; il se débarrassa de cette question en ne répondant ni oui ni non. Madame ne l'a pas vu davantage. Louis criait dans sa chambre : les bourreaux ! les bourreaux !... En adressant la parole à son fils, Marie-Antoinette lui dit : Apprenez par les malheurs de votre père à ne pas vous venger de sa mort....

Le matin de sa mort, Louis avait demandé des ciseaux pour se couper les cheveux ; ils lui furent refusés....

Lorsqu'on lui ôta son couteau, il dit : Me croirait-on assez lâche pour me détruire ?

Le commandant général et les commissaires de la commune sont montés à huit heures et demie du matin dans l'appartement où était Louis Capet. Le commandant lui a signifié l'ordre qu'il venait de recevoir pour le conduire au supplice : Louis lui a demandé trois minutes pour parler à son confesseur, ce qui lui a été accordé. Un instant après, Louis a remis un paquet à un des commissaires, avec prière de le remettre au conseil général de la commune. Le citoyen Jacques Roux a répondu à Louis qu'il ne pouvait s'en charger, parce que sa commission était de l'accompagner au supplice ; il a répondu : C'est juste. Le paquet a été remis à un autre membre de la commune qui s'est chargé de le rendre au conseil général.

Louis a dit alors à Santerre : Marchons, je suis prêt. En sortant de son appartement, il a prié les officiers municipaux de recommander à la commune les personnes qui avaient été à son service, et de la prier de vouloir bien placer auprès de la reine Cléry, son valet de chambre ; il s'est repris et a dit : auprès de ma femme ; il a été répondu à Louis que l'on rendrait compte au conseil de ce qu'il demandait.

Louis a traversé à pied la première cour ; dans la seconde, il est monté dans une voiture où étaient son confesseur et deux officiers de gendarmerie. (L'exécuteur l'attendait à la place de la Révolution.) Le cortége a suivi les boulevards jusqu'au lieu du supplice ; le plus grand silence régnait tout le long du chemin. Louis lisait les prières des agonisants ; il est arrivé à dix heures dix minutes à la place de la Révolution. Il s'est déshabillé, est monté d'un pas assuré, et se portant vers l'extrémité gauche de l'échafaud, il a dit d'une voix assez ferme : *Français, je meurs innocent. Je pardonne à tous mes ennemis, et je souhaite que ma mort soit utile au peuple.* Il paraissait vouloir parler encore, le commandant général ordonne à l'exécuteur de faire son devoir.

La tête de Louis est tombée à dix heures vingt minutes du matin. Elle a été montrée au peuple. Aussitôt mille cris : *Vive la nation, vive la République française !* se sont fait entendre. Le cadavre a été transporté sur-le-champ et déposé dans l'église de la Madeleine, où il a été inhumé entre les personnes qui périrent le jour de son mariage, et les Suisses qui furent massacrés le 10 août. Sa fosse avait douze pieds de profondeur et six de largeur ; elle a été remplie de chaux.

Deux heures après, rien n'annonçait dans Paris que celui qui naguère était le chef de la nation, venait de subir le supplice des criminels. La tranquillité publique n'a pas été troublée un instant. Si la fin tragique de Louis n'a pas inspiré tout l'intérêt sur lequel certaines gens avaient compté, son testament n'est pas propre à l'accroître : on y verra qu'après avoir répété tant de fois qu'il avait sincèrement adopté la constitution, le roi constitutionnel n'était à ses yeux qu'un roi dépouillé de son autorité légitime, et qu'il repousse jusqu'au titre de roi des Français que la constitution lui avait donné, pour se décorer, au moins dans le dernier acte de sa vie, de celui de roi de France. Les témoignages irrécusables de mauvaise foi contenus dans ce testament pourront tarir quelques-uns des sentiments de pitié que les âmes compatissantes aiment à ressentir. Il est difficile de penser qu'il ait pu être assez content des puissances belligérantes, de ses frères, et de cette noblesse aussi plate qu'impuissamment rebelle, pour n'avoir cherché qu'à mériter leurs suffrages En effet, qu'ont-ils fait pour lui depuis que la mort planait sur sa tête ? Y a-t-il eu un seul témoignage d'intérêt, l'offre du moindre sacrifice ? Ils n'ont pas même eu l'hypocrisie de la sensibilité, et ils n'agissaient que pour ses intérêts !... Mais laissons Louis sous le crêpe ; il appartient désormais à l'histoire. Une victime de la loi a quelque chose de sacré pour l'homme moral et sensible ; c'est vers l'avenir que tous les bons citoyens doivent tourner leurs vœux, leurs talents et leurs forces. Les divisions ont fait ou laissé faire assez de mal à la France. Tout ce qui est honnête doit sentir le besoin de l'union ; et ceux qui n'en aimeraient pas le charme ont encore la raison d'intérêt pour désirer qu'elle existe. Un peu de principes, un peu d'efforts, et la coalition fatale aux méchants sera consommée.

Le citoyen Bérard, rédacteur du *Bulletin National*, avoit donné dans son journal un récit inexact de la mort de Louis XVI.

Voici la lettre que Samson, exécuteur de hautes œuvres, adressa au citoyen Bérard :

L'article inséré dans le n° 42 du *Journal de Bruxelles*, sur les dernières paroles de Louis Capet, est le même que celui qui est inséré dans le n° 410 du *Thermomètre du jour*. J'ai déjà écrit pour le démentir comme étant de toute fausseté.

Voici la copie exacte de ma lettre pour détruire l'anecdote où l'on me faisait parler :

Descendant de la voiture pour l'exécution, on lui dit qu'il fallait ôter son habit. Il fit quelques difficultés, en disant qu'on pouvait l'exécuter comme il était. Sur la représentation que la chose était impossible, il a lui-même aidé à ôter son habit. Il fit encore la même difficulté lorsqu'il s'agit de lui lier les mains, qu'il donna ensuite lui-même lorsque la personne qui l'accompagnait lui eut dit que c'était un dernier sacrifice. Alors il s'informa si les tambours battraient toujours : il lui fut répondu qu'on n'en savait rien, et c'était la vérité. Il monta sur l'échafaud et voulut s'avancer sur le devant comme pour parler ; mais on lui représenta que la chose était impossible. Il se laissa alors conduire à l'endroit où on l'attacha, et d'où il s'est écrié très-haut : *Peuple, je meurs innocent !* Se tournant vers nous, il nous dit : *Messieurs, je suis innocent de tout ce dont on m'inculpe : je souhaite que mon sang puisse cimenter le bonheur des Français.*

Voilà ses véritables et dernières paroles.

L'espèce de petit débat qui se fit au pied de l'échafaud roulait sur ce qu'il ne croyait pas nécessaire qu'il ôtât son habit et qu'on lui liât les mains. Il fit aussi la proposition de se couper lui-même les cheveux.

Pour rendre hommage à la vérité, il a soutenu tout cela avec un sang-froid et une fermeté qui nous a tous étonnés. Je reste très-convaincu qu'il avait puisé cette fermeté dans les principes de la religion, dont personne ne paraissait plus pénétré et plus persuadé que lui.

Vous pouvez vous servir de ma lettre, comme contenant les choses les plus vraies et la plus exacte vérité.

Signé : SAMSON,
Exécuteur des jugements criminels.

Ce 23 février 1793.

10592. Imprimerie générale de Ch. Lahure, rue de Fleurus, 9, à Paris.